Frank Halter
Ralf Schröder

(Hrsg.)

Unternehmensnachfolge
in der Theorie und Praxis

Frank Halter
Ralf Schröder

(Hrsg.)

Unternehmensnachfolge in der Theorie und Praxis

Das St. Galler Nachfolge Modell

Haupt Verlag
Bern · Stuttgart · Wien

1. Auflage: 2010

Bibliografische Information der *Deutschen Nationalbibliothek*

Die Deutsche Nationalbibliothek verzeichnet diese Publikation in der Deutschen Nationalbibliografie; detaillierte bibliografische Daten sind im Internet über http://dnb.d-nb.de abrufbar.

ISBN 978-3-258-07605-8

www.haupt.ch

Inhaltsverzeichnis

Übersicht über die Fallbeispeile

Vorwort

Dass die Unternehmensnachfolge aus volkswirtschaftlicher, vor allem aber aus Sicht des betroffenen Unternehmers und seiner Familie von grosser Bedeutung ist, spiegelt sich in der reichhaltigen Literatur zum Thema wider. Ein Blick in diese zeigt, wie schwierig es ist, die richtige Balance zwischen Theorie und Praxis zu finden. Die Anzahl der relevanten Themen und Fragestellungen ist derart vielfältig, dass jedes Konzept oder Modell auf relevante Teilaspekte verzichten muss. Beim Erstellen dieses Buchs haben wir festgestellt, dass es nicht einfach ist, die verschiedenen Beteiligten – in erster Linie die Übergeber, die Übernehmer und Beratende – gleichzeitig anzusprechen.

Dieser Herausforderung wollen wir uns stellen und tragen unsere Erkenntnisse aus Beratung, Forschung, Lehre und Weiterbildung in diesem Buch zusammen. Es richtet sich primär an drei Zielgruppen: an Unternehmer (und ihre Familien), die vor der Nachfolge stehen, also die Übergeber; an Jungunternehmer, die die Nachfolge antreten, also Übernehmer; schliesslich an Berater, die Nachfolgeprozesse begleiten.[1] Unser primäres Ziel ist es, die direkt Beteiligten für die Vielfalt und Verquickung der verschiedenen Fragestellungen zu sensibilisieren. Wir glauben, dies ist notwendig, um mögliche Hindernisse rechtzeitig zu erkennen und ihnen in geeigneter Form begegnen zu können. Wenn wir damit für die erfolgreiche Umsetzung von künftigen Nachfolgeprozessen einen kleinen Betrag leisten können, sind wir bereits glücklich.

Das vorliegende Buch setzt sich aus drei Komponenten zusammen. Zum einen gibt es einen verdichteten konzeptionellen Teil, der sich systematisch und strukturiert mit dem Kontext (Familienunternehmenssystem), dem Nachfolgeprozess (St.Galler Nachfolge Modell) und der Begleitung und Gestaltung von Unternehmensnachfolgen (Nachfolgeberatung) auseinander setzt. Eine zweite Komponente bilden Fallbeispiele aus unserer Beratungspraxis. Sie sind als Schnappschüsse zu verstehen, die niemals die ganze Komplexität der konkreten Nachfolgesituation abbilden können, sondern nur Einzelaspekte des jeweils behandelten Themas verdeutlichen und so zur Reflexion anregen sollen. Wir möchten betonen, dass sich alle dargestellten Beispiele in unserer Beratungspraxis so zugetragen haben. Aus Gründen der Vertraulichkeit haben wir alle Namen und Unternehmens-Spezifika verfremdet. Die Fallbeispiele beschränken sich primär auf den Schweizer Wirtschaftsraum; weil es uns wichtig ist, dass sie ihre Authentizität bewahren, haben wir einige Helvetismen bewusst stehen gelassen. Das dritte Element dieses Buchs bilden schliesslich Illustrationen, in der Hoffnung, dass auch etwas geschmunzelt werden kann – denn wir sind der Überzeugung, eine Unternehmensnachfolge darf und sollte auch mit Freude angegangen werden können.

---

1   Im vorliegenden Buch wird zwischen männlicher und weiblicher Form nicht differenziert. Mit der Verwendung der männlichen Form ist die weibliche Form immer eingeschlossen.

Das Buch entspricht dem aktuellen Stand unserer Erkenntnisse und Erfahrungen, daher sollte es nicht als abschliessendes Werk verstanden werden. Wir freuen uns bereits heute auf den regen Austausch mit Lesern, Unternehmern und Nachfolgeberatern. Nur der gemeinsame Dialog und Erfahrungsaustausch bringt das Thema weiter.

Ohne die moralische, inhaltliche und finanzielle Unterstützung Dritter wäre die Realisierung nicht möglich gewesen. An erster Stelle möchten wir unseren verschiedenen Partnern wie Kunden, Beraterkollegen und Forschungskollegen danken. Viele Erkenntnisse sind nur dank intensiven Dialogs und gemeinsamer Lernprozesse möglich geworden. Josef Bühler, Tobias Dehlen, Jasmine Koller, Jürg Müller, Stephanie Strotz und Nora Spiller haben uns wertvollen inhaltlichen und konzeptionellen Input gegeben. Finanziell wurden wir von Swiss Venture Club unterstützt, wofür wir herzlich danken. Schliesslich wurde die Idee von unseren Familien mitgetragen. Herzlichen Dank für die Unterstützung, Zeit und Energie!

Rapperswil und St. Gallen   *Frank Halter* und *Ralf Schröder*

die Übergabe

1 Einleitung

Die wirtschaftliche Bedeutung von Familienunternehmen ist unbestreitbar gross, und entsprechend wichtig ist das Thema Unternehmensnachfolge. Viele Fragen gilt es zu beantworten – sowohl aus der Perspektive der Wirtschaftspolitik, als auch aus der Perspektive der betroffenen Personen und ihrer Begleiter. Dabei zeigt sich, dass es sich um sehr unterschiedliche Fragestellungen handelt, die jedoch voneinander abhängen. Diese Vernetzung führt zu einer enormen Komplexität, die im Verlauf des Nachfolgeprozesses tendenziell eher zunimmt, da sich Kontextvariable, wie etwa Marktbedingungen, währenddessen verändern können. Insofern verstehen wir die Unternehmensnachfolge als eine komplexe und dynamische Herausforderung, die eine klare Prozessgestaltung verlangt – dazu gehören etwa eine strukturierte Planung, eine sorgfältige Abwägung verschiedener Handlungsalternativen an bestimmten Meilensteinen oder eine kompetente Begleitung bzw. Beratung.

Für das Familienunternehmen selbst ist die Nachfolgefrage zweifelsohne eine riesige Aufgabe. Mit ihr sind – durch die Verquickung der Sphären Familie und Unternehmen – die unterschiedlichsten Bedürfnisse und Erwartungen verbunden Gleichzeitig verändert sich vieles innerhalb der Familie, des Unternehmens und in deren Umfeld im Zeitverlauf, sodass Anpassungen und Adaptionen oft notwendig werden. Unter dem Blickwinkel von Lebenszyklustheorien und -modellen lassen sich auf verschiedenen Ebenen zyklische Bewegungen feststellen.[2] Betrachten wir zum Beispiel die Unternehmerpersönlichkeit, so sind mit zunehmendem Alter Leistungsreduktion oder gar Arbeitsunfähigkeit durch Krankheit, Unfall und natürlich auch Ausscheiden durch Tod nicht auszuschliessen; womöglich will der Unternehmensleiter aber auch freiwillig weniger arbeiten. Es ist also seine Aufgabe, den eigenen biologischen Lebenszyklus in die Unternehmensführung mit einzubeziehen. Die Nachfolgeregelung kann aber auch dringlich werden, weil die Finanzierung des Betriebs nicht mehr gesichert ist, der bearbeitete Markt nicht mehr ausreichend attraktiv erscheint oder weil aus unternehmensstrategischer Sicht neue Wege gesucht werden müssen. Möglicherweise haben sich auch die Ziele, Wünsche und die Lebensplanung der Familienmitglieder geändert, oder das Interesse an der unternehmerischen Tätigkeit selbst, die Risikobereitschaft und die Motivation haben nachgelassen. Es gibt also zahlreiche Gründe, eine Unternehmensnachfolge in der Familie sowie im Unternehmen zu thematisieren. Soll der Betrieb nachhaltig existieren, muss der Übergang sorgfältig geplant und geregelt vollzogen werden.

Die Erarbeitung einer Nachfolgelösung ist insofern schwierig, da ein entsprechendes Projekt schwer planbar ist. Nur ganz selten lassen sich einzelne Schritte sequentiell abwickeln. Gleichzeitig handelt es sich bei der Unternehmensnachfolge um ein Problem, das interdisziplinär angegangen werden muss. Wir sind der Meinung,

---

2   Vgl. Fueglistaller, Halter 2004.

dass einige Beiträge mit Checklisten und Lösungsansätzen zu einseitig erscheinen oder dem Leser eine falsche Sicherheit vermitteln. Gerade wegen der hohen Komplexität und der notwendigen Vernetzung der verschiedenen Themen und Fragestellungen sind Checklisten gefährlich, fokussieren sie sich doch meist auf Fachfragen, ohne die emotionalen und kommunikativen Komponenten zu berücksichtigen. Prozessmodelle andererseits suggerieren beispielsweise eine sequentiell klar planbare Vorgehensweise, ohne den Parallelitäten und vor allem der Zyklizität der Fragestellungen im Zeitverlauf gerecht werden zu können.

Unser Ziel ist, mit dem vorliegenden Beitrag und mit Hilfe des St.Galler Nachfolge Modells eine Basis zu legen. Sie soll es den betroffenen Unternehmern und Prozessbegleitern ermöglichen, die Vielfalt und Vernetzung der verschiedenen Fragestellungen zu erfassen und rechtzeitig zu bearbeiten. In unserem Ansatz geht es darum, die Nachfolgekompetenz zu fördern – entsprechend geht es uns weniger um fachliche Details rund um Recht, Steuern oder Finanzierungsmöglichkeiten. Vielmehr möchten wir mittels der geführten theoretischen und konzeptionellen Diskussion Anregungen für Fragen geben, die «hinter» den Fachfragen liegen. Wir erheben dabei keinen Anspruch auf Vollständigkeit – sind aber überzeugt, dass eine Anwendung des Modells lohnend ist. Für andere Autoren besteht die Möglichkeit, ihre Themen- und Fragestellungen im St.Galler Nachfolge Modell einzuordnen. Die Anwendung der vorliegenden Konzepte und Modelle im Rahmen unserer Schulungs- und Weiterbildungstätigkeit hat gezeigt, dass die Fachthemen an den darunterliegenden Kernfragen rund um das Unternehmen und die Familie sehr gut gespiegelt werden können.

Um die angestrebte ganzheitliche Sicht auf die Unternehmensnachfolge zu gewährleisten, halten wir es für notwendig und zielführend, sich zuerst mit dem Familienunternehmen im Allgemeinen auseinander zu setzen. Die Verknüpfung und enge Verquickung der beiden Sozialsysteme Familie und Unternehmen stellt eine besondere Herausforderung im Nachfolgeprozess dar. Diese Verbindung gilt es neu zu strukturieren – oder voneinander zu trennen. Entsprechend setzen wir uns genauer mit dem Familienunternehmen auseinander, um die verschiedenen Analyseebenen und Sichtweisen transparent zu machen (Kapitel 2, ab S. 19).

Im zweiten Schritt erfolgt eine ausführliche Auseinandersetzung mit dem Thema Unternehmensnachfolge (Kapitel 3, ab S. 59). Dabei wird kurz auf die Bedeutung der Unternehmensnachfolge aus volkswirtschaftlicher Sicht eingegangen, dann werden die verschiedenen Übertragungsformen thematisiert. Schliesslich geht es um die Ziele und Erwartungen der beiden Generationen Übergeber und Übernehmer.

Darauf aufbauend wird in Kapitel 4 das St.Galler Nachfolge Modell dargestellt und diskutiert. Es ist ein Versuch, die verschiedenen Sichtweisen und Perspektiven miteinander in Verbindung zu bringen, die im Nachfolgeprozess zu stellenden Fragen zu identifizieren und deren Vernetzung und gegenseitige Abhängigkeit aufzudecken.

Zu diesem Zweck differenzieren wir in einem ersten Schritt drei Ebenen bzw. Grundformen von Fragestellungen, um in einem zweiten Schritt fünf zentrale Themenfelder herauszuarbeiten. Erst in einem dritten Schritt setzen wir uns mit der Prozessgestaltung auseinander.

Im nächsten Abschnitt widmen wir uns der Umsetzung des Nachfolgeprozesses (Kapitel 5, ab S. 139). Dabei machen wir uns Gedanken über die Architektur der Prozessgestaltung, die verschiedenen Beratungsansätze sowie mögliche Gütekriterien zur Bewertung von Unterstützungsleistungen. Abschliessend werden wir uns noch kurz dem Thema Informationspolitik zuwenden.

In Kapitel 6 schliesslich diskutieren wir – im Sinne einer strukturierten Zusammenfassung – die zentralen Erfolgsfaktoren, die in der Literatur am häufigsten genannt werden und die sich auch in unserer praktischen Tätigkeit herauskristallisiert haben. Sie allein geben jedoch keine Garantie dafür, dass eine Unternehmensnachfolge erfolgreich gestaltet werden kann. Sie können aber als Minimalanforderung verstanden werden, um zumindest eine gute Ausgangslage zu schaffen.

Den Anhang nutzen wir für eine kleine Sammlung von praktischen Fragestellungen, um die Erschliessung im konkreten Fall zu unterstützen. Die Fragen sind entlang des im Buch vorgestellten Themenrades strukturiert und für die Adressaten Übergeber, Übernehmer und Berater aufbereitet. Im Glossar sind schliesslich die wichtigsten Begrifflichkeiten kurz umschrieben, die wir im vorliegenden Buch verwendet haben.

2 Der Kontext Familien- unternehmen

Beim Begriff Familienunternehmen handelt es sich um eine Unternehmenstypologie, die in den vergangenen Jahren wieder an Aufmerksamkeit gewonnen hat. Wenn von Unternehmenstypologien gesprochen wird, werden verschiedene Begriffe in Abgrenzung, als Synonyme oder in Kombination mit Familienunternehmen verwendet.[3] Darunter fallen Begriffe wie Klein- und Mittelunternehmen (KMU), Gewerbe, Mittelstand oder Betrieb. Nachfolgend wird die Betrachtung auf den Begriff der *Familienunternehmen* reduziert, um den Rahmen nicht zu sprengen.

2.1   Die Definition von Familienunternehmen

Leider existiert keine Legaldefinition darüber, was ein Familienunternehmen ist.[4] Aus systemisch-kybernetischer Sicht bildet ein Familienunternehmen eine Entität aus den Sozialsystemen Familie und Unternehmen (Elemente). Das Subsystem «Unternehmen» wird hier als soziotechnisches System verstanden, das eine juristische Einheit darstellt und einen wirtschaftlichen Zweck verfolgt.[5] Unter dem Subsystem «Familie» wird eine Gruppe von Menschen verstanden, die in einem direkten verwandtschaftlichen Verhältnis zueinander stehen.[6] Dadurch werden Gründerfamilien, deren Kinder und Kindeskinder, aber auch Schwiegertöchter oder -söhne als Familie verstanden.

Gleichzeitig variieren Familienunternehmen bezüglich Grösse, Branche, Alter, Struktur und Rechtsform; diese Heterogenität erschwert die Formulierung einer Definition, die eine Generalisierung bei gleichzeitig genügender Präzision zuliesse. Dies führte in der Vergangenheit zu einer Vielzahl von Definitionen, deren Mehrzahl mit sog. Kreismodellen arbeitet.[7]

In der wissenschaftlichen Literatur hat sich die Definition von Familienunternehmen als *Substantial Family Influence* (SFI) etabliert. Die substanziellen Einflussmöglichkeiten der Familie auf das Unternehmen können dabei von dreierlei Art sein.[8] Ein erstes Element bildet der relative Kapital- respektive Stimmrechtsanteil am Unterneh-

---

3   Litz 1995, S. 72.
4   Neubauer 1992, S. 174; Astrachan, Klein, Smyrnios 2002, S. 45; Gudmundson, Harman, Tower 1999, S. 37; Gersick, Davis, McCollom Hampton u.a. 1997; Ward, Dolan 1998, S. 305 ff; Mugler 1998, S. 19. Litz (1995, S. 71) spricht gar von einer «definitorischen Konfusion»; Sharma, Chrisman, Chua 1996, S. 3 ff. fanden in ihrer Analyse 34 verschiedene Definitionen.
5   Rüegg-Stürm 2004, S. 20 f.; Löwe 1979.
6   Klein 2000b, S. 21; Frey, Halter, Zellweger 2004. Die Familie kann auch als kleinste menschliche Gemeinschaft, zu der die durch Ehe, Verwandtschaft und Schwägerschaft verbundenen Personen gehören, umschrieben werden. Vgl. Bertsch 1964, S. 1. Schweizerisches Zivilgesetzbuch, Art. 20 (Verwandtschaft) und 21 (Schwägerschaft). Bei Familienunternehmen mit mehreren Mitglieder aus verschiedenen Generationen wird auch von «Clan» gesprochen.
7   Auf die Kritik des Kreismodells wird an dieser Stelle verzichtet und auf Halter 2009 verwiesen.
8   Klein 2000a; Frey, Halter, Zellweger 2004a; Frey, Halter, Zellweger, u.a. 2004b.

men. Das zweite Element ist der relative Anteil der Familie an der Gesamtzahl der Managementmitglieder. Der relative Familienanteil an den Verwaltungsrats- respektive Aufsichtsratssitzen konstituiert das dritte Element. Unter der Bedingung, dass der Kapitalanteil grösser als Null ist, wird vorgeschlagen, von einem Familienunternehmen zu sprechen, wenn die Summe der drei Quotienten grösser oder gleich 1 ist. In Ergänzung zum SFI wird oft die Forderung laut, dass verschiedene Generationen im Unternehmen aktiv sein sollen, oder dass zumindest ein Generationswechsel bereits stattgefunden hat (vgl. dazu auch Abbildung 1).[9]

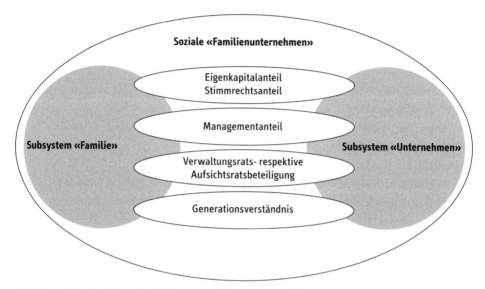

Abbildung 1: Grundgerüst zur Definition von Familienunternehmen[10]

Bezüglich des *Umfangs der Kapital- und Stimmrechtsbeteiligung* durch die Familie können in der Literatur unterschiedliche Forderungen identifiziert werden. Viele Autoren fordern einen Mindestanteil von 50 Prozent.[11] Betrachtet man die Familienunternehmen in der Schweiz, kann festgestellt werden, dass bei 66,6 Prozent aller Unternehmen die Familie im obigen Sinn 100 Prozent des Kapitals respektive der Stimmrechte hält.[12] Bei weiteren 23,2 Prozent hält die Familie zwischen 50 und 99,9 Prozent der Stimmrechtsanteile. Deshalb darf es als legitim angesehen werden, dass der Grad der

---

9   Sharma, Chrisman, Chua 1996, S.3; Löwe 1979, S.131; Neubauer 1992, S.174; Hinterhuber, Minraht 1991, S.462.
10   Halter 2009, S.74.
11   Fröhlich 1991; Klein 2000b, S.15; Leach et.al. 1991, S.3; Pentzlin 1976, S.8; Clausen 1982, S.50.
12   Fueglistaller, Halter 2005, S.37 und Frey, Halter, Zellweger 2004a, S.11.

Kapital- respektive Stimmrechtsbeteiligung als Schnellindikator zur Differenzierung zwischen Familien- und Nicht-Familienunternehmen verwendet wird.[13]

Die zweite Einflussnahme erfolgt über die Wahrnehmung von Managementfunktionen. Das Management wird in der Schweiz bei 62,8 Prozent aller Familienunternehmen vollständig, bei weiteren 7,1 Prozent mehrheitlich von der Familie besetzt.

Die dritte Einflussnahme stellt die *Vertretung im Verwaltungsrat respektive Aufsichtsrat* dar. In der Schweiz konnte nachgewiesen werden, dass es beim Verwaltungsrat in Familienunternehmen rascher zu einer Öffnung gegenüber Dritten kommt als beim Management, wo das operative Geschick des Unternehmens liegt. Bei lediglich 36,2 Prozent aller Familienunternehmen wird der Verwaltungsrat vollständig, bei 19,6 Prozent mehrheitlich von der Familie besetzt.[14]

2.2   Die Bedeutung von Familienunternehmen

Der Anteil an Familienunternehmen weltweit wird höchst unterschiedlich beziffert.[15] Das liegt unter anderem daran, dass unterschiedliche Kriterien zu ihrer Bestimmung herangezogen werden. Internationale Vergleiche sind kaum möglich, da die meisten Studien nur auf nationaler Ebene durchgeführt worden sind. Des Weiteren sind einige der verwendeten Samples zu klein oder betrachten nur eine bestimmte Gruppe von Unternehmen, was auch national repräsentative Aussagen erschwert.[16]

Immerhin können einige Übersichtsarbeiten identifiziert werden, welche die weltweite Bedeutung von Familienunternehmen untersucht haben.[17] Entsprechend dürfen weltweit zwischen 60 und 90 Prozent der Unternehmen als Familienbetriebe bezeichnet werden. Im deutschsprachigen Raum gibt es derzeit zwei vergleichbare Studien. Unter der Verwendung der SFI-Definition wird darin der Anteil der Familienunternehmen auf 84 Prozent (Deutschland) respektive auf 88 Prozent (Schweiz) beziffert.[18] Der

---

13 Z.B. bei Fröhlich 1995, S.115. Falls vinkulierte Namenaktien im Umlauf sind, sollten die Stimmrechte betrachtet.

14 Fueglistaller, Halter 2005, S.37.

15 Shanker, Astrachan, 1996; Klein 2000a, S.158.

16 von Moos 2002, S.188; Shanker, Astrachan 1996, S.108 für die USA. Gersick, Davis, McCollom Hampton u.a. 1997 schätzen, dass rund 40 Prozent der Unternehmen aus der Liste der «Fortune 500» von Familien gehalten oder kontrolliert werden.

17 Cappuyns, Astrachan, Klein 2003; Neubauer 1992, S.8; Reid, Dunn, Cromie u.a. 1999b, S.149; Astrachan, Zahra, Sharma u.a. 2003, S.5.

18 Klein 2003, S.11 (Erhebung 2000); Frey, Halter, Zellweger 2004a (Erhebung 2003); Fueglistaller, Zellweger 2007. Eine jüngere Analyse des IfM in Bonn hält fest, dass 95,1 Prozent aller Unternehmen zu Familienunternehmen gezählt werden können. Auf diese entfallen 41,5 Prozent der Umsätze und 57,3 Prozent der sozialversicherungspflichtigen Beschäftigten aller deutschen Unternehmen. Vgl. Wallau, Haunschild 2007, S. VIII.

von Familienunternehmen geleistete Anteil am Nettoinlandsprodukt oder am Brutto-sozialprodukt wird auf 50 bis 90 Prozent geschätzt.[19] Des Weiteren werden zwischen 40 und 80 Prozent aller Arbeitnehmer von Familienunternehmen beschäftigt.[20]

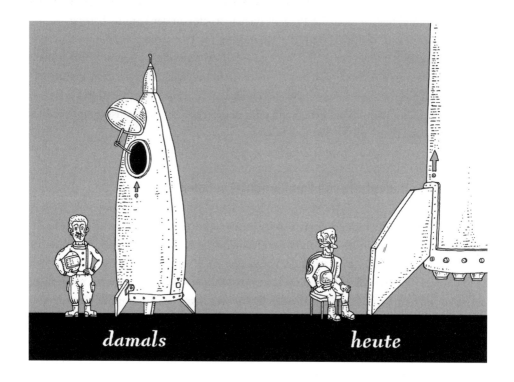

19   Shanker, Astrachan 1996, S.107; Müller-Tiberini 2001, S.10; von Moos 2002; Fueglistaller, Zellweger 2007, S.32.
20   Kayser, Wallau 2002; Klein 2000a, S.160; Klein 2000b; von Moos 2002; Shanker, Astrachan 1996, S.107.

2.3   Divergierende Ziele in Familienunternehmen

Nachfolgend soll dargestellt werden, wie sich Familien und Unternehmen in ihren Kernfunktionen und Zielsetzungen unterscheiden. Daraus lassen sich bestimmte Stärken und Schwächen von Familienunternehmen ableiten.

2.3.1   Die Funktionen der Familie

Für die Familie können unterschiedliche Funktionen identifiziert werden. Nachfolgend wird zwischen natürlichen, wirtschaftlichen und sozial-kulturellen Funktionen unterschieden.[21] *Die natürliche Funktion der Familie* liegt in der Verbindung zwischen Mann und Frau und damit in der Fortpflanzung zur Erhaltung des Bestands unserer Gesellschaft. Auch wenn zunehmend neue Formen des Zusammenlebens existieren, handelt es sich um ein Idealmodell, das von vielen Menschen angestrebt wird.[22]

In der wirtschaftlichen Funktion der Familie geht es darum, den Bedarf an Nahrung, Kleidung und Obdach zu sichern, um die heranwachsende Generation lebenstüchtig zu machen. Der Begriff «Haushalt» ist in diesem Zusammenhang zu sehen. Heute bildet die Familie zwar noch eine ökonomische (Über)Lebenseinheit, doch ist sie nicht mehr primär der Ort der Wertgenerierung im wirtschaftlichen Sinn.[23] Die ökonomische Funktion verliert an Bedeutung. Bei einer Heirat stehen heute primär emotionale Motive wie Liebe oder die «Unfähigkeit allein zu sein» im Vordergrund. Die primären Ziele sind das individuelle Lebensglück, das gemeinsame Überleben oder die gemeinsame Sinnfindung.[24] Gleichzeitig kann beobachtet werden, dass Unternehmensgründungen durch Nachkommen von Unternehmerfamilien mitgetragen werden. Eine zweite Beobachtung ist, dass Mitarbeit von Familienmitgliedern unter dem eigentlichen Marktwert von den Betroffenen akzeptiert wird. In beiden Fällen stellt die Familie eine Ressourcenquelle für eine unternehmerische Aktivität dar.[25]

Die sozialkulturelle Funktion der Familie kann darin gesehen werden, dass die Familie die heranwachsenden Individuen heranbildet, formt und prägt. Im Rahmen die-

---

21 Löwe 1979, S. 20 f.; Klein 2000b, S. 10; Rosenbauer 1994, S. 44; Wiedmann 2002, S. 40 f.; Boungou Bazika 2005, S. 20 ff.; Siebel 1984, S. 208; Sechser 2006, S. 11.

22 Gross 1994 spricht in diesem Zusammenhang von Multioptionsgesellschaft. Das «Fräulein-Dasein» oder Junggesellen waren einst belächelte oder verpönte Lebensformen, der «Single» wurde in der Zwischenzeit zu einer attraktiven und akzeptierten Option (vgl. Gross 1994, S. 52). Geisel 2004, S. 43 hält fest, dass die Liebesheirat und Wunschkinder heute Errungenschaften der modernen Familie darstellen.

23 Simon 2002, S. 18 f.

24 Simon 2002, S. 58.

25 Boungou Bazika 2005, S. 24 f.

ser Sozialisation findet die Einführung der Kinder in die Welt der sozialen Beziehungen statt, und damit die Bildung der Tiefenschichten des Charakters und der Persönlichkeit.[26] In der Familie stehen die Individuen im Zentrum, verbunden mit gefühlsbetonten Beziehungserwartungen, denn die Familie dient der emotionalen Erhaltung des Individuums.[27] Sexualität, Liebe und Geborgenheit, Sicherheit, Glaube, Regeneration und Spannungsausgleich sind dabei tragende Elemente.

Das hier formulierte Bild der Familie hat einen institutionellen Charakter. Das bedeutet, dass die Familie für die Betroffenen einen stabilen Bedeutungsinhalt darstellt. Gleichzeitig handelt es sich um eine relative Stabilität, denn der Bedeutungsinhalt kann sich im Zeitverlauf verändern. Der Bedeutungsinhalt der Familie kann auch als dynamischer Prozess verstanden werden, der sich im Laufe der Lebensbiografie entwickelt und immer wieder neu gestaltet wird.[28]

2.3.2   Die Funktionen des Unternehmens

Das *Unternehmen* wird in der Literatur oft als soziotechnisches System verstanden, das vier spezifische Eigenheiten ausweist, die es von anderen sozialen Systemen unterscheiden.[29] Als wirtschaftliche Systeme sind Unternehmen langfristig auf einen ausgeglichenen Geldhaushalt angewiesen, um zu überleben.[30] Sie sind zweitens zweckorientiert und multifunktional, indem sie durch Wertschöpfung Nutzen für verschiedene Anspruchsgruppen generieren. Drittens sind sie soziotechnische Systeme, in denen Menschen, unterstützt durch technische Hilfsmittel, in arbeitsteiligen Prozessen Aufgaben verrichten. Schliesslich stehen Unternehmen in einem ökonomischen Wettbewerb; sie müssen sich mit knappen Ressourcen gegen die Konkurrenzunternehmen durchsetzen. Das Unternehmen wird dabei als ein offenes System verstanden, welches dem Wettbewerb und den Absatz- und Beschaffungsmärkten ausgesetzt ist.

An die im Unternehmen tätigen Personen bestehen klare Leistungs- und Verhaltenserwartungen.[31] Die vom System definierten Ziele sollen mit meist rationalen, erwerbswirtschaftlichen Prinzipien erreicht werden. Das Unternehmen wird bewusst

---

26   Rosenbauer 1994, S. 44; Belardinellie 2002. Zur Sozialisation von potenziellen Nachfolgern vgl. Halter, Frey, Zellweger 2005.

27   Wimmer, Gebauer 2004, S. 247; Klein 2000b, S. 61; Domayer, Vater 1994, S. 26.

28   Bertram 2007, S. 109; Anders 2001, S. 226 f. Die Veränderung der Familie kann mit Stichworten wie Enttraditionalisierung, Wandel der Beziehungsbilder, Desynchronisierung und Flexibilisierung, Lebenslauf statt Lebenslage oder Abkehr von Sozialromantik umschrieben werden, vgl. dazu ausführlich Metzger 2001, S. 212 ff.

29   Rüegg-Stürm 2004, S. 20 f.; Löwe 1979.

30   Simon 2002, S. 13.

31   Wimmer, Gebauer 2004, S. 247.

mittels Lenkung, Gestaltung oder Entwicklung beeinflusst. Lenkung beinhaltet die Feinanpassung der Strukturen, die Gestaltung der Neuausrichtung der Organisationsprofile und die Entwicklung der Neupositionierung in den verschiedenen Lebensphasen des Unternehmens.[32]

2.3.3   Unterschiedliche Zielsetzungen

In Familienunternehmen werden den beiden Subsystemen oft eine menschlich-familiäre Seite (Familie) und eine betrieblich-finanzielle Seite (Unternehmen) zugesprochen. Dies äussert sich in je unterschiedlichen Normen, Beziehungsformen, kommunizierten Themen oder praktizierten Regeln. Die gegenseitige Beeinflussung kann zur Veränderung der Dynamik und Kultur von Familie und Unternehmen führen und einen individuellen Charakter des Familienunternehmens herausformen.[33] So können beispielsweise Familien- und Gemeinschaftssinn Teil der Unternehmenskultur werden. Familienunternehmen verfolgen so gesehen ökonomische und nicht-ökonomische, respektive finanzielle und nicht-finanzielle Ziele.[34] Andere schreiben der Familie emotionale, dem Unternehmen rationale Eigenschaften zu.[35] Dies sind nur Beispiele für teils umfangreiche Differenzierungen zwischen den beiden Sozialsystemen.
Nachfolgend werden die wesentlichen Unterschiede herausgearbeitet. Ein Überblick gibt Tabelle 1 auf Seite 28. Um der Gefahr der dichotomen Betrachtung entgegenzuwirken, sind in der Abbildung die zweite und dritte Spalte nicht mit einer durchgezogenen Linie abgetrennt. Mit dem verbindenden Pfeil soll zum Ausdruck gebracht werden, dass die Darstellung Tendenzen aufzeigt, wobei unterschiedliche Schattierungen des Gesamtsystems möglich sind.[36]
Simon schreibt den Unternehmen eine primär *funktionsorientierte,* der Familie eine *personenorientierte Identität* zu.[37] Demnach kann sich ein Familienmitglied nie nur körperlich oder nur psychisch in seine Familie einbringen. Es gehört immer die Person als «Ganzes» zur Familie, ihre Geschichte wird in allen biografischen Details bewusst erzählt und zelebriert. Im Zeitverlauf bleiben Eigenschaften und Rollen von Personen relativ konstant, nur einzelne Funktionen verändern sich oder werden ausge-

---

32   Gomez, Zimmermann 1997, S.11. Diese Sichtweise entspricht primär einem systemisch-kybernetischen Grundverständnis.
33   Klughardt 1991, S.11; Simon 2002, S.13 und 19; Sorenson 1999, S.133.
34   Tagiuri, Davis 1996; Lee, Rogoff 1996.
35   Gudmundson, Harman, Tower 1999, S.27. So dort auch Ward 1987; Beckhard, Dyer 1983, S.5; McCann, Hammond, Keyt et.al 2004, S.203; Netzhammer 2004, S.60; Sharma, Chrisman, Chua 1996, S.24.
36   Vgl. auch die Kritik von Whiteside, Brown 1991, S.384 ff.
37   Simon 1999a, S.181 f.; Simon 2002, S.20 ff.; Buchinger 1991, S.5 f.; Baecker 1998, S.19.

tauscht. Einem Unternehmen stellt eine Person dagegen nur seine Arbeitskraft, seine körperliche oder geistige Leistungsfähigkeit zur Verfügung und nicht die «ganze Person». Die Arbeitnehmer nehmen dabei unterschiedliche Funktionen in der Produktion, Verwaltung oder in anderen Bereichen wahr. Eine Person im Unternehmen fällt nur dann auf, wenn ihr Beitrag überdurchschnittlich ist oder sehr zu wünschen übrig lässt. Bezogen auf die Personalpolitik kann dies bedeuten, dass unter Familienmitgliedern eine konsequente Gleichberechtigung herrscht, während bei Arbeitnehmern die Besten zum Einsatz kommen, die anderen ersetzbar sind.[38]

Merkmale	Familie ist primär ◄———————►	Unternehmen ist primär
Identität	Personenorientierung Gleichberechtigung Leistungsunabhängigkeit	Funktionenorientierung der Beste und Ersetzbarkeit Leistungsabhängigkeit
Sprache Kommunikationsform, Kommunikationsmuster Beziehungsprinzip	mündlich unverbindlich / weich / enthemmt / beziehungsorientiert Gefühl und Verwadtschaft	schriftlich verbindlich / hart / gehemmt / sachaufgabenorientiert Vertrag
Orientierung	innenorientiert über Liebe / Hingabe / Vertrauen / Tradi- tion / Gerechtigkeit	aussenorientiert über Wettbewerb / Qualitäts- und Termintreue
Risiko und Veränderungs- bereitschaft	risikoscheu / Veränderungen als Gefahr empfunden	risikofreudig / Veränderung als Chance empfunden
Lebensdauer	je Generation begrenzt	theoretisch unbegrenzt
Verhaltensweise und Leistungsverständnis	emotional Leistung nicht objektivierbar persönlicher Ausgleich	rational Leistung objektivierbar monetärer Ausgleich
Werte und Wertigkeit	Wert an sich; Wert als Input; Verhaltenskodex	Wert durch Ertrag Wert als Output

Tabelle 1: Familie und Unternehmen – zwei unterschiedliche Sozialsysteme[39]

Unterschiede zwischen Familie und Unternehmen können auch in der eingesetzten *Sprache* identifiziert werden. Bezüglich der *Kommunikationsform* und den *Kommunikationsmustern* wird in der Familie primär mündlich (oral) und von Angesicht zu Angesicht kommuniziert. Kommunikation dient dabei in erster Linie zur Aufrechterhaltung der Beziehung. Diese sogenannte primäre Kommunikation (auch weiche oder enthemmte Kommunikation genannt) dient einem Selbstzweck, auch wenn es dabei um die Erfüllung anderer Aufgaben geht. Sie erfolgt spontan, beinhaltet emotional ge-

---

38   Auch Wimmer, Groth, Simon 2004, S. 35. Werden im Rahmen der Nachfolgeregelung Familienmitglieder trotz schlechterer Qualifikationen einem Dritten bevorzugt, wird dies als Nepotismus bezeichnet.

39   So aus Halter 2009, S. 80.

färbte Reaktionen und folgt einer beschränkten Struktur.[40] Im Unternehmen dagegen kommt zunehmend die schriftliche (literale) und damit verbindlichere und strukturiertere Kommunikation zum Einsatz. Der Sinn der Kommunikation in Organisationen besteht entsprechend darin, Tätigkeiten und Informationen so weit miteinander zu vernetzen, dass anstehende Aufgaben gelöst werden können. Aus den Kommunikationsmustern können Beziehungsmuster abgeleitet werden, die in der Familie auf Gefühl und Verwandtschaft beruhen, bei Unternehmen auf Verträgen. In der Praxis kann die Durchmischung der Kommunikationsform und damit der Beziehungsprinzipien zu Irritationen bei den Betroffenen führen. Für Kinder kann es irritierend wirken, wenn der Vater bei wichtigen und persönlichen Mitteilungen einen maschinengeschriebenen Brief schreibt, oder wenn Eheverträge und Testamente als Verträge unmittelbar vor oder nach einer romantischen Hochzeit in der Familie aufgesetzt werden.[41]

Weitere Unterschiede können bezüglich der *Orientierung* von Familie und Unternehmen festgestellt werden, welche in den jeweiligen Kulturen erscheinen.[42] Die Familie wird dabei als ein innenorientiertes Sozialsystem verstanden, in dem Werte wie Tradition, Kontinuität und Gerechtigkeit im Vordergrund stehen. Ein Unternehmen dagegen steht in einem Wettbewerbsumfeld und muss sich täglich an Absatz- und Beschaffungsmärkten behaupten können. Deshalb stehen dort Werte wie Qualitäts- und Termintreue, Einsatz- und Verantwortungsfreude im Mittelpunkt.

Damit verbunden sind auch das *Verständnis von Risiko* und das *Verhältnis zu Veränderungen*. Familien haben den Hang dazu, dem Ungewöhnlichen und Neuen auszuweichen. Entsprechend werden Schemata entwickelt, um das Aussergewöhnliche auf die bereits vorhandenen Kenntnisse über Personen wie beispielsweise zugeschriebene Verhaltens- und Entscheidungsmuster zurückzustufen und keine Identitätsdifferenzen aufkommen zu lassen.[43] Familien sind deshalb als risikoscheu zu bezeichnen. In Unternehmen dagegen ist Risikofreude unerlässlich. Denn um die Produkt- und Marktchancen zu erhöhen, muss Neues geschaffen werden. Doch Innovationen kosten nicht nur Zeit und Geld, sondern können auch scheitern.

Die *Lebensdauer* einer Kernfamilie ist begrenzt durch ihren biologischen Lebenszyklus – und damit gewissermassen vorbestimmt. Der Lebenszyklus eines Unternehmens ist soziologischer Natur und bezüglich Verlauf und Länge nicht vorbestimmt.[44] Eine gesicherte Finanzierung vorausgesetzt, verfügt ein Unternehmen also

---

40   Buchinger 1991, S. 5 f.; Simon 1999a, S. 190 f.; Simon 2002, S. 26 f.; Netzhammer 2004, S. 62.
41   Müller-Tiberini 2001, S. 78.
42   Für Kulturunterschiede vgl. Fröhlich 1995, S. 119.
43   Baecker 1998, S. 19.
44   Wimmer, Domayer, Oswald, Vater 1996, S. 245 ff.; zur Vertiefung vgl. Fueglistaller, Halter 2006.

über eine unbegrenzte Lebensdauer.[45] «Wenn jedoch niemand mehr produziert oder Dienste leistet, finden Unternehmen einfach nicht mehr statt.»[46] Dass eine Familie auseinanderbricht, geschieht selten aus rein ökonomischen Gründen. Es sind primär Gefühle, Liebe, Zuneigung, Verpflichtung, Dankbarkeit oder Loyalität, die sicherstellen, dass die Familienmitglieder den Kontakt untereinander herstellen und pflegen.[47]

Bezüglich *Verhaltensweise* und *Leistungsverständnis* wird der Familie in der Regel ein emotionales Verhalten zugesprochen. Die Nicht-Kündbarkeit der Beziehungen in Familien hat eine affektive Wirkung – die Gefühle für- und gegeneinander werden tiefer.[48] Entsprechend ist die Leistung der einzelnen Familienmitglieder kaum objektivierbar. Die Beziehung untereinander folgt langfristigen Reziprozitätserwartungen; dabei erwarten Familienmitglieder einen persönlichen Ausgleich für ihr familiäres Engagement. Wer zum Beispiel Zeit und Geld in das Hobby seines Kindes investiert, erwartet später keinen finanziellen Ausgleich dafür, womöglich aber einfach Dank und Wertschätzung. Gegenleistungen haben in der Familie also keinen messbaren, sondern primär einen ideellen Wert.[49] Ein anderes Beispiel stellt die Aus- und Weiterbildung dar, die beim Unternehmen im Dienst der Strategie und der Organisationsentwicklung, in der Familie im Dienst der individuellen Entwicklungsbedürfnisse steht.

Eine Familie zieht den *Wert* aus der Existenz als solcher. Werte werden in Familien primär als Verhaltenskodex verstanden, die im Sinne einer Input-Funktion ihre Wirkung entfalten. Dies bedeutet, dass Notbedürftigen geholfen wird, ohne die Leistung in Rechnung zu stellen. In Unternehmen werden Werte primär als Output im Sinne von Erfolg verstanden. Wert ergibt sich hier durch den Ertrag, den der Betrieb erwirtschaftet.

Die einzelnen Eigenschaften der Familie und des Unternehmens können in Familienunternehmen unterschiedlich stark ausgeprägt sein, woraus die emergenten Formen entstehen.[50] Dies wirkt sich auf die Kultur aus, die wiederum den Charakter des Familienunternehmens ausmacht. Aus der Perspektive der Familienunternehmensstrategie stellt sich deshalb beispielsweise die zentrale Frage, ob primär das Unternehmen im Dienst der Familie oder die Familie im Dienst des Unternehmens steht. Familienorientierte Firmen sind beispielsweise rigider in ihrer Betrachtungsweise der Dinge, risikoscheuer und weniger mit strategischem Denken vertraut und eine familien- und

---

45   Simon 1999a, S. 189.
46   Simon 2002, S. 28.
47   Simon 2002, S. 28.
48   Simon 2002, S. 23.
49   Hammer, Hinterhuber 1993, S. 254.
50   Hildenbrand betont, dass letztlich ohnehin nur je Einzelfall zu entscheiden ist, ob die Akteure ihre Wirklichkeit eher als Familie mit einem Betrieb oder vice versa verstehen, denn jede scholastische Begriffsklauberei verstellt den Blick auf die jeweilige Wirklichkeit. Vgl. Hildenbrand 2002, S. 121.

unternehmensexterne Unternehmensnachfolge kann unter Umständen emotional nur schwerlich umgesetzt werden.[51] Wenn dagegen die Frage im Zentrum steht, was für das Unternehmen selbst am besten ist, kann der familiäre Widerstand für eine familienexterne Nachfolgelösung wesentlich geringer ausfallen.

Aus systemisch-konstruktivistischer Sicht findet durch die Überlagerung und gegenseitige Durchdringung der beiden Sozialsysteme eine wechselseitige Beeinflussung statt. Diese geht damit weiter als die bei der Definition verwendeten systemisch-kybernetisch orientierten formalen Strukturkriterien wie beispielsweise Eigenkapitalanteile und Managementfunktion (vgl. dazu Abbildung 1, Seite 22). Die gegenseitige Prägung über die Zeit führt in der Folge zu Merkmalsunterschieden zwischen Familien- und Nichtfamilienunternehmen. Aus einer ressourcenorientierten Perspektive wird in diesem Zusammenhang auch von «Familiness» gesprochen. Diese drückt den Familienbezug und die Familienprägung eines Unternehmens aus, die sowohl Stärke als auch Schwäche sein kann.[52]

Durch die Überlagerung der beiden Subsysteme mit ihrer je eigenen Eigenlogik und -dynamik und den daraus entstehenden Paradoxien besteht ein inhärentes Konfliktpotenzial innerhalb und zwischen Familie und Unternehmen (vgl. dazu Tabelle 2; Seite 32).[53] Je stärker der Familieneinfluss im Unternehmen ist, desto schwieriger wird es, mit diesen Paradoxien umzugehen. Die Bedeutung von Gleichbehandlung und die Gefahr von Nepotismus steigen. Ausserdem nehmen Familien- sowie Arbeitskonflikte zu. Ungelöste Familien- oder Generationenkonflikte können die Führung des Unternehmens und schliesslich dessen Fortbestand gefährden.[54] Insbesondere die gesellschaftliche Rahmenbedingungen oder die individuellen Wert- und Rollenvorstellungen können sich im Zeitverlauf ändern, was die der klassischen Familie unterstellten Kohäsionskräfte schwächt.[55]

---

51 Reid, Dunn, Cromie u.a. 1999a, S. 55 ff.; Reid, Dunn Cromie u.a. 1999b. Dunn 1995. Ward 1987. Andere Autoren formulieren spezifische Vor- und Nachteile von Familienunternehmen. Solche Bewertungen sind jedoch mit Vorsicht zu geniessen, denn es muss davon ausgegangen werden, dass dahinter subjektive Idealbilder versteckt sind, die für das vorliegende Buch eher ungeeignet erscheinen.

52 Vertiefung des Begriffs «Familiness» vgl. Mühlebach 2004a und 2004b; Habbershon, Williams 1999; Habbershon, Williams, MacMillan 2003; Tokarczyk, Hansen, Green, Down 2007.

53 Terberger 1998, Klein 2000b, S. 86 ff; Neubauer, Lank 1998, S. 73 ff; Handler 1994, S. 144; Reid, Dunn, Cromie u.a. 1999b, S. 150; Wimmer, Groth, Simon 2004, S. 9. Die Konfliktpotenziale entstehen v.a. dadurch, dass die Rollenverteilungen nicht mehr eindeutig zugeordnet werden können. Vgl. Simon 1999a, S. 196.

54 Carlock, Ward 2001, S. 192 ff.; Danco 1982; Kets de Vries 1996, S. 19 f.

55 Beck 1986; Wimmer, Groth, Simon 2004, S. 10; Bertram 2007, S. 109; Anders 2001, S. 226 f.

Paradoxie I	Familieneinflüsse als Ressource und Gefährdung des Unternehmens
Paradoxie II	Loyal sein gegenüber der eigenen Kernfamilie und dem grösseren Familienverband
Paradoxie III	Kurzfristige (Einzel-)Investoreninteressen berücksichtigen und langfristig die Zukunft des Unternehmens sichern
Paradoxie IV	Gleichheitserwartungen der Familie erfüllen und den Ungleichheitsanforderungen des Unternehmens nachkommen
Paradoxie V	Wachsen unter Wahrung der unternehmerischen Autonomie
Paradoxie VI	Unternehmerische Wandlungsfähigkeit erhalten und (Familien-) Traditionen bewahren
Paradoxie VII	Schutzerwartungen der Familie befriedigen und Leistungsfähigkeit des Unternehmens und seiner Führung sichern

Tabelle 2: Sieben Paradoxien in Familienunternehmen[56]

Für die Unternehmensnachfolge kann dies bedeuten: Die familieninterne Nachfolgelösung kann nicht mit derselben Selbstverständlichkeit vollzogen werden, wie es noch vor 30 Jahren der Fall sein mochte. Konfliktpotenziale entstehen auch durch die unterschiedliche Entwicklung der Lebenszyklen von Familie und Unternehmen. Es sind also besondere Managementleistungen gefordert, zum einen, um geeignete Grenzen zwischen der emotionalen Familiensphäre und der Unternehmensführung zu schaffen und zu erhalten, zum anderen, um geeignete Instrumente wie beispielsweise einen Familienrat oder eine Familiencharta im Dienste der Koexistenz einzuführen.[57] Je unklarer die Rollen- und Funktionsverteilungen innerhalb der Familie und des Unternehmens sind, desto grösser werden die Unsicherheiten und desto vielschichtiger die Konfliktpotenziale.[58]

Zusammenfassend lässt sich festhalten, dass die Eigenlogik der beiden Subsysteme zu berücksichtigen ist. In Kombination führen sie zu einer fallspezifischen Konstellation von Familienunternehmen. Gleichzeitig verändern sich Werte, Strukturen und Normen im Zeitverlauf, eine grosse Herausforderung für alle in die Unternehmensnachfolge involvierten Personen, besonders aber für den Unternehmer. Er ist es, der primär mit den Paradoxien umzugehen hat; er muss die anderen Beteiligten für einen gemeinsamen Weg gewinnen und eine gemeinsame Familienunternehmensidentität schaffen.

---

56   Wimmer, Groth, Simon 2004, S. 18.
57   Mugler 1998, S. 22 f.
58   Danes, Rueter, Kwon, Doherty 2002, S. 34.

Fallbeispiel 1: Zieh dir erst mal 'nen Blaumann über!

Ernst Polzek hält 50 % der Gesellschaftsanteile der Polzek Fahrzeugtechnik GmbH, die rund 100 Mitarbeiter an zwei Standorten in Deutschland beschäftigt. Sein sieben Jahre jüngerer Bruder hält die anderen 50 % und leitet die Bereiche Technik und Produktion.

Beide Brüder haben je zwei Kinder, wobei die Meinungen über deren Eignung für die Unternehmensnachfolge stark auseinander gehen. Von den vier Nachkommen arbeitet derzeit nur Herbert, Sohn von Ernst Polzek, im kaufmännischen Bereich der Gesellschaft.

Die Nachfolgeberatung hat erst begonnen. Nach dem Startgespräch mit Ernst Polzek erhält der beigezogene Berater einen Brief von Herbert Polzek. Dieser Brief wurde sowohl seinem Vater als auch seinem Onkel übergeben. Zur Zeit der Niederschrift des Briefes war Herbert 35 Jahre alt, sein Vater Ernst 66 und dessen Bruder 59.

Das kürzlich geführte Gespräch machte wieder augenfällig, dass sich der gesamte Komplex «zukünftige Entwicklung und Nachfolgediskussion» nach wie vor in einem Vakuum-Zustand befindet. Es gibt Spannungsfelder sachlicher wie persönlicher Natur, für die es offenbar zur Zeit keine massgeschneiderten Lösungen gibt.

Es ist nicht leicht und auch prekär, als Nicht-Techniker sich in diesem Terrain profilieren zu wollen. Dennoch begleite ich die Unternehmen seit Jahren mit einer unternehmerischen Sichtweise. Der für mich zentrale Punkt ist die teilweise Neuausrichtung der Angebotspalette und die Ausdehnung des Kundenkreises über das angestammte Gebiet hinaus. Auf die letzten Jahre gesehen ist es bar jeder unternehmerischen Natur und fahrlässig, mit Produkten und Preisen auf den Markt zu gehen und schon im Vorfeld zu wissen, nicht kostendeckend zu produzieren. Das mag in wenigen begründeten Einzelfällen vertretbar sein, die Summe der Flops hat den Standort A ausbluten lassen. Selbst positive Kalkulationen müssen immer mit dem Negativsaldo verrechnet werden. Die Erträge, insbesondere aus der Fertigung, reichen nicht aus, um den Betrieb sich entwickeln zu lassen. Die Liquidität ist meistens angespannt, Gelder werden nur umgepumpt, es bleibt keine Substanz hängen. Die Firma verfügt über keine Rücklagen, ist bei kleinen Pannen schnell im Bereich der Krise. Daraus kann man ableiten, dass je nach Projekt entweder zu teuer produziert wurde, oder der Marktpreis nicht ausreichend war. Wie kann man hier entgegensteuern und den Zusammenbruch vermeiden?

Meine Grundidee geht dahin, den Bereich Veredelungen und Sonderfahrzeugbau bewusst überregional auszudehnen, ohne sich aus dem vertrauten Stammgebiet zu verabschieden. Mit Innovationen und Qualität können wir ein Anbieter sein, der Nischen füllt und somit auch als «Feuerwehr» für Serienhersteller in Betracht kommen, wenn diese solch individuelle und massgeschneiderte Lösungen nicht anbieten können.

Das Innovationspotenzial sehe ich im Betrieb gegeben, dieser Weg bedeutet aber auch Investitionen in den Bereichen Aussendienst, technische Planung und Qualitätsmanagement sowie im Bereich von Anlagen und Maschinen. Die Achterbahnfahrten der letzten Jahre zeigen auf, dass in Zeiten von Globalisierung und Allianzen ein Zurückducken in die regionale Ecke fatal ist. Man muss den heimischen Markt auch weiterhin bearbeiten, eine zusätzliche Schiene auf den gesamten Markt ist unausweichlich, weil sonst der Karren versumpft.

Wenn die Überlastungen aus dem Tagesgeschäft dazu führen, dass solche Überlegungen gar nicht diskutiert werden, oder zur Wiedervorlage monatelang auf Eis liegen, um sie dann zu beerdigen, ist die notwendige Neuausrichtung nicht gewollt und wird dazu führen, dass es dann wahrscheinlich andere Unternehmen machen und der Zug Richtung marktorientierter Zukunft für uns abgefahren ist. Kein Unternehmen würde sich je weiterentwickeln, wenn mit dem Hinweis auf laufende Geschäfte und vage Planbarkeit jede Orientierung ausbleibt. Man nennt das gemeinhin unternehmerisches Wagnis.

Der dritte Schwerpunkt resultiert schon aus dem zweiten, Investitionen und deren Finanzierung. Bei produzierenden Unternehmen liegt das Ertragspotenzial nicht im Anlage-, sondern im Umlaufvermögen. Will heissen, die Gewinnabsicht liegt im Geschäft, Fahrzeugbau und Reparatur, und nicht in der Gestellung von Immobilien, welche zu diesem Zwecke in persönlicher Haftung belastet werden. Die bisherige und gegenwärtige Finanzstruktur aus Besitz- und Betriebsgesellschaften ist aus meiner persönlichen Sicht kontraproduktiv und unzeitgemäss. Sie ist ein starres Korsett aus Eigentumsbedürfnis (Inhaber) und Sicherheitsbedürfnis (Bank). Würde man (fiktiv) heute den gesamten Immobilienbesitz zu reellen Bedingungen veräussern, abzüglich Kosten, Steuern und Resttilgung, wird kaum etwas übrig bleiben. Zumindest wäre die Kapitalrendite ein unternehmerisches Fiasko. Das Eigentum als Anlageform und Renditeobjekt scheidet hier aus.

In guten Geschäftsjahren konnten die Bilanzen somit durchaus solide erscheinen. Hinterfragt man dieses Konstrukt unternehmerisch aus der Perspektive eines Investors, müssen Zweifel aufkommen. Was hat das alles wirklich eingebracht? Ist das belastete Immobilienvermögen ein Risikofaktor?

Was immer mit den Firmen und Immobilien geschehen mag, die Ernte fahren niemals die Eigentümer ein, die dafür jahrelang den Kopf hingehalten haben. Es ist auch keine Perspektive für den- oder diejenigen, die dieses einmal weiterführen sollen... Die vielen ungelösten Fragen in puncto Haftungen, Verantwortungen und Erbfolgen sind ein gewaltiger Komplex, welcher in diesem Schreiben den Platz sprengen würde. Dieses alles muss in weiteren Gesprächen und Gesellschafterversammlungen einer Lösung zugeführt werden.

Das letzte Gespräch über meine künftigen Aufgabenbereiche war ein Paradebeispiel dafür, wie antiquierte Ansichten, Verkrustungen und vorgefertigte Meinungen in der Diskussion Platz gegriffen haben. Zitat «die Sachen sind ja wohl alle im Griff», es fiel der Begriff eines «Sachbearbeiters».

Man kann nun argumentieren, infolge Stress und Auftragsmangel handele es sich hier um einen Fauxpas, gemixt aus Polemik und mangelnder Sensibilität. Vielmehr gewinnt man (zumindest ich) den Eindruck, dass sich hier ein Denken aufzeigt, welches die artfremden Gebiete Technik und Administration in Gut und Böse scheidet.

Ich sehe meine wichtige Aufgabe darin, einer Polarisierung und Zersetzung des Betriebes entgegenzuwirken. Misslingt diese Gewaltenteilung, besteht die Firma aus Regierung und Opposition, verbunden mit der Gefahr, dass die fähigsten Köpfe mangels Perspektiven abspringen.

Diese Position muss aber durch Kompetenzen und klare Handlungsabläufe untermauert werden. Die Möglichkeiten sind schnell ausgeschöpft, wenn die ganze Hierarchie nach wie vor auf den Personen der beiden Brüder abgestellt ist.

Meine Funktionsbereiche sind nur nach innen definiert und klar, Leitungsbefugnisse nach aussen beziehen sich auf Teilbereiche der Verwaltung. Ein eigenständiges Handeln und Auftreten nach aussen ist so kaum möglich. Ausnahmen werden fallweise an mich herangetragen. Die Auswertungen werden primär für die Geschäftsleitung gemacht, es fallen kaum Arbeiten an, welche erkennbar nach aussen dringen.

Die Bezeichnung «Assistent der Geschäftsleitung» wurde vor einigen Jahren festgelegt, von mir so auch aufgefasst und umgesetzt. Mittlerweile musste ich erfahren, dass ich mich offensichtlich geirrt haben muss.

Desweiteren lasse ich es mir auch nicht mehr länger gefallen, für alles und jeden nur der Prügelknabe zu sein. Die Art und Weise, wie anmassend und unverhohlen an meiner Qualifikation herumgemäkelt wird, ist inhaltlich abwegig und persönlich entwürdigend. Die Position des Nicht-Fahrzeugbauers ist Synonym für die mutmassliche Unfähigkeit, das Unternehmen leiten zu können.

Selbstverständlich bin ich auch bereit, mir Kritik anzuhören und Niederlagen einzustecken. Aber die Diskussionen nach dem Motto «zieh dir erst mal 'nen Blaumann über» gingen an der Sache vollständig vorbei bis an den Rand der Lächerlichkeit. So etwas bringt niemanden weiter.

Jetzt hat die Firma einen «Junior», welcher sich in 19 Jahren in die Struktur des Betriebes eingearbeitet hat und Wille und Mut zur Verantwortung zeigt (trotz vielfältiger anderer Möglichkeiten), und dann wird dieser wie ein blinder Passagier im Frachter versteckt.

Ich kann nur noch einmal betonen, mich der grundsätzlichen Verantwortung einer Betriebsnachfolge in Phasen zu stellen. Vorzugsweise als Prokurist im Bereich Administration und Unternehmensentwicklung, später sofern die Strukturen vorhanden, auch als Gesellschafter. Diese Mission scheitert, wenn die psychologischen Barrieren der Altvorderen nicht durchbrochen werden können.

Es ist jetzt 5 vor 12 zum Handeln und die Zeit des Erbsenzählens und Bleistiftspitzens auch endgültig vorbei. Ich kann den Karren nicht aus dem Dreck ziehen, wenn ich amputiert im Karren sitze. Meine zahlreichen Spitzfindigkeiten seht mir bitte generös nach, doch nur wer Anstoss erregt, vermag auch Anstoss zu geben.

Ich denke, die Gesellschaft, der wir uns doch alle verpflichtet fühlen, kann mehr denn je neue Anstösse gebrauchen.

Der Brief zeigt mit viel persönlicher Couleur die Konflikte auf, die aus dem Aufeinanderprallen der unterschiedlichen Sozialsysteme von Familie und Unternehmen entstehen. Die drei Personen sind in ihrem familiengeprägten Rollenverständnis gefangen. Die hohe Loyalität gegenüber der Familie führt dazu, dass keiner bereit ist, den Konflikt aufzulösen. Dessen Fortführung erscheint den Beteiligten «einfacher» als die Thematisierung einer Lösung. «Dem Konflikt ausweichen» ist eine typische Verhaltensweise, denn Veränderungen werden – im Familiensystem – als Gefahr empfunden.

Im vorliegenden Fall wäre «Veränderung» die einzige Lösungsmöglichkeit gewesen. Herbert hätte entweder das Unternehmen – vorübergehend – verlassen müssen oder man hätte ihm eine Führungsfunktion mit echter, operativer Verantwortung zuweisen müssen.

Fünf Jahre nach diesem Schreiben ist die Situation in der Gesellschaft unverändert. Die Nachfolgeberatung wurde aufgrund «wirtschaftlicher Schwierigkeiten» abgebrochen. Ernst Polzek und sein Bruder sind heute beide im Pensionsalter und trotzdem noch alleinige Gesellschafter. Herbert ist «Sachbearbeiter» in der Administration. Die Nachfolge ist nach wie vor ungelöst.

2.4   Die verschiedenen Rollen im Familienunternehmen

Neben den unterschiedlichen Zielsetzungen und daraus ableitbaren Paradoxien in Bezug auf die beiden Subsystem Familie und Unternehmen können verschiedene Rollen im Familienunternehmen identifiziert und den Einzelpersonen zugeschrieben werden. Das in den Achtzigerjahren entwickelte Modell von Tagiuri und Davis erweitert das duale System um die Perspektive des Eigentums.[59] Mit dem Einbeziehen dieser dritten Sichtweise beschreibt das Drei-Kreis-Modell das Familienunternehmen als drei sich überlappende Subsysteme: Familie, Unternehmen und Eigentum. Erweitert man das klassische Drei-Kreis-Modell mit dem Element Verwaltungs- respektive Aufsichtsrat, ergibt sich die nachstehende Grafik.

59   Tagiuri, Davis 1996

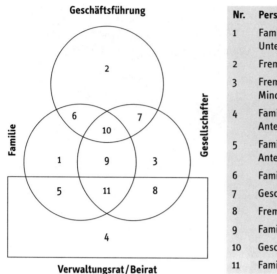

Nr.	Person / Rolle
1	Familienmitglied ohne Einfluss auf das Unternehmen
2	Fremdmanagement ohne Beteiligung
3	Fremdgesellschafter, qua definitionem Minderheitsbeteiligter
4	Familienexterner Beirat / Aufsichtsrat ohne Anteile
5	Familieninterner Beirat / Aufsichtsrat ohne Anteile
6	Familiengeschäftsführer ohne Anteile
7	Geschäftsführender Fremdgesellschafter
8	Fremdgesellschafter im Beirat / Aufsichtsrat
9	Familiengesellschafter
10	Geschäftsführender Familiengesellschafter
11	Familiengesellschafter im Beirat / Aufsichtsrat

Abbildung 2: Das Rollenmodell für Individuen in Familienunternehmen[60]

Jedes Individuum aus dem System Familienunternehmen kann einem der Sektoren zugeordnet werden. Ein Familienmitglied, das auch in der Geschäftsleitung tätig ist, würde zum Beispiel dem Sektor 5 angehören, wohingegen ein Aktionär, der nicht zur Familie gezählt wird, dem Sektor 3 zugeordnet werden kann. Zu welchem Sektor eine Person gehört, hat weitreichende Folgen. Diese erstrecken sich nicht nur auf das Unternehmen und dessen Dynamik, sondern auch auf das Familienleben. Das Modell macht die Komplexität des Systems Familienunternehmen deutlich, indem es zeigt, dass eine Person verschiedenen Subsystemen im funktionalen Sinn angehören kann. Insofern hilft es, die realen Strukturen im Unternehmen besser zu verstehen: Welche Sicht haben verschiedene Personengruppen auf das Unternehmen? Welchen Zwängen und Abhängigkeiten unterliegen sie, und was bedeutet das für ihr Handeln und ihr Verhältnis zu den anderen Beteiligten? Hier kann eine professionelle Beratung als «Scharnier» wirken, indem sie etwa zwischen den einzelnen Gruppen vermittelt (vgl. dazu Kapitel 5.2, Seite 147).

Die Koppelung von Familie, Eigentum, Geschäftsführung sowie Verwaltungsratsfunktion ist praktisch immer eine Herausforderung, da damit verschiedene Interessen und Erwartungen verbunden sind. Würde man zudem Ist- und Wunschsituationen oder formale und informale Rollenverteilungen, wie sie in der Realität auftauchen, berücksichtigen, wäre die Situation noch komplexer. Meist gelingt es der Gründergeneration – etwa durch eine starke Unternehmerpersönlichkeit – über lange Zeit Harmonie

60   In Anlehnung an Tagiuri, Davis, 1996, S.200.

zwischen den Bereichen zu suggerieren. Im Zeitverlauf sind aber weniger Übereinstimmungen als Konflikte zu erwarten.[61]

Im folgenden Abschnitt werden einzelne Rollen genauer betrachtet. Dabei wird von einem klassischen Familienbild, mit dem Vater als Ernährer und der Mutter als Erzieherin der Kinder, ausgegangen, eine Situation, die in sehr vielen Nachfolgefällen heute noch immer anzutreffen ist – im Wissen, dass es auch andere gibt und diese entsprechend individuell ausgelegt werden müssen. Nachstehend handelt es sich um theoretische und illustrative Ausprägungen.

Unternehmensführer

Der Unternehmer steht oft im Blickpunkt der öffentlichen Meinung. Nicht nur, weil seine Persönlichkeit, die in der Regel für Erfolg, Leistung und materiellen Reichtum steht, auf die Allgemeinheit meist eine grosse Faszination ausübt. Insbesondere in kleineren Unternehmen hängt die Existenz vieler Menschen häufig von seiner Person ab.

Vergleicht man die Biografien bedeutender Unternehmer, so lässt sich feststellen, dass Führungsstärke sowie die Fähigkeit, Menschen für etwas zu begeistern, zu ihren Stärken zählen. In ihrer Rolle als Manager tragen sie in erster Linie Sorge dafür, dass es der Unternehmung gut geht. Ihr unternehmerisches Handeln führt dazu, dass sie die Interessen der Unternehmung über die privaten stellen.[62]

Familienmitglieder

Die Familie befindet sich inmitten eines sozialen Strukturwandels.[63] Es zeigen sich vermehrt starke Tendenzen zur Individualisierung und zur Bildung von nicht sehr stabilen, kleinfamilienähnlichen Konstellationen. Im Laufe des Lebens erlebt ein Familienmitglied verschiede Arten des Zusammenlebens. Mit hohen Scheidungsraten, zwischenzeitlichem Single-Dasein und Lebensabschnittspartnern etablieren sich flexible Familienformen, die dem Unternehmen als unsicherer Partner an die Seite gestellt sind. Dennoch, im Idealfall zählen in der Familie die Positiva: Liebe, Geborgenheit und Fürsorge.

Trennungen in Unternehmerfamilien haben weitreichende Folgen. Wurden keine rechtlichen Regelungen getroffen, kann eine Scheidung, die einen Ausgleich des Zugewinns erfordert, zu einer Belastung für den Betrieb werden, die bis zum Konkurs führen kann. In einer Unternehmerehe sollte darum vertraglich sichergestellt werden, dass es bei Trennung oder Tod eines Ehepartners nicht zu einem Abfluss von Kapital

61   Groth ,Wimmer 2005, S. 98.
62   Hennerkes, 2004, S. 28 ff.
63   Groth, Wimmer 2005.

und somit Liquidität aus dem Unternehmen kommt. Andererseits muss die meist unbezifferte Leistung des nicht im Unternehmen tätigen Partners, wie Unterstützung, Betreuung und Erziehung der Kinder oder gesellschaftliche Verpflichtungen, berücksichtigt werden.[64] Es kann davon ausgegangen werden, dass Ehepartner im Vorfeld ihrer Ehe implizite und explizite Annahmen treffen, etwa über ihre Ziele, Kinder, Glaube, Heimat, die Planung gemeinsamer und individueller Interessen, Geld, Freunde und die Beziehung zu den Herkunftsfamilien.[65] Haben dazu früher klare Normen und Arbeitsteilungen bestanden, müssen diese heute neu diskutiert werden. Eng damit verbunden ist auch die Frage der Machtverteilung. In der Literatur wird die These vertreten, dass eine klare Aufteilung der Kompetenzen ein liebevolles Miteinander eher ermöglicht als ein unklares, täglich auszuhandelndes Verhältnis. Gerade in Unternehmerfamilien spielt neben familieninterne Faktoren hier ein grösseres Ganzes hinein. So ist das Verhältnis der Ehepartner zu Mitarbeitern, zu mitarbeitenden Familienmitgliedern, zu Kunden und zur Bank zu definieren. Über die Ehe hinaus gewinnt die Klärung der Machtverhältnisse für das Unternehmen eine grosse Bedeutung.[66]

In früheren Kulturen war der *Vater* aufgrund seiner körperlichen Stärke der Ernährer und Beschützer der Familie. In der heutigen Zeit hingegen ist seine ureigene Aufgabe nicht mehr zwingend definiert.[67] Den Vätern aus Familienunternehmen wird oft die Rolle eines «peripheren Vaters» zugeschrieben. Vielfach finden sie durch ihr Engagement im Unternehmen wenig Zeit, sich ins Familienleben einzubringen. Im Familiensystem wird ihm entsprechend eine Rolle am Rande zugesprochen. Die Abwesenheit des Vaters wird schliesslich durch die Anwesenheit der Mutter doppelt wirksam. Diese Konstellation kann zur Folge haben, dass die Beziehung der Kinder zum Vater eher durch eine Honorierung von Arbeit und Leistung bestimmt wird. Die Zuwendung findet dabei meist in Form von Zeit ihre Ausprägung. Väter von Unternehmerfamilien befinden sich demnach oft in einem kräftezehrenden Dilemma: sie haben entweder gegenüber dem Unternehmen oder gegenüber der Familie ein schlechtes Gewissen.[68]

In der klassischen Unternehmerfamilie spielt die *Ehefrau und Mutter* eine wichtige Rolle als Stütze des Unternehmers und der Familie als Ganzes. Ihre mangelnde Beachtung, nicht nur in der Literatur, wird dem allerdings nicht gerecht.[69] In Bezug auf das Familiensystem übernimmt die Ehepartnerin das Management und oft auch die alleinige Verantwortung des Haushaltes und der Kindererziehung; und sie prägt wesentlich den Bezug der Kinder zum Unternehmen. Sie ist in der Regel dafür verantwortlich, die

64   Klein, 2004, S. 76.
65   Gersick, Davis, McCollom Hampton und Lansberg 1997, S. 64 ff.
66   Gersick, Davis, McCollom Hampton u.a. 1997, S. 65 f.
67   LeMar, 2001, S. 91; Hecker, 1983, S. 168; Siefer 1996.
68   Kepner 1983, S. 66.
69   Hennerkes, 2004, S. 33; Klein, 2004, S. 78; Rowe, Hong 2000; Danes, Olson 2003.

Kinder zur Selbständigkeit zu erziehen. Spätestens, wenn die Kinder aus dem Haus sind, fällt diese Aufgabe allerdings ersatzlos weg und eine Neu- oder Umorientierung kann anstehen.[70] Im Unternehmen übernehmen Ehefrauen oft eine wichtige Funktion in Bezug auf die Ausgestaltung der Unternehmenskultur oder sie leisten wesentliche Arbeit im Bereich der Administration und der Personalführung. Allerdings tun sie dies oft ohne offizielle Funktion, folglich sind sie weder in einem Organigramm aufgeführt, noch beziehen sie einen marküblichen Lohn. Bei strategischen Entscheidungen nehmen sie oft indirekt Einfluss auf das Geschehen und können sehr wohl den Unternehmer beeinflussen und beispielsweise den ersten Schritt zur Regelung der Unternehmensnachfolge einfordern – beispielsweise aus dem Bedürfnis heraus, mehr Privatzeit mit dem Senior zu geniessen, solange das Ehepaar noch gesund ist. Bei der Unternehmensnachfolge spielt die Ehefrau und Mutter oft eine zentrale Rolle. Poza und Messer konnten allerdings in einer Untersuchung feststellen, dass zwischen ihrem Einfluss und dem Grad der Sichtbarkeit – in Bezug auf das Unternehmen und das Eigentum – eine Diskrepanz herrscht.[71] So kann der Einfluss einer Ehefrau auf das Unternehmen sehr hoch sein, ohne dass sich dies beispielsweise in einem Organigramm widerspiegelt. Zudem ist es nicht unüblich, dass die Ehefrau des Übergebers hinter den Szenen agiert, um Krisen zwischen Nachfolger und dem Übergeber zu lösen. Die Ehefrau respektive Mutter wirkt daher oft als Puffer bzw. Vermittlerin zwischen den beiden Generationen und sollte als Unparteiliche wirken – was sie jedoch aus einer Beziehungsperspektive kaum schaffen wird. Eine Moderation durch familienexterne Berater ist an dieser Stelle sicher hilfreich.[72]

Kinder, die in eine Familienunternehmung hineingeboren werden, lernen bereits in den ersten Jahren intuitiv die Werte und Einstellungen ihrer Eltern zum Unternehmen kennen. Mythen und Märchen, Erfolgserlebnisse, aber auch Streit zwischen Mutter und Vater bezüglich der Unternehmung prägen dabei ihre Wahrnehmung des Familienunternehmens.[73] Gleichzeitig sind diese Kinder von Anfang an einer Doppelbelastung ausgesetzt. Einerseits müssen sie im Lauf der Entwicklung eine eigene Identität entwickeln, auf der anderen Seite müssen sie sich mit dem Gedanken vertraut machen, möglicherweise der zukünftige Nachfolger zu sein. LeMar schätzt die Situation so ein[74]: Je mehr das Kind Kind sein darf, desto grösser sind seine Chancen auf eine individuelle Entwicklung. Je mehr es Nachfolger sein muss und dadurch in seiner Entwicklung kanalisiert wird, desto stärker wird es in seiner Entfaltung behindert. So sind Unternehmerkinder in einem Dilemma gefangen: Wie alle anderen Kinder haben sie

70   Siefer 1996, S. 108; LeMar 2001, S. 103.
71   Poza, Messer 2001.
72   Morris et al. 1997; Janjuha-Jivray, Woods 2002.
73   Klein, 2004, S. 80.
74   Le Mar (2001).

ein Bedürfnis nach Spiel und Spass. Der Blick ist jedoch schon früh auf die Unternehmung gerichtet, was ein gewisses Mass an Verantwortung mit sich bringt. Den Eltern ist oft nicht bewusst, dass ihre Kinder aufgrund von Erwartungshaltungen beginnen, unrealistische Ziele zu verfolgen. Ein Kind, das bereits im Unternehmen mitarbeitet, nimmt ebenfalls eine Doppelrolle ein: Zum einen ist es Tochter bzw. Sohn, zum anderen Juniorchef.[75]

Reiner (Mit)Eigentümer

Eine Person in Abbildung 2 ist von der Familie losgelöst. Es handelt sich um Rolle 3, den Miteigentümer. Eine solche Konstellation kann beispielsweise durch einen Unternehmenskauf entstehen. Die Beteiligung am Unternehmen stellt für den Miteigentümer dabei in erster Linie eine spezielle Anlage dar. Die Entscheidung zu einem solchen Kauf basiert nahezu immer auf einer Überlegung, die Risiko und Ertrag abschätzt. Die angemessene Verzinsung des eingesetzten Kapitals (etwa in Form einer hohen Dividendenausschüttung) spielt dabei eine wesentliche Rolle. Es handelt sich also um eine Investitionsentscheidung, die rein sachlichen Erwägungen folgt. Während Unternehmensgründer und Erben meist stark emotional an ihr Unternehmen gebunden sind, ist die Beziehung des Käufers zum Unternehmen entsprechend von rationalen Komponenten geprägt.[76]

Eigentümer und Unternehmensführer

Dem Eigentümer, der sein Unternehmen selbst leitet, kommt eine Doppelrolle zu. Als Chef kann er sehr sozial eingestellt sein, steht er doch in täglichem Kontakt mit seinen Mitarbeitern; auf Entlassungen möchte er zum Beispiel dann möglichst verzichten. Doch in der Rolle als Kapitalgeber muss er eine andere Sicht haben: Entlassungen könnten etwa notwendig werden, um Kosten zu sparen, das Überleben der Unternehmung zu sichern und das eingebrachte Kapital rentabel zu verzinsen. So steht diese Person schnell im Zwiespalt zwischen der sozialen Verpflichtung und der eigenen Rendite.[77]

Familienmitglied und Eigentümer

Sind zahlreiche Familienmitglieder gleichzeitig Eigentümer, ohne in der operativen Verantwortung zu stehen, kann das von Nachteil sein. Eine Vielzahl von verschiedenen Gesellschafterinteressen, welche keinen gemeinsamen Willen der Eigentümer mehr zulassen, kann sich zu einer echten Gefahr für die Unternehmung auswachsen.[78] Die zunehmende Kapitalmarktorientierung der Anleger lockert die Bindung von nicht

---

75 Hinterhuber et. al., 1994, S. 105.
76 Terberger, 1998, S. 31 und 81.
77 Hinterhuber et. al. 1994, S. 105.
78 Groth, Wimmer 2005, S. 100 ff.

im Unternehmen tätigen Familiengesellschaftern. Kann dem nicht rechtzeitig entgegengesteuert werden, entdecken die Gesellschafter ihre zuvor vielleicht noch unterdrückten persönlichen Investmentbelange. Sobald sie beginnen, regelmässig eine durchschnittliche Kapitalrendite zu erwarten und auch davon ausgehen, dass entsprechend Gewinne ausgeschüttet werden, wird es für das Familienunternehmen kritisch. Unter Betrachtung eines grösseren Zeithorizonts gibt es allerdings immer wieder Phasen, in denen notgedrungen weniger ausgeschüttet werden kann oder bewusst weniger ausgeschüttet werden soll, um beispielsweise die Eigenkapitalquote zu erhöhen oder wichtige Investitionen vorzunehmen. In solchen kritischen Phasen müssen die Eigentümer also ihre persönlichen Belange hinter die der Unternehmung stellen können. Tatsächlich liess sich in einer Untersuchung feststellen, dass erfolgreiche Familienunternehmen die Überlebensnotwendigkeit des Unternehmens gegenüber den Partikularinteressen der Gesellschaft vorrangig behandeln.[79]

Unternehmensführer und Familienmitglied

Die Persönlichkeit des Unternehmers und Familienmitglieds ist oft die entscheidende Stärke des Familienunternehmens.[80] Diese Doppelrolle kommt oftmals dem Vater zu, der gleichzeitig Unternehmer und Familienvater in einer Person ist. Für viele Familienunternehmer ist die Trennung von Familie und Unternehmen nur schwer vorstellbar. Sie sehen darin auch keine Notwendigkeit.

Das Familienmitglied als Manager befindet sich in einer zwiespältigen Situation. In der Rolle als Unternehmer muss er sich im Rahmen einer schwierigen Wettbewerbssituation hart und konsequent zeigen; als liebenswerter Vater muss er gleichzeitig den emotionalen Bedürfnissen und Erwartungen der Familie gerecht werden. Gleichzeitig ist er eben nicht (Mit)Eigentümer des Unternehmens und agiert folglich unter fremder Beobachtung.

Eigentümer, Unternehmensführer und Familienmitglied

Das Idealbild eines Unternehmer und Gründers versteht meist eine Person, die durch Schaffenskraft, Visionen und Beharrlichkeit sozusagen das Lebenselixier einer Unternehmung darstellt.[81] Diese Position birgt eine enorme Komplexität, denn die Interessen der Unternehmung sind mit denjenigen der Familie oft nicht deckungsgleich. So gilt es, Entscheidung situativ und unter Abwägung der Konsequenzen für Familie und Unternehmen zu treffen.

---

79   Redlefsen 2004, S. 25 ff.
80   Hennerkes, 2004, S. 28; LeMar, 2001, S. 90 f.; Hinterhuber et. al., 1994, S. 105.
81   Siefer, 1996, S. 81 f.

Dazu zwei einfache Beispiele: Der Miteigentümer ohne Bezug zur Familie (Position 3) ist vorwiegend an einer hohen Dividendenausschüttung interessiert. Das Familienmitglied, welches zudem Eigentümer und Manager ist, könnte hingegen ein starkes Bedürfnis haben, die Gewinne zu reinvestieren.[82] In Bezug auf die Unternehmensnachfolge gäbe es für einen Unternehmer und Vater nach rational nachvollziehbaren Gesichtspunkten keinen Sinn, ein Unternehmen aufzubauen oder fortzuführen, wenn nicht die Familie davon in irgendeiner Weise profitiert. So gern jedoch der Vater den Sohn als Nachfolger sieht, der Eigentümer und Manager in ihm weiss, dass das Unternehmen nur weiter bestehen wird, wenn dieser auch die notwendigen Fähigkeiten zur Fortführung besitzt. Diese Beispiele zeigen, dass gerade in Familienunternehmen die verschiedenen Rollen ein hohes Konfliktpotenzial bergen.

Fallbeispiel 2: Bin ich denn kein Unternehmer?

Der Unternehmer Fritz Ballmer, heute 67 Jahre alt, Vater zweier erwachsener Söhne und einer Tochter, hat einen mittelständischen Betrieb mit 60 Mitarbeitern geleitet. Hier erzählt er die Geschichte der Unternehmensübergabe – gleichzeitig eine Bestandsaufnahme seines Schaffens.[83]

Blauer Himmel und Sonnenschein. Es hätte ein wunderbarer Sonntagmorgen werden können. Doch da kam wieder diese Frage von meiner Frau: «Wie ist das denn jetzt mit deiner Nachfolge?» Der Pfeil traf meine wunde Stelle. Ich hatte keine Lust auf Streit. Doch weitere unbequeme Fragen folgten. Zuerst antwortete ich nicht. Als meine Frau und auch die Kinder anfingen, nachzubohren, flüchtete ich mich in die Ausrede, dass ich das zuerst mit meinem Bruder besprechen müsse, der ja auch beteiligt sei. Schon kam der nächste Pfeil geflogen: «Warum entscheidest du das nicht? Es geht doch um deine Nachfolge!» Ich hörte den leisen Vorwurf heraus. Ich wäre doch nur ein Buchhalter und passiver Verwalter. Ich könne doch gar kein richtiger Unternehmer sein. Darüber ärgerte ich mich.

Dabei bin ich überzeugt, dass sich mein Lebenswerk sehen lassen kann. Vor fast 40 Jahren habe ich den Betrieb unseres Vaters zusammen mit meinem jüngeren Bruder erworben. Mein Bruder hat sich eher um die Technik gekümmert, ich habe den kaufmännischen Bereich verantwortet. In den letzten 20 Jahren ist unsere Firma kontinuierlich gewachsen. Wir geniessen in der Region und in der Branche einen ausserordentlich guten Ruf. Ein guter Ruf, der aber offenbar nicht auf mich abfärbt.

82 Neubauer, Lank, 1998, S. 15.
83 Protokolliert während verschiedener Beratungssitzungen. Alle Namen geändert.

Ich sehe das alles etwas anders als meine Familie. Ich denke, ich kann mich ganz gut einschätzen: Stimmt schon, ich bin nicht der klassische Patron, und ich bin auch kein guter Verkäufer und schon gar kein Selbstdarsteller. Dafür bin ich insgesamt recht ausgeglichen. Nicht umsonst wirke ich auf andere wohl eher freundlich und bescheiden. Vielleicht haben mir gerade diese Charaktereigenschaften bei der Leitung der Firma geholfen. Jedenfalls war für mich immer klar: Nur mit guten Mitarbeitern können wir erfolgreich sein. Ich habe meinen Leuten immer viel Freiraum gelassen. Deshalb konnte ich sie auch langfristig an die Firma binden. Inzwischen beschäftigen wir rund 60 Mitarbeiter. Die letzten fünf Jahre waren finanziell die erfolgreichsten in unserer ganzen Firmengeschichte, und darauf bin ich besonders stolz. Dank des hohen Cash-Flows gelang es uns, die Fremdverschuldung auf ein Minimum abzusenken.

Weshalb bloss schätzt meine Familie meine unternehmerische Leistung so gering ein? Das frage ich mich immer wieder. Ich bin doch auch in der Familie nie fordernd gewesen. Nie habe ich von meinen Kindern verlangt, dass sie in meine Fussstapfen treten müssen. Sie waren frei, das zu erlernen oder zu studieren, was sie wollten. War das vielleicht ein Fehler? Wenn jetzt meine Familie das Gefühl hat, dass alle anderen für den Erfolg verantwortlich sind, nur nicht ich – ist das dann mein Fehler?

Doch an jenem Sonntagmorgen habe ich mir einen Ruck gegeben. Die Kinder sollten sich selbst ein Bild von der Situation machen. «Wir berufen eine Sitzung zum Thema Nachfolge ein», schlug ich vor. «Wer von euch interessiert ist, soll kommen.» Meine Söhne waren sofort angetan.

Ganz bewusst habe ich keine Traktandenliste[84] für die Sitzung erstellt. Vielmehr habe ich meine Söhne aufgefordert, vorgängig einen Fragenkatalog zu erstellen. Ich wollte, dass wir wichtige Themen offen angehen. Sie liessen mir einen dreiseitigen Fragenkatalog zukommen. Hier ein Auszug:

- Verhältnis produktives zu administrativem Personal?
- Lohnniveau der Belegschaft?
- Höhe der Schulden?
- Kundenstruktur?
- Arbeitsstunden Fritz Ballmer effektiv nach Aufgabengebieten?
- Persönliches Vermögen von Fritz Ballmer?
- Wert der Firma?
- Zukünftige Branchenentwicklung?
- Neue Märkte?

84   Schweizerdeutsch: Tagesordnung.

- Was kann die Firma dem Inhaber bieten?
- Stellenprofil des zukünftigen Geschäftsführers?
- Wie viel Zeit und Geld steht für den Generationenwechsel zur Verfügung?

Genau so einen Fragenkatalog hatte ich befürchtet. Sie haben nicht gefragt: Was kann ich der Firma bieten? Sondern: Was kann die Firma mir bieten? Derartige Fragen durften gar nicht beantwortet werden. Deshalb habe ich den Spiess einfach umgedreht, habe mich für den Fragenkatalog bedankt und darauf hingewiesen, dass ich ein entsprechendes Dossier für die Sitzung vorbereiten würde. Darin erwartete ich von ihnen Antworten auf folgende Fragen:

- Was könnt ihr – als Person – der Firma bieten?
- Wie soll die zukünftige Organisation der Firma aussehen?
- Welche Funktionen und Aufgaben wollt ihr mittelfristig übernehmen?
- Seid ihr interessiert, das Unternehmen zu übernehmen?

Mit dieser Aufgabenstellung hatten die beiden nicht gerechnet. Statt Antworten zu erhalten, mussten sie nun Antworten geben.

Schliesslich kam der Tag der ersten Sitzung. Am Ende empfanden wir sie alle als überraschend gut und konstruktiv. In dieser Sitzung haben wir den Grundstein für eine tiefergehende Diskussion über die Zukunft der Familienunternehmung gelegt. Im Laufe der nächsten Monate realisierten meine Söhne, dass es unterschiedliche Vorgehensweisen gibt, wie ein Familienunternehmen erfolgreich geführt werden kann. Es wurde ihnen auch klar, dass sie ihre Position und ihren Weg dorthin erst finden mussten. Ich glaube, mit der vertieften Auseinandersetzung über strategische Fragestellungen ist auch ihre Achtung vor meiner Leistung gestiegen. Vielleicht haben sie jetzt endlich erkannt, dass ich die Unternehmungsentwicklung immer im Griff hatte.

Beide haben die Chance erhalten, sich eine eigenständige Position in der Unternehmung zu erarbeiten. Dazu mussten sie ins kalte Wasser springen und bereit sein, unternehmerische Verantwortung zu übernehmen. Diese Entscheidung konnte ich ihnen nicht abnehmen, die mussten sie selbst treffen.

Die Übergabe der Unternehmensführung dauerte zwei Jahre. Der jüngere Sohn trat wenige Monate nach der ersten Nachfolge-Sitzung in das Unternehmen ein und übernahm eine neu geschaffene Funktion in der Geschäftsleitung. Nach gut einem Jahr übernahm er von Fritz Ballmer den Vorsitz der Geschäftsleitung. Wenige Monate später verkaufte Fritz Ballmer seinem jüngeren Sohn die Hälfte seiner Aktien zum Steuerwert.

Es war eher überraschend, dass sich der ältere Sohn für die Fortsetzung seiner bisherigen Karriere entschied. Dennoch zeigt er sich immer sehr interessiert am Gedeihen des Unternehmens und insbesondere an der Entwicklung seines jüngeren Bruders. Er übernimmt häufig die Rolle des geistigen Sparring-Partners und unterstützt die Entscheidungen seines Bruders. Fritz Ballmer ist stolz, dass einer der Söhne die Unternehmensführung übernommen hat und dass sich das Verhältnis seiner Kinder untereinander so harmonisch entwickelte.

Dieses Beispiel zeigt, dass Grundwerte in der Familie weitergegeben werden und dass selbst Werte, die die Familie als Schwäche empfindet, sich langfristig als unternehmerische Stärke entpuppen können.

2.5   Das Familienunternehmensmodell

Die bisherigen Ausführungen haben den Versuch unternommen, die beiden Subsysteme Familie und Unternehmen zu charakterisieren und Ansätze aufzuzeigen, wie die Differenzierung und gegenseitige Durchdringung und Beeinflussung betrachtet werden kann. Die systemische Vermengung von Familie und Unternehmen führt in Familienunternehmen zu einer ganz spezifischen Charakteristik, die sich bis tief in die Kultur verankern und in der Form von Werten, Normen und Artefakten sichtbar gemacht werden kann. Für einen differenzierten Umgang mit Familienunternehmen schlagen wir die Differenzierung von vier verschiedenen Perspektiven respektive Analyseebenen vor, die miteinander verbunden sind.[85]

– Ebene des Individuums (A, intrapersonelles System)
– Ebene der interpersonellen Prozesse und Gruppen (B, interpersonelles System)
– Ebene der Familie und Unternehmen (C, organisationales System)
– Ebene des Umfelds (D, Wirtschaft und Anspruchsgruppen)

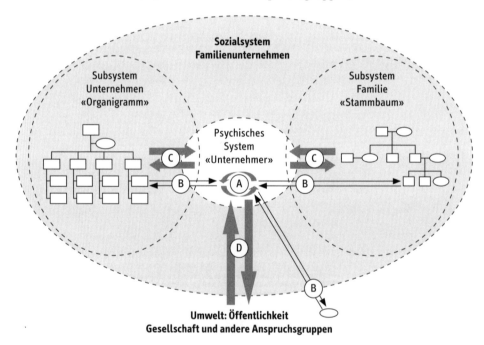

Abbildung 3: Das Familienunternehmensmodell[86]

---

85   In Anlehnung an Sharma 2004, S. 1, 9 ff.; Chrisman, Chua, Sharma 2003; Gallo 1995, S. 83 ff.
86   Halter 2009, S. 90.

Aus einer systemisch-kybernetischen Sicht lässt sich das Gesamtgefüge von Familie und Unternehmen in Abgrenzung zu einer Umwelt betrachten. Das heisst, dass die beiden Subsysteme inklusive ihrer Teilkomponenten als Elemente des Sozialsystems Familienunternehmen verstanden werden. Der Unternehmer kann darin als Element des Familienunternehmens respektive der beiden Subsysteme Familie und Unternehmen verstanden werden. Durch seine Tätigkeit im Sinne von Lenken und Gestalten der anderen Elemente nimmt er gleichzeitig bewusst und unbewusst Einfluss auf die Entwicklung der dargestellten Sozialsysteme. Entsprechend findet er auch einen zentralen Platz in Organigramm und Stammbaum, welche die Strukturen von Unternehmen und Familie abbilden. Aus systemisch-konstruktivistischer Sicht ist der Unternehmer mit seiner Wahrnehmungs-, Interpretations- und Kommunikationsfähigkeit wesentlich an der sozialen Konstruktion des Familienunternehmens beteiligt. Die Differenzierung der verschiedenen Analyseebenen hilft in der Praxis oft, den Dialog in Bezug auf allfällige Differenzen zu entemotionalisieren, denn sehr viel Konfliktpotenzial liegt darin, dass die verschiedenen Parteien von unterschiedlichen Ebenen sprechen, ohne dass dies im Dialog bemerkt wird. So können beispielsweise persönliche Motive und damit verknüpfte Erwartungen an die Beziehungen des Sohnes mit der strategischen Perspektive des Seniors, der den Blick auf das Unternehmen richtet, nicht verbunden werden.

2.5.1   Ebene des Individuums: Charakter, Persönlichkeit und Einstellungen

Auf der *Ebene des Individuums (A)* gibt es Forschungsarbeiten, die beispielsweise das Wesen und die Rolle des Gründers, des Nachfolgers, der Frau als Unternehmerin, der Frau als Gattin des Unternehmers oder des Fremdmanagers untersuchen. Dabei geht es um Themen wie persönliche Wertvorstellungen, Erwartungen, Eigenschaften und Persönlichkeitsstruktur, Motive, Kompetenzen und Fähigkeiten oder die Gesundheit eines Individuums,[87] also um die Frage: Wer ist der Unternehmer, die Unternehmerin, der Nachfolger, der Übergeber, der Sohn, die Tochter oder der Mitarbeitende?

Diese Aspekte können als individuelle Ressourcen verstanden werden; sie haben Einfluss auf die Interaktion der beteiligten Personen (z. B. Übergeber, Übernehmer). Vor allem das Wesen des Unternehmers, seine Kommunikationsform und -stil, spielen eine wichtige Rolle, denn sie beeinflussen indirekt das soziale Gebilde wie die Familie oder das Unternehmen. Erkenntnisstiftend sind auf dieser Analyseebene Disziplinen wie Physiologie, Biologie, Psychologie und Sozialpsychologie.

---

87   Howorth, Assaraf Ali, 2001, S. 242; Kailer 2003, S. 185 f.; Wiedemann 2002, S. 54.

Ein zentrales Element auf individueller Ebene stellen die psychologischen Aspekte dar, insbesondere die Emotionen, die bei einer Nachfolgeregelung nicht zu unterschätzen sind.[88] Habig und Berninghaus bezeichnen den Nachfolgeprozess als psychologisch-menschliche Herausforderung und messen den steuerlichen, rechtlichen und betriebswirtschaftlichen Aspekte nur eine untergeordnete Bedeutung zu.[89]

2.5.2   Interpersonelle Ebene: Beziehungen und Interaktion

Auf der Ebene der *interpersonalen Prozesse und Gruppen (B)* beschäftigt sich eine Forschungsrichtung mit der Natur von «contractual agreements» und der Art und Weise ihres Zustandekommens – also die Art und Weise wie gemeinsam getragene Ideen und Ziele zustande kommen. Eine zweite Richtung beschäftigt sich mit Konfliktentstehung und -bewältigung, wobei sich dieser Bereich erst im Anfangsstadium befindet; bis heute sind hier nur wenige konzeptionelle Modelle entwickelt worden.[90]

Auf interpersoneller Ebene stehen individuelle und persönliche Beziehungen im Zentrum der Betrachtung, allen voran die Beziehungen zwischen Übergeber und Übernehmer, zwischen Familienmitgliedern und zwischen Familien- und Nicht-Familienmitgliedern.[91] Es können aber auch Beziehungen zu Personen ausserhalb der Familie und dem Unternehmen betrachtet werden, wie beispielsweise zu einem guten Freund oder Bekannten. Es darf davon ausgegangen werden, dass einvernehmliche Beziehungen für die Gestaltung der Unternehmensnachfolge förderlich sind. Zentrales Element ist eine konstruktive, ehrliche und offene Kommunikation; sie erst ermöglicht eine offene Auseinandersetzung mit den individuellen Gefühlen, Ängsten, Sorgen und Widerständen der Beteiligten.[92]

Es geht jedoch nicht nur um offensichtliche Beziehungen und Interaktion, sondern auch um Vorstellungen und Projektionen. So hat beispielsweise der Vater ganz konkrete Vorstellungen darüber, was sein Sohn angeblich denkt und fühlt, ohne jedoch wirklich mit ihm darüber zu sprechen, und *vice versa*. Eine solche Sichtweise im Kontext der Unternehmensnachfolge zu durchbrechen, gilt als grosse Herausforderung. Gerade in konfliktären Situationen kann professionelle Unterstützung in der Form von Moderation, Coaching und Mediation sehr hilfreich sein (mehr dazu in Kapitel 5.2.3,

---

88   Hegi 2001, S. 25; Dunemann, Barret 2004, S. 18 f.; vertiefend dazu in Halter 2009.
89   Habig, Beringhaus 2003. Sie gehen davon aus, dass 80 % der Probleme im psychologisch-menschlichen Bereich zu lösen sind und in der Forschung vernachlässigt werden. Vgl. auch Klein 2004, S. 317; Le Mar 2001, S. 19; Hennerkes 2004, S. 266.
90   Sharma 2004, S. 18.
91   Dunemann, Barret 2004; Morris, Williams, Allen, Avila 1997; Chua, Chrisman, Sharma 2003.
92   Handler 1994a, S. 146.

Seite 157). Wir setzen uns intensiver mit diesem Sozialgefüge rund um ein Individuum auseinander: Wo gibt es aktive und wo passive Beziehungen, wie sind diese Beziehungen gestaltet und wie können diese Beziehungen genutzt werden?

2.5.3   Organisationale Ebene: Familie und Unternehmen

Auf der *Ebene der Organisation (C)* geht es um die Identifikation und das anschliessende «managen» von spezifischen Ressourcen in Familienunternehmen sowie um die Differenzierung zwischen Familien- und Nichtfamilienunternehmen. [93] Eine mögliche Betrachtungsweise ist die systemimmanente Logik und Funktionsweise der beiden Subsysteme Familie und Unternehmen (vgl. dazu die Ausführungen weiter oben). Es stellt sich die Frage, inwieweit die Verbindung der beiden Subsysteme positiv genutzt werden kann bzw. auf welchen Beziehungsebenen zwischen den beiden Systemen es möglicherweise einer Anpassung oder Korrektur bedarf. So steht beispielsweise die Frage im Raum, wie der familiäre Charakter des Unternehmens als Ressource im Bereich der Mitarbeiterführung oder der Familiennahmen als Marke nutzbar gemacht werden kann.

Gleichzeitig kann aber auch die Beziehung zwischen Individuum und den beiden Subsystemen Familie und Unternehmen näher betrachtet werden. Dabei handelt es sich vor allem um die Frage, welche Erwartungen und Vorstellungen an die Familie und das Unternehmen gerichtet werden und vice versa. Wenn diese verschiedenen Erwartungshaltungen bekannt sind und von allen Beteiligten im Kern aktiv mitgetragen werden, kann von einer starken Kultur gesprochen werden.

2.5.4   Ebene des Umfelds: Wirtschaft und Anspruchsgruppen

Auf der *gesellschaftlichen Ebene* (D) schliesslich geht es um die Bedeutung von Familienunternehmen in der Gesellschaft und in den Volkswirtschaften.[94] Der Unternehmer oder die Unternehmerin übernimmt gerade in kleineren Unternehmen durch seine Gegenwart eine zentrale Aufgabe, um beide Subsysteme zu verbinden. Unternehmer werden im Sinne der Vereinfachung nachstehend als zentrale Figur und damit als personalisierter Verantwortungsträger und Repräsentant des Familienunternehmens gegenüber internen und externen Anspruchsgruppen verstanden – auch wenn andere Personen aus dem Familienunternehmen diese Rolle ebenfalls übernehmen können.

---

93   Sharma 2004, S. 18.
94   Sharma 2004, S. 18.

Neben Familienmitgliedern und Mitarbeitenden im Innern des Gesamtsystems haben die in der Literatur identifizierbaren Anspruchsgruppen ihre Erwartungen und Ansprüche gegenüber dem Familienunternehmen.[95] Die Gesellschaft beispielsweise formuliert selbst Bilder, was ein «gutes Familienunternehmen» darstellt. Solche Bilder können sehr starken Charakter haben und führen zu Erwartungshaltungen. So gilt eine Unternehmensnachfolge in einem Familienunternehmen beispielsweise oft dann als gelungen, wenn diese familienintern abgewickelt werden kann.[96]

Solche und andere Erwartungshaltungen können die betroffenen Personen und Unternehmerfamilien unter Druck setzen. Als Unternehmerfamilie ist man zumindest lokal bekannt und der öffentlichen Meinung entsprechend ausgesetzt. Für die Gestaltung des Familienunternehmens und, damit verbunden, für das Verständnis desselben, ist es lohnenswert, sich beispielsweise Gedanken über die Art und Weise zu machen, wie der Kontakt, der Dialog und Austausch mit der Gesellschaft gepflegt werden soll. Dies reicht von grosser Zurückhaltung bis hin zur aktiven Bearbeitung der öffentlichen Meinung. Die Familie und die Familienkultur kann als strategische Ressource aktiv genutzt und eingesetzt werden. Der Fokus kann aber auch nur auf das Kern-Business gelegt und die Familie bewusst nicht involviert werden.

In Anlehnung an das Neue St.Galler Managementmodell können Banken, Lieferanten, Kunden und Mitarbeiter als wichtige Partner für das Unternehmen sowie der Staat berücksichtigt werden.[97] Die Stakeholder haben das Interesse, möglichst wenige Risiken durch die Unternehmensnachfolge einzugehen. In diesem Zusammenhang kommt der Gestaltung der institutionellen Beziehungen eine hohe Bedeutung zu.[98] Keiler spricht dabei auch von Ressourcenbedingungen im weiteren Sinn und meint damit die Wirtschaftslage, das Gründer- und Nachfolger-Ambiente oder die Branchenentwicklung.[99]

Mitarbeitende und Führungskräfte von Familienunternehmen sehen indes in der Nachfolgeregelung häufig eine Bedrohung ihrer beruflichen Tätigkeit: Familienunternehmen gewichten familiäre und soziale Interessen in der Regel stärker als rationale und betriebliche Anliegen.[100] Bei einer Nachfolgeregelung sehen Mitarbeiter und Ka-

95   Anspruchsgruppenkonzept von Freeman 1984; Janisch 1992, S.119 f.; Selchert 1988, S.32; Rüegg-Stürm 2004, S.30.

96   Für die Bedeutung der Unternehmensnachfolge vgl. weiter hinten.

97   Rüegg-Stürm 2004; Sharma, Chrisman, Chua 2003, S.669. In der Schweiz hat ein Bundesgerichtsentscheid aus dem Jahr 2004 in den vergangenen zwei Jahren für Aufmerksamkeit gesorgt, da eine familieninterne Unternehmensnachfolge unter gegebenen Umständen als Teilliquidation behandelt werden konnte, was zu hohen Steuerbelastungen führte. Dieser Entscheid wurde im Rahmen der Unternehmenssteuerreform II per 1. Januar 2007 korrigiert.

98   Dunemann, Barret 2004, S.10 ff.

99   Kailer 2003, S.185; Handler 1994, S.146.

100   Lee, Rogoff 1996, S.431.

der daher die bestehende (familiäre und soziale) Unternehmenskultur in Gefahr und reagieren entsprechend skeptisch auf Veränderungen. Der Fokus der menschlichen und emotionalen Geschäftsführung verlagert sich nach Erachten der Mitarbeitenden zunehmend auf die rationalen Bedürfnisse der Unternehmung (Gewinnorientierung). Dadurch entstehen Unsicherheiten und Gerüchte. Die Arbeitsplätze scheinen durch die mit der Nachfolge einhergehenden möglichen Restrukturierungsmassnahmen bedroht, was zu einem Paradoxon führt: An die Stelle von Aufbruchsstimmung und Wahrnehmung einer Chance tritt Resignation und Unmut, wodurch eine erfolgreiche Zusammenarbeit verhindert wird. Die Folge sind Mitarbeiterunzufriedenheit und eine erhöhte Mitarbeiterfluktuation, was zu hohen Kosten und Verlust von Know-how führt.

Die Geldgeber – zumeist die Banken – haben Interesse daran, ihr Geld möglichst risikofrei an Kreditnehmer zu vergeben. Durch die Richtlinien von Basel II und den darauf basierenden Rating Systemen kann es zur Verknappung von Kreditmitteln, während gleichzeitig die Kreditpreise erhöht wurden. Diese Effekte resultieren aus einer Professionalisierung des Bankensystems, das an die Stelle des bisherigen, mehrheitlich auf Vertrauen basierenden Kreditsystems trat. Das Bedürfnis der Banken nach Transparenz ist bei Nachfolgeregelungen heute signifikant stärker. Die Geldgeber drängen vermehrt auf eine umfangreiche Zukunftsplanung, um die Chancen und Risiken des Geschäfts möglichst objektiv beurteilen zu können. Die Beziehung zu den Geldgebern wird daher selten als Partnerbeziehung, vielmehr als einseitig und durch die Geldgeber dominiert wahrgenommen.

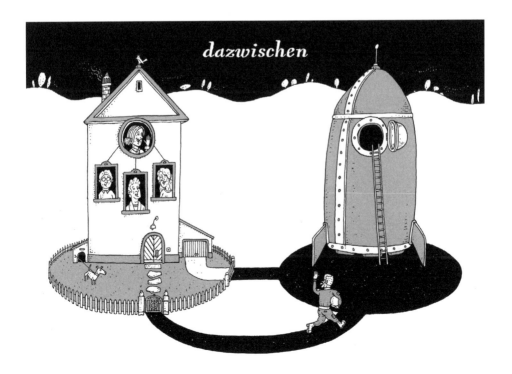

Das Interesse der *Kunden* zielt zunächst einmal auf eine wertschöpfende und zuverlässige Zusammenarbeit ab. Diese sehen indes in einem Nachfolgeprozess häufig ein Risiko, da die weiteren Belieferungen sowie die aktuellen Garantieleistungen nicht gesichert scheinen. Gleichzeitig wird eine Leistungshaltung erzeugt – es kommt Aufbruchsstimmung auf, die den Druck auf die Nachfolger zusätzlich erhöht. Aus diesen Gründen resultieren Unsicherheiten bezüglich der Geschäftsbeziehungen, wodurch Bemerkungen des betroffenen Managements überbewertet werden. Es stellt sich eine problematische Grundhaltung gegenüber Veränderungen ein.

Des Weiteren ist festzuhalten, dass Beziehungen unter KMU häufig als eine partnerschaftliche Beziehung wahrgenommen werden. Aufträge werden durch Beziehungen und Bekanntschaften abgeschlossen, auch wenn diese nur marginal profitabel sind. Bei einer Nachfolge können diese Kundenbeziehungen verloren gehen: Der Nachfolgeprozess wird Anlass, die Geschäftsbeziehungen zu beenden.

Ähnlich liegen die Interessen der *Lieferanten*. Auch sie empfinden den Nachfolgeprozess als Risiko, welches sie minimieren wollen. Es werden daher alternative Vertriebs- und Geschäftspartner gesucht.

Die Konkurrenz kann die erwähnten Unsicherheiten nutzen. So kann sie bewusst Gerüchte streuen und verstärken. Dies festigt die eigene Position und mindert die Attraktivität des im Nachfolgeprozess stehenden KMU. Dieses könnte so zu einem veritablen Übernahmekandidaten werden.

Fallbeispiel 3: Ein Wink mit dem Zaunpfahl

Helmut Frenzel[101] ist 69-jährig, Präsident des Verwaltungsrates und Mehrheitsaktionär eines erfolgreichen Familienunternehmens in der Textilbranche. Die Geschäftsleitung hat er schon vor fünf Jahren seinen beiden Söhnen übertragen und ihnen vor drei Jahren je 24 % der Aktien geschenkt. Die nachfolgenden Ausführungen und Zitate stammen aus Protokollen und persönlichen Notizen von verschiedenen Sitzungen und Gesprächen.

«Eigentlich habe ich ja viel Glück gehabt», denkt sich Helmut Frenzel. Die letzten Jahre waren sehr erfolgreich, trotz harter Konkurrenz aus Fernost. Mit Geschick und Geduld hat er sich mit seinem Textilunternehmen eine führende Marktposition erarbeitet. Doch ist es eine harte Aufgabe, diesen Platz dauerhaft zu verteidigen. Zum Glück hat er die operative Arbeit in den letzten Jahren an seine beiden Söhne übertragen. Lukas, der ältere und kreativ sehr begabte Sohn, führt die

---

101 Alle Namen geändert.

Designabteilung. Der jüngere Sohn David hat die Gesamtführung übernommen. Helmut Frenzel hat, aus seiner Sicht, rechtzeitig den ersten Schritt zur Sicherung der Nachfolge unternommen und beiden Söhnen je 24 % der Aktien geschenkt.

Helmut Frenzel ist nach wie vor Präsident des Verwaltungsrates und lässt sich regelmässig über den Geschäftsgang informieren. In seinem Büro arbeitet er täglich mehrere Stunden. «Wie soll es jetzt mit der Nachfolge weitergehen?», überlegt er sich. «Soll ich meine Aktien bis zum Tod behalten?» Diese Frage beschäftigt Helmut Frenzel, wann immer er über dieses Thema nachdenkt. Vor Jahren schon hat er ein Testament erstellt. Darin ist festgehalten, dass seine Aktien den beiden Söhnen zugewiesen werden, Lukas erhält nochmals 25 % und David 27 %. Damit ist die Entscheidungskompetenz klar geregelt.

Dieses Jahr wird Helmut Frenzel 70 Jahre alt. Er fühlt sich gesund und wohl. Doch zufrieden ist er nicht. Verschiedene strukturelle Aufgaben stehen an. So ist der Verwaltungsrat überaltert und sollte verjüngt werden. Mit dem neuen Steuerkommissär steckt er im Clinch. Bislang konnte er sich nicht über die Behandlung der bestehenden Rückstellungen einigen. Der Steuerkommissär verlangt die Auflösung aller nicht benötigten Rückstellungen, was nicht nur die Gewinn-, sondern auch die Vermögenssteuern in die Höhe treiben würde. Allein um die Steuern zu begleichen, braucht Helmut Frenzel wesentliche Einnahmen. Aus diesem Grund wäre es vermutlich sinnvoll, sich bald von den Aktien zu trennen.

David spürt die Unzufriedenheit seines Vaters und spricht ihn direkt darauf an. Mit seinem Bruder hat David bereits gesprochen; beide sind der Meinung, dass sie ihren Vater von der Gesamtverantwortung entlasten wollen. Wie, ist beiden noch unklar. David vereinbart deshalb ein Gespräch mit seinem Vater, bei dem die Regelung der Nachfolge im Mittelpunkt stehen soll.

Das Gespräch dreht sich stark um das Thema Geld. Auch wenn sein Vater behauptet, dass er ohne diese Aktien ein armer Mann wäre, so ist das nicht die ganze Wahrheit. David vermutet, dass sein Vater Angst vor dem Statusverlust hat, und davor, zum alten Eisen zu zählen. «Dann kann ich doch gleich ins Altersheim», war seine spontane Bemerkung. Immerhin 40 Jahre lang war Helmut Frenzel Dreh- und Angelpunkt der Textilfirma. Da ist es verständlich, dass der Entscheid zum Rückzug nicht leicht fällt.

Für David wird schnell klar, dass eine für alle Seiten befriedigende Lösung nicht nur die finanziellen, sondern auch die psychologischen Bedürfnisse abdecken muss. Aufgrund dieser Überlegungen kann David seinen Vater überzeugen, dass eine Nachfolge-Regelung zu Lebzeiten wesentlich besser ist als die bestehende testamentarische Lösung. Er schlägt deshalb vor, einen Vertrag aufzusetzen, wie die Nachfolge zu regeln sei.

Das Grundgerüst der neuen Lösung ist schnell erarbeitet. Beide Söhne kaufen sämtliche Aktien zum aktuellen Steuerwert. Der Kaufpreis wird als Darlehen gewährt und in einem Zeitraum von 20 Jahren in monatlichen Tranchen zurückbezahlt. Ferner wird seinem Vater vertraglich zugesichert, dass er für die gesamte Laufzeit des Darlehens im Verwaltungsrat bleiben kann. Es steht ihm ein Büro und ein Geschäftsauto zur Verfügung. Das Präsidium des Verwaltungsrates geht jedoch an David über, worüber sich die Brüder im Voraus geeinigt hatten. Diese Lösung garantiert Helmut Frenzel und seiner Ehefrau ein finanziell sorgenfreies Leben.

Einige Tage später liegt der Vertrag vor. Doch immer wieder wünscht Helmut Frenzel Änderungen. Die Unterzeichnung wird Woche um Woche hinausgeschoben. Die Situation wird immer unbefriedigender. Manchmal fragt sich David, ob es richtig war, die Nachfolge so zügig voranzutreiben. Dann, eines Abends, erhält er von seiner Mutter den Anruf: Sein Vater liegt auf der Intensivstation. Nach dem Golfspielen hat er sich unwohl gefühlt, eine Stunde später plötzlich hohes Fieber bekommen. Sein Arzt hat ihn untersucht und mit Verdacht auf Blutvergiftung ins Spital eingewiesen – ein Verdacht, der sich dort bestätigt hat.

Nach 14 Tagen hat sich Helmut Frenzel soweit erholt, dass er vom Spital in eine Reha-Klinik wechseln kann. Dort teilt er David mit, dass er offenbar nur ganz knapp dem Tod entronnen sei. Der Spitalarzt habe ihm gesagt, wäre er nur einige Stunden später eingewiesen worden, hätte er die Nacht vermutlich nicht überlebt.

Für Helmut Frenzel war dies wohl ein Wink mit dem Zaunpfahl. «Die Nachfolge müssen wir jetzt definitiv regeln. Ich möchte den Vertrag so schnell wie möglich unterzeichnen. Das habe ich zu lange hinausgezögert, und jetzt liegt es mir auf dem Magen. Die Lösung ist gut, davon bin ich jetzt überzeugt. Kommt am Freitag um 11 Uhr nochmals hierher, dann werden wir gemeinsam den Vertrag unterzeichnen. Anschliessend möchte ich euch alle zum Mittagessen einladen», sagt er bei Davids letztem Besuch zum Abschied.

Die Unterzeichnung des Nachfolgevertrages fand wie angekündigt und in aufgeräumter Stimmung statt. Ganz offensichtlich ist Helmut Frenzel damit ein grosser Stein vom Herzen gefallen.

Im Rahmen des Nachfolgeprozesses müssen auch unbequeme Entscheidungen gefällt und umgesetzt werden. Hier gilt das Sprichwort: «Schmiede das Eisen, solange es heiss ist.» Das heißt, beliebig viel Zeit steht hierfür nicht zur Verfügung. Hinausgeschobene Entscheide können sehr gefährlich werden, wenn sich die Situation, wie gezeigt, plötzlich ändert.

Zusätzlich muss beachtet werden, dass hinausgeschobene Entscheidungen alle betroffenen Parteien weiter beschäftigen – man setzt sich damit sachlich, aber vor allem emotional auseinander. Dies absorbiert unternehmerische Energie, die für andere Aufgaben fehlt. Aus diesen Gründen muss der Nachfolgeprozess – der entsprechende Teilschritt resp. Meilenstein – auch zeitnah abgeschlossen werden.

3 Die Regelung der Unternehmensnachfolge im Wandel

3.1   Die volkswirtschaftliche Bedeutung der Unternehmensnachfolge

Im Folgenden wollen wir uns zunächst mit der quantitativen Bedeutung der Unternehmensnachfolge beschäftigen, wobei wir die Nachfolgequote, die Scheiterungsquote und die Überlebensquote betrachten.[102]

Ein Überblick über den deutschsprachigen Raum zeigt, dass pro Jahr zwischen 2,2 und 4,6 Prozent aller Unternehmen vor der Unternehmensnachfolge stehen. Die Europäische Union geht von einer *Nachfolgequote* von 3 bis 3,3 Prozent pro Jahr aus. Dies bedeutet, dass in Europa jedes Jahr rund 610 000 Unternehmen die Unternehmensnachfolge zu lösen haben. Davon betroffen sind europaweit rund 2,4 Millionen Arbeitnehmer. Für die Schweiz gibt es zwei repräsentative Studien aus dem Jahr 2005 und 2009, die das Center for Family Business der Universität St.Gallen (CFB-HSG) verfasst hat.[103] Ihr Vergleich ergibt, dass im Fünfjahreszeitraum von 2005 bis 2009 respektive 2009 bis 2013 die Übertragungsquote von 18,5 Prozent auf 25,9 Prozent steigen wird. Dies bedeutet, dass in den nächsten 5 Jahren rund 77 000 Unternehmen vor der Unternehmensnachfolge stehen. Es darf davon ausgegangen werden, dass 900 000 Mitarbeitende binnen fünf Jahren respektive rund 190 000 Mitarbeitende pro Jahr von einer Unternehmensnachfolge betroffen sind.

Weniger einfach zu ermitteln ist die *Scheiterungsquote*. Gescheiterte und damit in der Regel liquidierte Unternehmen sind für statistische Zwecke nur bedingt erschliessbar. Noch schwieriger ist es, Aussagen darüber zu treffen, ob eine mangelhafte Regelung der Nachfolge (z.B. Fehlplanung) zum Scheitern geführt hat. Denn dabei stellt sich stets die Frage, ob nicht betriebswirtschaftliche Gründe (z.B. Defizite und Misswirtschaft) die Übertragungsfähigkeit des Unternehmens derart eingeschränkt haben, dass kein Nachfolger zu finden war. Basierend auf der Anzahl der Nachfolgefälle pro Jahr geht die EU davon aus, dass 30 Prozent der Unternehmensnachfolgen wegen ungenügender Vorbereitung scheitern und die Unternehmen deswegen Konkurs gehen.[104] Eine andere Quelle schätzt für die Europäische Union, dass jährlich 30 000 Unternehmen wegen mangelnder Nachfolgeplanung geschlossen werden.[105] Dies entspricht einer Quote von rund 5 Prozent. Davon betroffen sind jährlich 300 000 Arbeitnehmer.

Kropfberger und Mödritscher gehen davon aus, dass in Deutschland ein Drittel aller Unternehmen keinen Nachfolger finden.[106] Bei anderen Autoren liegt die Quote wesentlich niedriger. So geht beispielsweise Weber in einer Arbeit für das Bundesministerium für Wirtschaft und Technologie davon aus, dass jährlich 6000 Unternehmen

---

102 Übersicht bei Halter 2009.
103 Frey, Halter, Zellweger 2005; Halter, Baldegger, Schrettle 2009.
104 Meijaard, Uhlander, Flören u.a. 2005, S.5.
105 Martin 2000, S.1.
106 Kropfberger und Mödritscher 2002, S.109, in Anlehnung an Dertnig 1989, S.25.

den Betrieb deswegen schliessen müssen. Dies sind 7,5 Prozent der 80 000 Familienbetriebe, die jährlich vor der Unternehmensnachfolge stehen.[107] Freund, Kayser und Schröder sprechen von einer Quote von 8,3 Prozent.[108]

In Österreich können rund 9 Prozent der zu übergebenden gewerblichen Unternehmen aus betriebswirtschaftlichen Gründen nicht übertragen werden.[109] Kailer und Weiss errechnen, dass 18 Prozent der möglichen Unternehmensnachfolgen in Folge mangelnder Unternehmens- bzw. Branchenattraktivität nicht realisiert werden.[110]

Für die Schweiz schätzt Liebermann, dass von einer Scheiterungsquote von 20 Prozent auszugehen ist. Er begründet dies insbesondere mit der fehlenden Innovationskraft, die er vor allem Kleinst- und Kleinunternehmen zuschreibt.[111] Eigene Berechnungen, basierend auf Datenmaterial aus dem Jahr 2005, ergeben folgendes Bild: 10 Prozent der befragten Unternehmer, die vor der Unternehmensübertragung binnen 5 Jahren stehen, gehen davon aus, dass das Unternehmen nicht übertragen wird. Davon wissen 29,5 Prozent der Befragten, dass das Unternehmen stillgelegt werden soll. Dies entspricht einer Stilllegungsquote von 2,98 Prozent binnen 5 Jahren, gemessen an allen Unternehmen. Stellt man diese Prozentzahl in Beziehung zur Nachfolgequote von 18,5 Prozent, so ergibt sich eine Nachfolgescheiterungsquote von 16,1 Prozent. Entsprechend darf davon ausgegangen werden, dass in der Schweiz jährlich rund 1.840 Unternehmen respektive rund 14 000 Arbeitsplätze in Folge einer gescheiterten oder nicht möglichen Unternehmensnachfolge verloren gehen. Die Berechnung kann dahingehend als konservativ bezeichnet werden, als dass 30,5 Prozent der Befragten noch keine Auskunft darüber geben können, ob das Unternehmen übertragen werden soll oder nicht.

Wenn der Schritt der Unternehmensübertragung erfolgreich war, stellt sich im Anschluss die Frage, wie hoch die *Überlebensquote* der betroffenen Unternehmen in der nächsten Generation respektive unter der neuen Trägerschaft ist. Zahlen aus Österreich und der Europäischen Union zeigen, dass binnen 5 Jahren 96 Prozent der übertragenen Unternehmen überleben.[112] Im Zusammenhang mit der aktuellen wirtschaftspolitischen Diskussion lässt sich dieser Zahl die Überlebensquote von Neugründungen

---

107 Quote basierend auf Weber (o. J.) berechnet, in Anlehnung an das Bundesministerium für Wirtschaft und Technologie.

108 Freund, Kayser, Schröer 1995.

109 Pichler, Bornett 2005, S. 146 f. Die Autoren gehen davon aus, dass die Unternehmen nachhaltig über 3 Jahre eine negative Eigenkapitalquote von mehr als 20 Prozent ausweisen und einen Verlust von mehr als 5 Prozent pro Jahr erreichen. Davon sind vor allem Mikrobetriebe betroffen. Bei Kailer, Weiß 2005, S. 19 ergibt sich eine Quote von 10,1 Prozent.

110 Kailer, Weiß 2005, S. 19.

111 Liebermann 2003, S. 1 und 5. Kleinstunternehmen: 0–9 Mitarbeitende; Kleinunternehmen: 10–49 Mitarbeitende; vgl. dazu beispielsweise Fueglistaller, Fust, Federer 2007; Fueglistaller, Halter 2006; Fueglistaller 2004.

112 Nach der Übersicht von Kailer, Weiß 2005, S. 19; Europäische Kommission 2003, S. 7.

gegenüberstellen. Die Europäische Union geht davon aus, dass 75 Prozent der Neugründungen die ersten fünf Jahre überleben. Andere Autoren sind wesentlich pessimistischer. Albach vermutet, dass die Wahrscheinlichkeit, dass ein neu gegründetes Unternehmen die ersten vier Jahre überlebt, bei 50 Prozent liegt. Das jüngste statistische Material vom Bundesamt für Statistik in der Schweiz bestätigt diese Quote.

die Zukunft?

3.2   Wie Unternehmensübertragungen stattfinden

Wer ein Unternehmen übertragen will, steht im Grund vor zwei Fragen: An wen soll das Unternehmen übergeben werden, und in welcher Form soll dies geschehen? Nachfolgend sprechen wir von den Nachfolgeoptionen und den Übergabemodi. Als Nachfolgeoptionen kommen beispielsweise familieninterne Lösungen, Management-Buy-out (MBO) oder der Verkauf an Dritte in Frage. Bei den Übergabemodi geht es um die Art und Weise, wie primär das Eigentum übertragen wird, beispielsweise in Form einer Schenkung, eines Verkaufs gegen Entgelt oder im Rahmen einer testamentarischen Lösung.

3.2.1   Zum Bedeutungsverlust der familieninternen Übertragung

Im Folgenden wollen wir den Stellenwert der familieninternen Übertragung als Nachfolgeoption im Vergleich zur externen Lösung für den deutschsprachigen Raum kurz umreissen. Zu den ausgewerteten Studien lassen sich zwei zentrale Aussagen treffen:[113] Zum einen existiert in Anbetracht der Häufigkeit von Unternehmensnachfolgen nur wenig differenziertes Datenmaterial. Zum anderen sind die eruierten Zahlen mit Vorsicht zu vergleichen, da unterschiedliche Antwortkategorien abgefragt worden sind, um die Absicht der Unternehmer ex ante respektive ex post im Sinne der schliesslich getroffenen Lösung zu erfassen. Ausserdem wurden häufig nur Stichproben erhoben, die unterschiedliche Ausschnitte aus der Unternehmenslandschaft abbilden und daher nur bedingt ein repräsentatives Bild abgeben.

Im deutschsprachigen Europa wird der familieninternen Unternehmensnachfolge nach wie vor eine hohe Bedeutung zugemessen. In Österreich werden rund 60 Prozent der Unternehmen familienintern übertragen, rund ein Drittel der Unternehmen wird an neue Eigentümer ausserhalb der Familie verkauft.[114] In Deutschland bewegt sich der Anteil der familieninternen Lösungen zwischen 42 und 70 Prozent.[115] Gleichzeitig betonen verschiedene Autoren, dass dieser Anteil abnehmend ist und die familienexternen an Bedeutung gewinnen.[116]

In der Schweiz lässt sich diese Veränderung ebenfalls nachweisen. Wurden hier im Jahr 2005 noch knapp 60 Prozent aller Nachfolgefälle familienintern übertragen,

---

113 Halter 2009.
114 Pichler, Bornett 2005, S. 148, Mandl 2005, S. 2.
115 DIHK 2007; Freund, Kayser, Schröer 2005; L-Bank 2002, S. 12; Albach 2002, S. 166; German Wealth Report 2000, Kailer, Weiß 2005, S. 19 oder Martin 2000, S. 4.
116 Kailer, Weiß 2005, S. 19 und 31; Chini 2004, S. 272; Pichler, Bornett 2005, S. 148; Mandl 2005, S. 2; Zürcher Kantonalbank 2005, S. 13; Voithofer 2004.

sind es heute nur noch rund 40 Prozent (vgl. Abbildung 4). Dabei steht der Sohn als Nachfolger nach wie vor an erster Stelle, bei der familienexternen hat die Bedeutung des Management-Buy-outs (MBO) weiter zugenommen, gefolgt vom Verkauf an Dritte wie beispielsweise an andere Unternehmen. Der Börsengang ist vernachlässigbar, was sich mit der Dominanz der Kleinst- und Kleinunternehmen in der Schweiz begründen lässt.[117]

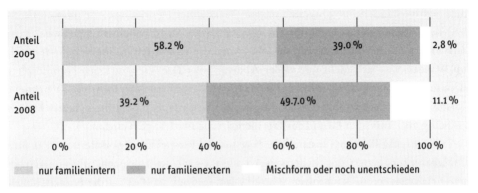

Abbildung 4: Anteil der familieninternen Übertragungen im Zeitvergleich[118]

Es überrascht nicht, dass verschiedene Autoren die Wahrscheinlichkeit, mit der ein Familienunternehmen an die nächste Generation übertragen wird, als gering einschätzen.[119] Für Deutschland wird vermutet, dass die Wahrscheinlichkeit einer Übertragung von der ersten in die zweite Generation bei 50 Prozent liegt. Wimmer und Gebauer gehen in ihrer Studie davon aus, dass dies nur auf 35 Prozent aller Unternehmen zutrifft. Von der zweiten in die dritte respektive von der dritten in die vierte Generation werden es 65 Prozent bzw. 85 Prozent nicht schaffen.[120] In den USA scheint die Bedeutung der familieninternen Unternehmensnachfolge noch geringer zu sein als im deutschsprachigen Europa.[121]

117 Vgl. dazu Halter, Baldegger, Schrettle 2009; Halter 2009b.
118 Halter 2009b.
119 Dies darf nicht verwechselt werden mit der oben ausgeführten Scheiterungsquote, denn diese drückt aus, dass ein Unternehmen nicht mehr am Markt bestehen kann. Die hier formulierte Überlegung richtet sich vielmehr an das «Quasi-Überleben» innerhalb einer Familie über mehrere Generationen. Damit wird implizit die normative Behauptung verknüpft, dass familieninterne Nachfolgen wünschenswerter seien und zum Beispiel ein Verkauf an Dritte nachrangigen Charakter habe.
120 Wimmer, Gebauer 2004, S. 244; ähnliche Zahlen bei Kropfberger, Mödritscher 2002, S. 108, in Anlehnung an Oswald, Wimmer 1998, S. 6. In ländlichen Regionen ist die Wahrscheinlichkeit einer familieninternen Unternehmensnachfolge grösser.
121 Applegate 1994, zitiert in Davis, Harveston 1998, S. 31; Westhead 2003, S. 371; Getz, Petersen 2004, S. 259.

Die Verschiebung hin zur familienexternen Nachfolge löst die Frage nach möglichen Ursachen aus. Ein erster Grund mag darin bestehen, dass die Generation der heute 20- bis 40-Jährigen viel mehr Möglichkeiten bezüglich Berufswahl und Lebensgestaltung hat oder hatte als noch ihre Eltern und erst recht ihre Grosseltern – die Soziologie spricht in diesem Zusammenhang von der Multioptionsgesellschaft.[122] In dieser herrscht ein Trend zur Individualisierung, junge Familienmitglieder gehen ihren eigenen Weg und verfolgen dabei – in Anlehnung an die Maslow-Pyramide – lieber ihre Selbstverwirklichung, als sich in den Dienst eines Familienunternehmens zu stellen. Bei der Entscheidungsfindung wird viel stärker das Bedürfnis nach Liebe, Lust und Freude in den Vordergrund gestellt. Auch die Familientraditionen befinden sich im Wandel, was sich nicht nur in der Ablösung der Drei-Generationen-Familie zeigt (Connectedness), sondern auch darin, dass das Gefühl der Verpflichtung nicht mehr so stark ausgeprägt ist. Empirische Studien nennen das fehlende Interesse der Kinder einhellig als häufigsten Grund für familienexterne Nachfolgelösungen.[123]

Gleichzeitig lässt sich feststellen, dass aus der Perspektive des Unternehmens und des Übergebers heute (glücklicherweise) die Frage nach den Fähigkeiten, Kompetenzen und Erfahrungen des Nachfolgers gestellt wird. Das aus der Zeit vor der Französischen Revolution stammende Prinzip der Primogenitur und die damit verbundene Gefahr von Nepotismus ist dem Wunsch nach dem Einsatz des Besten oder Geeignetsten gewichen.[124]

Ein weiterer Grund für den Wandel liegt in einer wichtigen demografischen Entwicklung, nämlich der steigenden Lebenserwartung. Sie führt dazu, dass im Jahr 2040 auf einen Pensionär nur noch 1,6 Erwerbstätige kommen, während es zum heutigen Zeitpunkt noch 3 sind.[125] Das bedeutet auch, dass ein Unternehmer nicht mehr zwingend mit dem 65. Lebensjahr seine Tätigkeit aufgeben will oder muss. Angenommen, das Unternehmerpaar hat sehr früh Kinder bekommen, kann es gut sein, dass beide Generationen über zwei bis drei Jahrzehnte parallel einer Erwerbstätigkeit nachgehen. Damit könnte die Nachfolgeregelung an die Enkel unter Umständen zielführender sein – einzelne Autoren sprechen in diesem Zusammenhang vom «Prinz-Charles-Phänomen».

---

122 Gross 1994.
123 Schefer 2002, S. 4; Katila 2002, S. 180; Frey, Halter, Zellweger 2005, S. 21.
124 Fischer, Retzer 2001, S. 305 f.; Bruppacher 2005, S. 26 ff.; Kropfberger, Mödritscher 2002, S. 111
125 Schefer 2002, S. 5.

3.2.2   Vor- und Nachteile der familieninternen / -externen Lösungen

In jeder Familie wird es individuelle Gründe geben, warum das Unternehmen an ein Familienmitglied übergeben wird oder eben nicht. Diese familieninternen Kriterien lassen sich nicht verallgemeinern. Wohl aber gibt es Vor- und Nachteile der unterschiedlichen Optionen, die die Betroffenen bei der Nachfolgeentscheidung abwägen müssen. Wir betrachten im Folgenden die Grundvarianten familieninterne Unternehmensnachfolge, Management-Buy-out (MBO) und Verkauf an Dritte – wohl wissend, dass es auch Mischformen gibt: Insbesondere der Verkauf an Dritte lässt sich weiter differenzieren in z. B. Management-Buy-in (MBI), Verkauf an einen strategischen Käufer oder Verkauf an einen Finanzinvestor sowie Börsengang (IPO).[126]

Bei der familieninternen Unternehmensnachfolge ist die Suche nach dem richtigen Nachfolger nur scheinbar relativ einfach. Wie bereits umschrieben, spielen heute zwei Faktoren eine wesentliche Rolle: die Motivation der übernehmenden Generation und die Sorge um die Kompetenzen und Erfahrungen des Nachfolgers bei der abtretenden Generation. Gerade diese Prozessphase ist für die Familie nicht leicht, oft ist sie stark emotional behaftet und konfliktträchtig. Den Eltern fällt es womöglich schwer, die Fähigkeiten der potenziellen Nachfolger in Frage zu stellen, sind es doch die eigenen und geliebten Kinder. Obwohl viele Unternehmereltern schon früh signalisieren, dass sie den Nachwuchs nicht zwingend in der Pflicht sehen – der geheime Wunsch, das Unternehmen möge in der Familie weitergeführt werden, ist doch häufig vorhanden. Manchmal projizieren die Kinder diesen Wunsch auch auf ihre Eltern. Insofern ist es auch für die Jungmannschaft nicht immer leicht, die eigene Position zu vertreten, wenn die Interessen anders gelagert sind.

Sobald innerhalb der Familie klar ist, dass niemand aus der eigenen Reihe für die Übertragung in Betracht kommt, werden Mitarbeitende aus dem Kader ins Auge gefasst. Ein wesentlicher Vorteil ist die hohe Motivation, die diese oft mitbringen. Denn eine Übernahme des Unternehmens bedeutet gewissermassen, den eigenen Arbeitsplatz gesichert zu haben. Die zentrale Frage dabei ist, ob es sich bei den Mitarbeitenden auch um Unternehmertypen handelt – also Generalisten mit Weitsicht und Risikobereitschaft. Viele Unternehmer der abtretenden Generation haben diesbezüglich ihre Zweifel. Entsprechend schwierig ist es, diese Einschätzung auszudrücken, will man die guten Mitarbeiter nicht in Frage stellen oder sie im schlimmsten Fall vor dem Unternehmensverkauf verlieren. Diese Nachfolgeoption hat einen weiteren, eher strategischen Nachteil: Allfällig wünschenswerte Impulse zur Veränderung werden hier womöglich nicht in der notwendigen Form gesetzt.

---

126 Auf weitere Varianten wie Verpachtung, Stiftungslösung oder Liquidation wird nicht näher eingegangen.

Scheitert auch diese Option, ist der letzte Schritt, mögliche Interessenten ausserhalb der eigenen Familie und des Unternehmens zu identifizieren und anzusprechen; ein Schritt, der emotionale Überwindung kostet, wird doch der Nachfolgebedarf damit öffentlich. Als Zwischenlösung kann sich hier ein Buy-in Management-Buy-out (BIMBO) anbieten – also die Kombination von MBO und MBI. Weitere Überlegungen im Rahmen eines Verkaufs an Dritte lassen sich beispielsweise entlang der eigenen Wertschöpfungskette anstellen: die Suche nach einem Geschäftsführer mit der Option Unternehmensübernahme, der Verkauf an ein neues Managementteam, an einen strategischen Investor oder gar an Finanzinvestoren. Beim strategischen Investor stehen Aspekte wie Synergieeffekte, Markterweiterung oder Diversifizierung im Vordergrund. Beim finanziellen Investor (Direktinvestoren oder Private Equity Gesellschaften mit entsprechenden Portfolios oder Fonds) steht das operative Geschäft nicht im Vordergrund, sondern eine möglichst gute Verzinsung des investieren Kapitels. Eine entsprechend hohe Bedeutung hat ein tragfähiges Management, das im Unternehmen bleibt. Oft wird dabei vom Management die Bereitschaft erwartet, auch selbst Anteile zu übernehmen. Im Regelfall möchte ein finanzieller Investor das Übernahmeobjekt nach 5 bis 7 Jahren wieder veräussern.

Mit dem Verkauf an Dritte stellt sich die Frage, an wen, zu welchem Zeitpunkt und in welcher Form sich die Unternehmerfamilie an solche möglichen Interessenten wendet. Egal, welche Variante letztlich gewählt wird, jetzt steigen die Anforderungen, diesen Prozess professionell zu gestalten und sich kritisch mit dem eigenen Unternehmen auseinanderzusetzen. Ein wesentlicher Grund dafür liegt in der Informationsasymmetrie zwischen der übergebenden (Insider) und übernehmenden (Outsider) Partei, die bei der familieninternen Übergabe kaum vorliegt.

Der betriebswirtschaftlichen Entwicklungs- und Zukunftsfähigkeit haben Übergeber womöglich bei einer familieninternen Nachfolge weniger Berücksichtigung geschenkt; beim Verkauf an Dritte ist es unerlässlich, diese attraktiv erscheinen zu lassen – denn eine Übernahme ist nur refinanzierbar, wenn das Unternehmen auch nachhaltig einen hohen Cash-Flow erwirtschaftet bzw. entsprechende Gewinne abwirft. So betrachtet steigen die Anforderungen an eine professionelle Vorbereitung des Nachfolgeprozesses in Bezug auf die mehr technischen und operativen Fragestellungen (vgl. dazu auch Kapitel 4) stark und ein Mehraufwand ist zu erwarten.

Auch bei der Preisfindung und Finanzierung lassen sich erhebliche Unterschiede feststellen. Unternehmerfamilien sind oft bereit, das Unternehmen zu einem wesentlich niedrigeren Preis an die eigenen Kinder oder an Kadermitarbeitende zu übergeben. Umgekehrt kann bei einem Unternehmensverkauf oft mehr an Wert erlöst werden – vorausgesetzt, das Unternehmen ist ausreichend attraktiv. Im Falle eines Management-Buy-out liesse sich ein Preisnachlass beispielsweise damit rechtfertigen, dass der neue Eigentümer bekannt und vor allem mit den Geschäftsprozessen des Unternehmens bestens vertraut ist – ein nicht zu unterschätzender Vorteil. Sein Lebenswerk in guten Händen zu wissen, hilft dem abtretenden Firmenchef, sich emotional von seiner Unternehmung zu lösen.[127]

Die Entscheidungsfindung in Bezug auf die Nachfolgeoption sollte auf keinen Fall sequentiell erfolgen, sondern parallel – dies wäre hier als Handlungsempfehlung festzuhalten. Das Schaffen von Optionen muss im Vordergrund stehen, denn während des Prozesses gibt es genügend Gründe dafür, dass die eine oder andere Option entgegen allen Erwartungen nicht umgesetzt werden kann.

Fallbeispiel 4: Immer für eine Überraschung gut!

Das Ehepaar Irmgard und Walter Becker sind Eigentümer der Bäckerei «Zumbrot». Sie haben zwei Söhne, beide mit einer akademischen Ausbildung. Nach einem missglückten Versuch, die Bäckerei zu verpachten, soll sie jetzt verkauft werden.

«Du Schatz, jetzt müssen wir uns mal ernsthaft Gedanken machen, wie es mit unserer Bäckerei weitergehen soll.» Walter Becker[128] nimmt gerade einen Schluck Kaffee und beisst herzhaft in sein Vollkorn-Gipfeli – hausgemacht nach eigenem Rezept, nicht nur mit hochwertigem Bio-Mehl aus der Region, sondern auch richtiger Butter und ... das Weitere ist Betriebsgeheimnis. Doch schnell wandern seine Gedanken zurück zum eigentlichen Thema, zur Zukunft seiner Bäckerei.

Vor 25 Jahren wollten er und seine Frau Irmgard etwas Eigenes aufbauen. Frisch verheiratet und ohne Ersparnisse, waren sie froh, die Bäckerei «Zumbrot» pachten zu können. Der Start gelang hervorragend, und bereits nach zwei Jahren kauften sie alle gepachteten Einrichtungen und wandelten die Pacht in Miete um. Sobald genügen Geld vorhanden war, investierten sie in einen modernen Backofen. Zehn Jahre später konnten sie sich mit dem ehemaligen Eigentümer einigen, die Liegenschaft zu einem vernünftigen Preis erwerben, im obersten Stock eine schöne Wohnung einrichten und unten die Bäckerei ausbauen.

Markus wurde ein Jahr nach Unterzeichnung des Pachtvertrags geboren, zwei Jahre später folgte Paul. Beide Söhne konnten ihre berufliche Entwicklung selbst wählen. Keiner entschied sich für das Bäckerhandwerk. Markus arbeitet als Maschineningenieur für einen grossen Schweizer Automobilzulieferer in Polen, Paul ist noch in Ausbildung als Elektro-Ingenieur. Wenn alles gut geht, schliesst er sein Studium nächstes Jahr ab und wird dann finanziell auf eigenen Beinen stehen.

---

127 Das Thema Bewertung und Preisfindung wird in Kapitel 4.2.5 auf Seite 113 weiter vertieft.
128 Alle Namen geändert.

Irmgard und Walter Becker sind stolz auf ihre beiden Söhne. Doch wie soll es mit der Bäckerei weitergehen? In drei Jahren können sie in Pension gehen – und sie haben nicht vor, länger zu arbeiten. Irgendwann wollen sie auch mehr als nur zehn Tage im Jahr Urlaub machen.

Dieses Ziel hatten sie schon einmal, vor drei Jahren. Bekanntlich soll man die Nachfolge ja frühzeitig regeln. Und tatsächlich hatten sie damals bald ein Ehepaar gefunden, das die Bäckerei pachten wollte. Die neuen Pächter legten sich mächtig ins Zeug und arbeiteten viel. Doch schon nach drei Monaten hörten sie von langjährigen Kunden, dass die Qualität nachgelassen habe. Misstrauisch geworden, kamen sie häufiger in den Laden und mussten feststellen, dass Stammkunden immer seltener oder gar nicht mehr kauften. Auf dieses Problem angesprochen, erklärten die neuen Pächter, dass ein gewisser Wandel in der Kundenstruktur ganz normal sei. Es kämen auch neue Kunden in den Laden, und das sei für die Zukunft ebenso wichtig.

Einen Monat später kündigte eine langjährige, treue Mitarbeiterin. Das war der Anfang vom Ende. Irmgard Becker fand in einem Gespräch heraus, dass die neuen Pächter versuchten, durch billigere Zutaten die Warenkosten zu senken. Zudem wurde das Sortiment gestrafft, um die Ausschusskosten zu reduzieren. Jeder Franken wurde zweimal umgedreht. Den Mitarbeitern wurden die Kosten für die Kaffeepausen ohne Vorankündigung vom Lohn abgezogen. Das führte zu grossem Unmut gegenüber den neuen Arbeitgebern. Irmgard Becker gewann den Eindruck, dass die Pächter einfach geizig waren und unfähig, die Bäckerei zu führen.

Nach Rücksprache mit ihrem Mann entschlossen sie sich, den Pächtern nicht ihr Geschäft zu übergeben. Zu gross war die Gefahr, dass die Bäckerei, ihr Lebenswerk, am Ende heruntergewirtschaftet wäre. Mit Unterstützung eines Rechtsanwalts lösten sie den Pachtvertrag kurzfristig auf. Nur standen sie am Ende wieder selbst in der Bäckerei und mussten auch noch den angerichteten Schaden beheben.

Nach diesem bösen Alptraum wollten sie keinen zweiten Versuch mit neuen Pächtern riskieren. So blieb als Lösung eigentlich nur der Verkauf. Und genau darüber will Walter Becker am heutigen Sonntagmorgen mit seiner Frau sprechen. Wie üblich war Irmgard ihm schon voraus. «Ich habe Markus und Paul gebeten, am nächsten Sonntag bei uns zu essen. Dann können wir mit ihnen über unsere Entscheidung reden.»

Am nächsten Sonntag wird viel über die Bäckerei diskutiert. Walter Becker erläutert den Entschluss zum Verkauf. Erleichtert stellt er fest, dass beide Söhne viel Verständnis zeigen. Als Irmgard das Dessert holen will, lehnt sich Markus in seinem Stuhl zurück, blickt seiner Mutter nachdenklich in die Augen und fragt:

«Und, was haltet ihr davon, wenn ich die Bäckerei übernehme?» Ungläubig schauen sich die Eltern an. Markus skizziert in wenigen Sätzen seinen Plan. «Wie ihr wisst, bin ich seit zwei Jahren für den Konzern in Polen tätig. Doch ich fühle mich in Grossbetrieben überhaupt nicht wohl. In der Bäckerei habe ich öfters in den Ferien mitgeholfen, das hat mir immer gut gefallen. Ich habe zwar keine Ahnung vom Bäckerhandwerk, aber als Ingenieur kann ich gut in Prozessen denken. Ich bin überzeugt, dass ich mich in ein bis zwei Jahren soweit einarbeiten kann, dass ich die ganze Bäckerei führen kann. Dazu muss ich ja nicht der beste Bäcker sein.»

Gespannt lauschen alle drei den Ausführungen von Markus. Mit jedem Satz wird klarer, dass das eine praktikable Lösung wäre. Keiner hatte an diese Möglichkeit gedacht. Der klassische Fehler: Betriebsblind gegenüber der eigenen Familie! Irmgard bringt es auf den Punkt: «Ich hab's doch gewusst, du bist immer für eine Überraschung gut!» Paul gratuliert seinem Bruder zu dieser mutigen Entscheidung. Er selbst hat keine Ambitionen in diese Richtung. Für die Ausarbeitung der Übernahme sollen sie auf ihn verzichten. Hauptsache es gibt eine gute Lösung.

In den nächsten Wochen wird viel Energie in die Ausgestaltung eines Einsteig-Fahrplans gesteckt. In den nächsten 24 Monaten soll Markus im eigenen Betrieb, aber auch bei befreundeten Bäckereien eine Art Praktikum absolvieren, um alle relevanten Bereiche und Prozesse kennenzulernen. Doch es gibt noch eine Überraschung. Kaum ein Monat ist vergangen, da erhalten sie den Zuschlag für die Eröffnung einer Filiale im neuen Einkaufszentrum, das in 18 Monaten die Tore öffnen wird. Das ist die Chance für Markus: Jetzt kann er beweisen, dass er als Branchen-Neuling in der Lage ist, eine Filiale erfolgreich aufzubauen und zu führen.

Nach Übergabe der Gesamtführung fahren Irmgard und Walter Becker beruhigt für fünf Wochen in die Ferien. Es wird eine wunderschöne, erholsame Reise. Sie haben die Gewissheit, dass alles wie bisher, vermutlich sogar noch besser läuft.

Eine überraschende Wendung. Das Beispiel zeigt, dass bei Übernahmen häufig in festgefahrenen Strukturen gedacht wird: «Ein Akademiker übernimmt doch keine Bäckerei.» «Der kann doch kein Geschäft führen.». Derartige Vorurteile führen dazu, dass nicht alle Lösungsmöglichkeiten in Betracht gezogen werden. Dabei haben auch unkonventionelle Alternativen ihre Berechtigung.

Das Beispiel zeigt aber auch, wie wichtig es ist, im richtigen Zeitpunkt mit den richtigen Personen zu kommunizieren. Hätten die Eltern nicht mit ihren Söhnen über die Nachfolge gesprochen, wäre es nie zu dieser Lösung gekommen. Der Sohn hätte eine andere Karriere eingeschlagen, die Bäckerei wäre verkauft worden.

3.2.3 Zur Wahl des Übergabemodus

Eine Nachfolge bedeutet immer, die Führungs- und Eigentumsverhältnisse neu zu organisieren bzw. zu regeln. Abbildung 5 gibt einen Überblick über die verschiedenen Varianten, wobei wir nachstehend auf die Eigentumsverhältnisse fokussieren.

		Führungsnachfolge durch		
		Familienangehörige	Mischformen	Familienfremde
Eigentumsnachfolge durch	Familienangehörige	Traditionelle, rein familieninterne Nachfolge	Gemischte Geschäftsführung	Eigentumsnachfolge mit Fremd-GF, Verpachtung
	Mischformen	Partner, Venture-Capital-Geber, Beteiligungsgesellschaft	Einbezug aktiver Partner	Stiftungslösung
	Familienfremde	Grenzfall: Weiterbeschäftigung von Familineangehörigen nach einem Verkauf		Verkauf: a) Strategisch b) Persönlich

Abbildung 5: Modi der Eigentums- und Führungsaufgabe[129]

Im Kern muss die Frage geklärt werden, wie das Unternehmen als Eigentum auf die nächste Generation (familienintern oder -extern) übertragen wird. Dabei wird oft nicht nur ein Gestaltungselement verwendet, sondern verschiedene Varianten werden miteinander kombiniert. Nachstehend widmen wir uns zunächst den Gestaltungsformen wie Vererbung, Schenkung oder Barverkauf, um anschliessend Begriffe Asset Deal und Share Deal zu differenzieren.

Einer Studie der Zürcher Kantonalbank nach werden in der Schweiz Unternehmen *familienintern* vor allem durch Erbfolge (31 %) und durch Anteilserwerb (24 %) übertragen.[130] Der Verkauf von Anteilen an Familienmitglieder (17 %) oder die Schenkung von Anteilen (13 %) liegen an dritter und vierter Stelle. Die Übernahme von Aktiven und Passiven sowie die Pacht sind von untergeordneter Bedeutung. Bei der *familienexternen Übertragung* hat der Verkauf des Unternehmens erwartungsgemäss die höchste

---

129   Pfannenschwarz 2006, S.55.
130   Zürcher Kantonalbank 2005.

Bedeutung (56 %), gefolgt von der Beteiligung durch Anteilserwerb (26 %) und der Übernahme der Aktiven und Passiven (11 %). Die Schenkung (1 %) spielt eine vernachlässigbare Rolle.[131] Die eigene Untersuchung zeigt ein ähnliches Bild (vgl. dazu Tabelle 3, S. 72). Bei der familieninternen Unternehmensübertragung kommt der Erbfolge und der Schenkung unbestritten die höchste Bedeutung zu.[132] Oft wird diese Form mitberücksichtigt, da dadurch innerhalb der Familie keine Liquiditätsbelastung ausgelöst wird. Gleichzeitig muss aber darauf hingewiesen werden, dass die nachfolgende Generation darauf unseres Erachtens keinen Anspruch erheben kann. Zum einen ist für manchen Unternehmer die Altersvorsorge noch nicht gesichert, daher ist er auf eine finanzielle Entrichtung angewiesen, um im Alter über die Runde zu kommen. Andererseits ist zumindest ein teilweiser Family-Buy-out (FBO) ein geeignetes Instrument, um das Commitment und Engagement der nachfolgenden Generation zu prüfen und (heraus)zu fordern.

	Familienintern (n=146)	Unternehmensintern (MBO) (n= 42)	Unternehmensextern (MBI; Verkauf an Dritte, IPO) (n= 67)
Schenkung	34,9	4,8	3,0
Erbfolge	36,3	11,9	0,0
Unentgeltlich im Rahmen einer Aktiv-Passiv-Übernahme	5,5	4,8	3,0
Pacht	4,1	7,1	14,8
Verkauf	6,9	0,5	68,7
Beteiligung durch Anteilserwerb	2,0	16,7	6,0
Andere oder weiss noch nicht	10,3	4,8	4,5

Tabelle 3: Anteil der verschiedenen Übergabemodi in der Schweiz[133]

Bei den unternehmensinternen Übertragungen (MBO) ist die Veräusserung von Anteilen die verbreiteteste Form (16,7 %), gefolgt von Erbfolge (11,9 %) und Pacht (7,1 %). Die grösste Herausforderung stellt dabei die Finanzierung des Transaktionspreises dar, denn in der Regel haben Mitarbeitende nicht genügend Eigenkapital respektive Sicherheiten, um eine vollständige Fremdfinanzierung sicherstellen zu können. Entsprechend sind gerade beim MBO Earn-Out-Modelle verbreitet. Dies bedeutet, dass der Unternehmer seine Anteile in zeitlichen Etappen überträgt, die Bezahlung dieser Anteile erfolgt dann mit dem erwirtschafteten Cash-Flow. Die grosse Herausforde-

---

131 Weitere 6 Prozent geben «andere» als Antwort an.
132 Rechtliche Aspekte werden in Kapitel 4.2.4, ab S. 99 angesprochen.
133 Eigene Darstellung i.A. an Frey, Halter, Zellweger 2005. Mehrfachnennungen waren möglich. Angaben in Prozent.

rung bei dieser Finanzierungsmöglichkeit ist, eine für beide Parteien sinnvolle Balance zu finden, einerseits, was den Übergang des unternehmerischen Risikos (Eigenkapitalanteil) betrifft, andererseits, was die unternehmerische Entscheidungs- und Handlungsfreiheit betrifft. Ein Nachfolger will beispielsweise rasch grösstmögliche Autonomie erlangen, im Unterschied zum Übergeber, dem die Sicherheit der Finanzierung des vorläufig stehen gelassenen Kapitels wichtig ist. Die Übergangszeit sollte daher auf jeden Fall gut geregelt werden.

Bei der unternehmensexternen Übertragung steht der Verkauf mit knapp 70 Prozent deutlich im Vordergrund. Die Motive für den Kauf eines fremden Unternehmens können dabei sehr unterschiedlich sein. Sie reichen vom Wunsch, selbständiger Unternehmer zu werden (MBI), über die Diversifizierung in fremde Produkte oder Märkte, die Erreichung einer genügenden Unternehmensgrösse und Stärkung der eigenen Marktmacht bis hin zu Synergieeffekten oder steuerlichen Aspekten.

Im Folgenden sollen nun noch die beiden Übertragungsmöglichkeiten Asset Deal und Share Deal betrachtet werden. Beim *Asset Deal* kauft der Übernehmer einzelne Aktiven aus der Unternehmung heraus, die von der Nachfolge betroffen sind. Diese Transaktionsform kann bei der Nachfolgeregelung einer Personengesellschaft oder bei der Übernahme eines definierbaren Unternehmensteils aus einer grösseren Unternehmung zum Einsatz kommen. Dabei müssen beispielsweise Verträge für das Personal oder Versicherungen einzeln auf das neue Unternehmen übertragen werden. Die Gewinne aus dem Asset Deal sind für den Verkäufer steuerpflichtig.[134]

Als vorteilhaft für den Käufer erweist sich bei dieser Transaktionsart die steuerliche Abzugsfähigkeit des Goodwills bei der Abwicklung über eine Finanzierungsgesellschaft.[135] Desweiteren kann das Übernahmeobjekt klar abgegrenzt werden, die Gläubiger haben relativ leichten Zugriff zum Haftungssubstrat. Dies ist auch für den Übernehmer von Vorteil. Nachteilig ist neben der komplizierten Abwicklung der Umstand, dass die Ausschüttung des Verkaufserlöses für den Übergeber steuerbares Einkommen darstellt.[136]

Beim *Share Deal* erwirbt der Übernehmer die Unternehmensanteile direkt vom Übergeber. Der Share Deal ist nicht zuletzt wegen der oben erläuterten Nachteile des Asset Deals die am häufigsten angewandte Transaktionsmethode. Gegenstand der Transaktion ist der Verkauf von Anteilen an einer Kapitalgesellschaft. Die Eigentums- und Führungsverantwortung geht dadurch auf den neuen Eigentümer, den Übernehmer über.[137] Der Übergeber erzielt einen steuerfreien Kapitalgewinn, wenn er die

---

134 Ross, Westerfield, Jaffe 2005, S. 798, vgl. dazu auch Kapitel 4.2.5, ab S. 113.
135 Jau, Bolliger 2005.
136 Poltera, Walk 2007.
137 Ross, Westerhfild, Jaffe 2005, S. 797.

Anteile im Privatvermögen hält.[138] Als nachteilig für den Übernehmer erweist sich in diesem Fall die persönliche Belastung bei der Aufnahme von Fremdkapitel. Zudem sind die Zinsen für einen Fremdfinanzierung auf Ebene der Gesellschaft nicht abzugsfähig (Share Deal über Privat).

Die Übernahmetransaktion via Share Deal kann auch über eine bestehende oder neu zu gründende Kapitalgesellschaft abgewickelt werden. Diese Form ist vor allem bei grösseren Buy-outs vorteilhaft, da eine klare Trennung zwischen dem finanziellen Privatbereich des neuen Eigentümers und der Übernahmetransaktion hergestellt werden kann. Die Fremdfinanzierung erfolgt nun über die neu gegründete Gesellschaft, und der Schuldendienst muss über die Ausschüttung der Tochtergesellschaft finanziert werden, die dank des Beteiligungsabzugs und des Holdingprivilegs von der unerwünschten Doppelbesteuerung verschont bleibt. Die Zwischenschaltung einer Kapitalgesellschaft ist jedoch mit Kosten verbunden. Darunter fallen administrative Aufwendungen, wie beispielsweise die Stempelsteuer, und Kosten für die Revisionsstelle der Finanzholding.[139] Vorteilhaft ist jedoch die Möglichkeit des Abzugs der Zinsen vom operativen Ergebnis.

138 Jaum Bolliger 2005.
139 Krebs 1990, S. 21.

3.3   Differenzen zwischen Übergeber und Übernehmer

Die meisten Unternehmensnachfolgen bringen einen Generationswechsel mit sich – und damit treten häufig auch Generationenkonflikte auf. Deshalb setzten wir uns nachstehend mit den wesentlichen und häufig zu beobachtenden Unterschieden zwischen Übergeber und Übernehmer auseinander. [140]

Die Ursachen für die Differenzen liegen meist in unterschiedlichen Informationen, Erwartungen und Vorstellungen. Aus kommunikationstheoretischer Sicht wissen wir zudem, dass gerade das Erkennen der eigenen und fremden Interessen und Intentionen schwierig ist. Selektive Interpretationen, Unterschiede zwischen Selbst- und Fremdbild sind nicht einfach zu überwinden und können zu Spekulationen und Projektionen führen.[141] Entsprechend hilfreich erachten wir in der Praxis das gemeinsame Erschliessen der unterschiedlichen Sichtweisen. Mit gegenseitiger Anerkennung und Wertschätzung der individuellen Fähigkeiten und des Geleisteten fällt diese Auseinandersetzung sicher leichter.

Der offensichtlichste Unterschied liegt im Alter – und das kann sich in unterschiedlicher Form bemerkbar machen. Wer älter ist, spürt, wie die *Leistungsfähigkeit* vermindert ist. Man hat seine Kräfte im Lauf der Jahre verschlissen: im täglichen Kampf um Aufträge, beim Lösen von Mitarbeiterkonflikten, aber auch durch das Hinterfragen des eigenen Tuns und die dauernde Last des finanziellen Risikos. Müdigkeit, Abnutzungserscheinungen oder das Gefühl des Ausgebranntseins können die Folge sein. Dies nimmt die jüngere Generation natürlich wahr. Ihr wiederum stehen entsprechende persönliche Ressourcen noch zur Verfügung. Andererseits kann ein höherer Energie- und «Testosterongehalt» auch in zu viel Aktionismus münden, zu Verunsicherung oder Verzettelung führen. Die jüngere Generation erscheint zudem begeisterungsfähiger – auf der anderen Seite fehlt ihr die Erfahrung und unter Umständen auch eine gewisse Gelassenheit, um die Dinge mit Ruhe, der nötigen Distanz und mit Augenmass zu bewerten.

Der Übergeber hingegen hat in den vielen Jahren seiner unternehmerischen Tätigkeit weitreichende *Fähigkeiten und Erfahrungen* erworben. Je kleiner ein Betrieb dabei ist, desto stärker bündelt sich das Wissen der Organisation im Kopf des Unternehmers. Solche Wissens- und Erfahrungsmonopole haben gravierende Nachteile. Zum einen lassen sie sich nur schwer übertragen. Zum zweiten können sie den Wissensträger zu einem (vermeintlich) unersetzbaren Mitspieler machen – ein Faktum, das vielleicht dem Unternehmer nützt, nicht aber dem Unternehmen, das vom biologischen Lebenszyklus des Eigners losgelöst funktionieren muss. Im schlechtesten Fall wird das

---

140 Dabei fokussieren wir uns lediglich auf den Übergeber und Übernehmer als Einzelperson.
141 Lay 1980, S. 239.

Wissensmonopol also als Machtelement missbrauch. Zum dritten wird das Wissen dann zur Gefahr, wenn es stark «eingefahren» ist: Dann können Veränderungen beispielsweise im Umfeld nicht mehr adaptiert werden. Interessant in diesem Zusammenhang ist die Beobachtung, dass viele der erfolgreichsten Unternehmer bestens wissen, was sie nicht wissen; entsprechend konsequent delegieren sie an Wissende und setzen alles daran, nur die besten Mitarbeiter zu gewinnen.

Bezüglich der (Lebens)Erfahrung wird der Nachfolger zwar dem Vorgänger kaum je das Wasser reichen können; er wird Fehler machen – die dem Vorgänger im Übrigen in seiner Anfangsphase bestimmt auch unterlaufen sind. Ein Jungunternehmer verfügt jedoch über ganz andere Fähigkeiten: Oft bereichert er das Unternehmen durch seine Methoden- und Fachkompetenzen. In der Praxis stellt sich damit die Frage, wie viel Erfahrung – ob innerhalb oder ausserhalb des Unternehmens gesammelt – wünschenswert und notwendig erscheint, um Führungsverantwortung zu übernehmen. Gerade innerhalb von Familienunternehmen ist es lohnend, sich darüber frühzeitig Gedanken zu machen und diese verbindlich festzuhalten, beispielsweise in einer Familiencharta. Gleichzeitig muss sich der Übergeber aber auch bewusst sein, dass ein Jungunternehmer nicht vom ersten Tag an alle Fähigkeiten mitbringen kann, ob berufsspezifische oder betriebswirtschaftliche, ob Vertriebs-, Führungs- oder Innovationskompetenzen. Wichtig ist auch die Frage, wie sich die nächste Generation aufstellen und organisieren will. Hier spielen Kriterien wie Unternehmerpersönlichkeit, Unternehmensgrösse, die Zusammensetzung des Führungsteams, aber auch Branche oder Markt mit hinein.[142]

Weitere Unterschiede können in Bezug auf die *persönlichen Motive* und *Ziele* sowie den *persönlichen Stil* beobachtet werden. Dem Vorgänger wird oft eine vergangenheitsorientierte Perspektive zugesprochen. Entsprechend kann er sich auf dem Erreichten, an der Geschichte und der materiellen und immateriellen Substanz erfreuen, entsprechend möchte er auch bezahlt werden. Dem Nachfolger hingegen wird eine stärkere Zukunftsorientierung zugeschrieben. Dies bedeutet, dass das Zukunftspotenzial im Vordergrund steht – entsprechend wird beispielweise bei einer Unternehmensbewertung der Fokus auf zukünftig anfallende Cash-Flows gelegt und nicht auf die Substanz.

Das Engagement der beiden Generationen kann unterschiedliche Ursachen und Triebkräfte haben. Eigene Untersuchungen haben gezeigt, dass sowohl der Führungsstil als auch das Engagement in der operativen Tätigkeit Einflüsse auf die Unternehmensnachfolge ausüben.[143] Bei Vorgängern, die stark ins operative Geschäft eingebunden sind, reicht dies bis zu einem patriarchalischen oder autoritären Führungsstil. Andere Unternehmer, die sich aus dem operativen Geschäft zurückziehen, pflegen eher einen

---

142 Felden, Pfannenschwarz 2008, S. 124.
143 Unveröffentlichte Erkenntnisse auf der Basis von 40 Fallstudien.

demokratischen, kooperativen oder konsultativen Führungsstil. Diese Erkenntnisse können Einblicke in die psychologischen Prozesse einer Nachfolgeregelung gewähren. Für einen Nachfolger gilt es, den eigenen Führungsstil zu finden und im Unternehmen zu verankern, wobei die Beobachtungen vermuten lassen, dass die jüngere Generation eher einen kooperativen Führungsstil pflegt. Der eigene Antrieb dagegen basiert nicht auf dem weiteren Ausbau oder Erhalt des bisher Erreichten, sondern resultiert oft aus Erfolgsdruck und einer hohen Selbstbestimmung. Man möchte beispielsweise den Beweis erbringen, dass «man es schaffen kann», sich bestätigt sehen. Weitere Motive für eine Unternehmensübernahme können aber auch die Vermeidung von Arbeitslosigkeit, materielle Anreize im Erfolgsfall oder auch die Selbstbestimmung in der Gestaltung des eigenen Tuns sein.

Schliesslich lassen sich noch Unterschiede in Bezug auf das «Lebenskonzept Unternehmertum» beobachten. Vor zwei bis drei Jahrzehnten galt es als Lebensentscheidung, ein Unternehmen zu übernehmen, wobei die anschliessenden Jahrzehnte möglichst stabil und ohne berufliche Neuorientierung gestaltet wurden. Die Gesellschafts- und Familienstrukturen bewegten sich im traditionelle Rollenmodell, der Unternehmer verschrieb sich voll und ganz dem Unternehmen und überliess beispielsweise die Familienentwicklung der Partnerin. Wenn in solchen Fällen der absolut dominierende Tagesinhalt nicht mehr vorhanden ist, wird die Lücke entsprechend gross. Heute beobachten wir viele Jungunternehmer, die zu Portfolio-Unternehmern oder Lebensabschnitts-Entrepreneuren avancieren. Dies bedeutet, dass ein finanzielles Engagement auch mittelfristig angelegt sein kann, und, der Lust folgend, nach einigen Jahren etwas Neues, Anderes oder Zusätzliches verfolgt wird. Gleichzeitig steigen aber auch die Anforderungen an die Work-Life-Balance. Es stellt sich deshalb die Frage, ob der Grundsatz vom «Leben, um zu arbeiten» künftig vom Grundsatz «Arbeiten, um zu leben» abgelöst wird – ein fundamentaler Unterschied, der für Konfliktpotenzial zwischen den Generationen sorgt.

Eine gute Balance zwischen Veränderung und Bewahrung, zwischen Innovation und Tradition zu finden, ist demnach die grösste Herausforderung. Frei nach dem Motto: das Gute erkennen, bewahren und pflegen – das Schlechte erkennen, verändern oder beseitigen.[144] Nur mit einer Sowohl-als-auch-Strategie können die beiden Generationen, aber auch die Mitarbeiter, Lieferanten und Kunden nachhaltig für den Generationenwechsel gewonnen werden.

144 Felden, Pfannenschwarz 2008, S. 124.

Fallbeispiel 5: Einfach ein gutes Gespräch

Die Haustech AG[145] befindet sich mitten im Nachfolgeprozess. Die beiden Eigentümer, zwei Brüder, stecken mit den vier Geschäftsleitungsmitgliedern in fortgeschrittenen Verhandlungen über einen MBO. Beide Parteien haben je einen Berater hinzugezogen. Die folgenden Ausführungen des Nachfolge-Beraters der Eigentümer beruhen auf Sitzungsnotizen und mündlichen Besprechungen.

Kennen Sie das Gefühl, alles richtig gemacht zu haben, und dennoch vor einem Scherbenhaufen zu stehen? Das teure Weinglas extra von Hand abzuwaschen und dann plötzlich den Stiel in der einen und den Kelch in der anderen Hand zu halten? So ist es mir am Abend des 29. Oktober ergangen. Was war geschehen?

Am Tag zuvor hatten wir die «Schluss-Sitzung» mit dem MBO-Team. Dieses Team bestand aus den vier Geschäftsleitungsmitgliedern der Haustech AG, die an der Übernahme der Gesellschaft interessiert waren, sowie deren Berater. Unser Übergeber-Team bestand aus den beiden Inhabern und mir als ihrem Nachfolge-Berater. Eigentlich war es eine ganz harmlose Sitzung. Es ging um die Bereinigung und Erläuterung der letzten offenen Fragen aus der Due Diligence. Die Frageliste bestand aus zwölf Punkten, das Übliche wie «Einblick in die Mietverträge», «Einsicht in die Personalakten und die Lohnblätter», «Wohin fliesst das Geld aus den Rückvergütungen der Versicherungen?» usw. Die meisten Punkte konnten sehr schnell bereinigt werden. Doch beim Thema Personal stellte ein Geschäftsleitungsmitglied ganz beiläufig die Frage: «Wie hoch sind eigentlich die Unternehmerlöhne?»

Es ist ja nicht so, dass wir das nicht erwartet hätten. Diese Frage kommt immer, früher oder später. Heikel war der Kontext. Im August hatten wir den MBO-Vertrag mit der Geschäftsleitung unterzeichnet. Darin war geregelt, dass der Vertrag nach abgeschlossener Due Diligence in Kraft tritt. Wir waren der Meinung, dass dies geschehen sei, denn alle zwölf Punkte waren geklärt. Die Geschäftsleitung beharrte jedoch auf der Ansicht, dass sie ohne Auskunft über die Unternehmerlöhne nicht abgeschlossen sei.

Im Übernahmevertrag hatten wir wohlweislich geregelt, dass die Lohnpolitik Sache des neuen Verwaltungsrates sei. Das MBO-Team hatte gemäss Vertrag Anrecht auf zwei Sitze im vierköpfigen Verwaltungsrat und somit paritätische Mitbestimmung. Zudem hatte man zugesichert, dass Lohnentscheide nicht mit Stichentscheid gefällt würden, sondern nur mit Mehrheit. Daher verweigerten wir

---

145 Name geändert.

die Information über die Unternehmerlöhne und verwiesen darauf, dass die Löhne für die bisherige Führungsmannschaft durch den Verwaltungsrat neu festgelegt würden. Voraussetzung sei jedoch, dass das MBO-Team bereit sei, den Übernahmevertrag in Kraft zu setzen. Nur dann könne der neue Verwaltungsrat auch gewählt werden.

Hand aufs Herz, wie hätten Sie sich in dieser Situation verhalten? Eine Diskussion über die bisherigen Unternehmerlöhne in einem Achter-Gremium wäre wohl nicht zielführend gewesen. Zur Erinnerung: Bei den Übergebern handelte es sich um die bisherigen Alleineigentümer. In diesem Punkt sind wir also bewusst hart geblieben, denn es war Aufgabe des neuen Verwaltungsrates, sensible Punkte zu besprechen und zu lösen. Die Sitzung wurde dann beendet – trotz heisser Köpfe in frostiger Stimmung. Die Konsequenzen folgten umgehend. Am nächsten Tag erreichte uns folgendes E-Mail:

Sehr geehrte Herren, werte Kollegen,
die MBO Sitzung von gestern Abend hat mich nicht überzeugt. Es war öfters zur Diskussion gestanden, dass das Lohngefüge des «alten» und «neuen» Kaders ein Bestandteil der Due Diligence sein muss. Dies wurde gestern mehrfach mit der Begründung, dass dies der Auftrag des neuen Verwaltungsrates sei, abgewiesen. Aus diesem Grunde ist die Due Diligence für mich nicht erfolgreich abgeschlossen worden. Ich werde Ihnen in diesem Mail demzufolge meine Demission aus dem MBO bekannt geben.
Ich wünsche Ihnen/ Euch in Zukunft bei dieser Angelegenheit alles Gute.

War diese Demission ernst gemeint oder nur ein Bluff? Kann ein MBO an einer einzigen Informationsverweigerung scheitern? Können und wollen wir die Situation retten? Ich reflektierte die gestrige Situation nochmals und schrieb wie folgt an meine Mandanten, die Eigentümer:

Jetzt haben wir endlich Klarheit: Da hat jemand kalte Füsse bekommen. Jetzt geht es um die Frage, wie geht es weiter? Folgende Aspekte gehen mir durch den Kopf:
- Hat er tatsächlich die Absicht zu kündigen oder will er einfach mehr Lohn/ Anerkennung?
- Wie verhalten sich die anderen drei zum Entscheid, wurde das allenfalls vorbesprochen?
- Ist dieser Entscheid gegen uns gerichtet oder geht es ihm um seine Machtposition in der GL?
- Was können wir tun, um den anderen drei eine Perspektive aufzuzeigen?
  Meines Erachtens sollten wir bis zum Wochenende warten, wie sich die anderen zur Entscheidung äussern.

Zwei Tage später trifft sich einer der beiden Inhaber mit dem «demissionierten» GL-Mitglied zu einem Gespräch unter vier Augen. Dieses Gespräch dauert bis spät in den Abend. Am nächsten Tag erhalte ich dann folgendes E-Mail:

Wir hatten gestern ein sehr konstruktives Gespräch. Herr X hat seine Demission rückgängig gemacht und seine Kollegen bereits informiert. Heute hat er mir voller Überzeugung mitgeteilt, dass dies das beste Gespräch gewesen sei, das er in den letzten 15 Jahren in dieser Firma hatte. Dafür bedankt er sich. Dem MBO steht nichts mehr im Wege.

Was genau an dieser Sitzung besprochen wurde, ist vertraulich. Entscheidend war die Grundstimmung: Es war ein offenes Gespräch unter Gleichgestellten. Der Inhaber hörte aufmerksam zu und nahm die Befindlichkeiten des langjährigen GL-Mitgliedes ernst. Die Anliegen wurden festgehalten, ohne jedoch voreilige Zugeständnisse zu machen. Das einzige Versprechen war, dass man gemeinsam nach Lösungen suchen werde. Es war einfach ein gutes Gespräch.

Die Scherben fügten sich wieder zusammen. Gemeinsam beschloss man, den Übernahmevertrag in Kraft zu setzen. In den nächsten Wochen wurden alle Formalitäten erledigt, wie Übertragung der Aktien, Neuwahl des Verwaltungsrates, Information der Medien usw. Vier Wochen später fand der erste Strategie-Workshop in der neuen Zusammensetzung statt. Die Stimmung war äusserst positiv und zukunftsgerichtet. Das Team strahlte einen ungeheuren Tatendrang aus.

Rückblickend muss ich den Schluss ziehen, dass die Beinahe-Demission insgesamt eine eher positive als negative Wirkung hatte. Obwohl die kurze Phase der Unsicherheit bei allen Beteiligten stark an den Nerven zerrte, war dies der entscheidende Moment – der Moment der bewussten Entscheidung. In den Wochen und Monaten danach gab es kein Zaudern oder Zögern mehr, weder seitens der Inhaber noch seitens des MBO-Teams. Im Gegensatz zum Weinglas, das bei grossen Spannungen zerbricht, schweissen erfolgreich überstandene Spannungen ein Team zusammen. Aus den ursprünglich zwei Teams «Inhaber» und «GL» war ein neues Führungsteam entstanden.

Differenzen zwischen Übergebern und Übernehmern sind notwendig. Vordergründig dienen sie dazu, Sachprobleme zu lösen. Im Hintergrund geht es um Fragen der Macht und um das Finden des neuen Rollenverständnisses. Dies ist vor allem dann wichtig, wenn der oder die Übergeber noch längere Zeit im Unternehmen weiterbeschäftigt sind.

Die konfliktfreie Übergabe ist in diesem Fall eher die Ausnahme als die Regel. Dies ist bei der Gestaltung des Nachfolgeprozesses zu berücksichtigen. Es müssen Mechanismen entwickelt werden, wie Konflikte gelöst werden. Das bisherige Rollenverständnis «der Chef entscheidet» muss deshalb ganz bewusst durchbrochen werden. Die Übergeber und auch die Übernehmer müssen lernen, Konflikte zu thematisieren und gemeinsam zu lösen.

Der geschilderte Fall zeigt, dass eine Lösung nur dann möglich ist, wenn das gemeinsame Ziel wichtiger ist als persönliche Befindlichkeiten, und wenn jede Partei bereit ist, offen und vorbehaltlos auf die andere zuzugehen.

4 Das St. Galler Nachfolge Modell

Um die Unternehmensnachfolge zu beschreiben, wird vereinzelt auf das in der Betriebswirtschaftslehre weit verbreitete *Lebenszyklusmodell* zurückgegriffen. In diesem Modell lassen sich Veränderungen im Zeitverlauf darstellen.[146] Durch die Kombination von verschiedenen Zyklen – wie beispielsweise dem biologischen Leistungszyklus des Unternehmers und dem strategischen Unternehmenslebenszyklus – kann der Versuch unternommen werden, den optimalen Zeitpunkt für die Unternehmensnachfolge zu bestimmen.[147] Der Erklärungskraft und praktischen Handlungsorientierung solcher Modelle sind jedoch Grenzen gesetzt. Neben dem Zeitfaktor – meist auf der Horizontalen abgetragen – können in der Vertikalen jeweils nur eine limitierte Anzahl von Aspekten abgebildet werden.[148] Da eine derartige Vereinfachung nicht zielführend ist, haben sich in der Literatur alternative Modelle herausgebildet, die weitere Aspekte zu integrieren versuchen. Vereinzelt wird der Versuch unternommen, alle Aspekte einer Unternehmensnachfolge zu erfassen; andere Ansätze wiederum fokussieren sich auf Einzelfragen.[149]

Unser zentrales Ziel bei der Entwicklung des St. Galler Nachfolge Modells ist es, ein Instrumentarium zu bieten, das den bewussten Umgang mit verschiedenen Themen, Perspektiven und Dimensionen erlaubt. Wie jedes wissenschaftliche Modell bewegt es sich in einem Spannungsfeld zwischen einer der Anschaulichkeit dienenden Vereinfachung und einer der Wirklichkeit verpflichteten Differenzierung. Die Ausgangslage bildet der Kontext, in dem eine Nachfolgeplanung und -regelung vorgesehen ist, sprich das Familienunternehmensmodell mit seinen bereits klar differenzierten Sichtweisen (vgl. dazu Abbildung 3 auf Seite 48).

Wir haben festgestellt, dass eine Nachfolge auf drei unterschiedlichen Ebenen zu bearbeiten ist: auf der normativen, auf der strategischen und auf der operativen Ebene. Darauf aufbauend ergeben sich fünf Themenfelder, die wir in unserem Kreismodell vorstellen werden (s. Kapitel 4.2). Zunächst werden wir uns dieser Systematik widmen. Erst in einem anschliessenden Schritt setzten wir uns mit dem Prozess der Nachfolgeregelung auseinander (s. Kapitel 4.3). Im Unterschied zu anderen Prozessmodellen liegt der Fokus auf der Vorgeschichte und der Nachbereitung des Nachfolgeprozesses im engeren Sinn. Im Sinne einer Zusammenfassung wird das St. Galler Nachfolge Modell in Kapitel 4.4 in seiner Gesamtschau dargestellt.

---

146 Kepner 1983; Morris, Williams, Nel 1996, S. 68 f.; Morris, Williams, Allen, Avila 1997, S. 388 ff. Dunemann, Barret 2004, S. 22 ff; Westhead 2003, S. 391.

147 So zum Beispiel Kimhi 1997, S. 310 ff.

148 Fueglistaller, Halter 2006, S. 70. Alternativ können auch verschiedene Zyklen in das gleiche Raster eingetragen werden. Dies bedingt jedoch, dass die vertikale Achse mit verschiedenen Parametern versehen wird.

149 Gerade bei Erklärungsmodellen wird meist ein kleiner Ausschnitt betrachtet.

4.1.   Warum strategische, normative und operative Fragen trennen?

Immer wieder gibt es Probleme und Überraschungen kurz vor der Besiegelung der Nachfolgelösung, z. B. bei der endgültigen Übergabe der Unternehmung bzw. bei der Übertragung des operativen Geschäfts. Der Übergeber mag sich nostalgischen Erinnerungen hingeben; ihm mag noch einmal bewusst geworden sein, wie viel Zeit und Energie er in sein Lebenswerk gesteckt hat; oder ihn beschleicht das Gefühl, dass er die falsche Entscheidung getroffen hat – sehr oft sind es rein emotionale Gründe, warum er die Unterzeichnung des Übertragungsvertrags im letzten Moment scheitern lässt.

Wie es nachstehend aufzuzeigen gilt, gehen einem solchen Verhalten fast immer Fehler oder Versäumnisse auf normativer und strategischer Ebene voraus, sei es, weil zentrale Fragestellungen auf diesen beiden Ebenen entweder nicht ausreichend besprochen oder gar nicht erwähnt wurden, sei es, weil es latente Unstimmigkeiten gibt.[150]

Wir differenzieren nachstehend also zwischen normativen, strategischen und operativen Fragestellungen. Diese Erkenntnis ist äusserst zentral, um in der Praxis systematisch und kompetent mit der Unternehmensnachfolge umgehen zu können. Häufig fokussieren die Betroffenen oder Ansprechpersonen wie Berater lediglich auf operative Fragen wie Finanzierung, Steueroptimierung, oder Vertragsgestaltung und vernachlässigen die strategische und vor allem normative Ebene. Die grösste Herausforderung liegt also darin, dass die wesentlichen Aspekte auf allen drei Ebenen zwischen den beiden Parteien Übergeber und Übernehmer abgestimmt werden können.

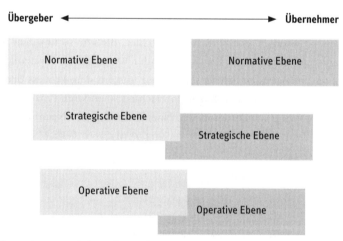

Abbildung 6: Normative, strategische und operative Fragen

150 Vgl. dazu auch Breuer 2009, S. 17.

4.1.1   Die normative Ebene: Werte, Prinzipien, Unternehmenskultur

In Anlehnung an die St.Galler Schule wollen wir zunächst eine Auseinandersetzung mit der Unternehmensverfassung (Struktur), der Unternehmenspolitik (Aktivität) und der Unternehmenskultur (Verhalten) suchen – also mit den Aspekten der normativen Ebene. Übertragen auf Familienunternehmen heisst das, sich mit den generellen Zielen des Familienunternehmens, den Zielen der Familie und des Unternehmens, mit den Prinzipien, Normen und Spielregeln, welche die Lebens- und Entwicklungsfähigkeit eines Familienunternehmens bestimmen, auseinanderzusetzen.[151] Nur so lässt sich prüfen, welche Nachfolgelösung am besten zur eigenen Kultur passt – oder ob die Kultur sich verändern muss, damit der Übergang reibungsloser funktionieren kann. In unserer Darstellung wird der Fokus auf dem Verhalten liegen, da dessen Konsistenz am ehesten überprüft werden kann.

Eine *Unternehmensverfassung* ist ein probates Mittel für eine formale Rahmenordnung. Sie regelt die Zwecksetzung und das Kompetenzsystem in einem Unternehmen und legt so seine innere Ordnungsstruktur fest. Sie bildet die Verhaltens-, Entscheidungs- und Gestaltungsgrundlage für die Unternehmensvertreter nach innen (z. B. Mitarbeitende) und nach aussen (z. B. Kunden und Stakeholder), stellt also einen konstitutiven, unveränderbaren Bestandteil der Unternehmenskultur dar, der durch die explizite Normierung der Verhaltensmöglichkeiten zum Ausdruck kommt. In Familienunternehmen, bei denen familiäre und betriebliche Interessen eng verwoben sind, sollte eine Unternehmensverfassung zwingend auf die Aspekte der Familie ausgeweitet werden. Diese bewusste Auseinandersetzung mit dem Selbstverständnis kann als Grundlage für spätere Entscheidungen und Handlungsmuster dienen (vgl. dazu Kapitel 4.2.1 auf Seite 97). Analog zu einer Unternehmensverfassung können die Familienelemente auch im Rahmen einer Familienverfassung oder eines Familienleitbilds erarbeitet werden; das zuständige Gremium wäre beispielsweise ein Familienrat.

In der Unternehmensverfassung wird die starke Verbundenheit und grosse Verantwortung des Unternehmers deutlich. Mit ihrer Anerkennung akzeptiert ein Übernehmer gleichzeitig die normativen Anliegen des Übergebers bzw. kann diese antizipieren, was eine zufriedenstellende Lösung begünstigt. Fehlt hingegen eine Unternehmensverfassung, sind die normativen Anliegen nur latent beobachtbar. Es entstehen leicht Missverständnisse, welche eine Nachfolge behindern.

Die *Unternehmenskultur* ist durch Werte, Normen und soziale Traditionen der Mitglieder eines Unternehmens respektive einer Familie geprägt. Sie entwickelt sich aus den kognitiven Fähigkeiten und den affektiv geprägten Einstellungen des ganzen Teams. Aus ihr resultiert die *Unternehmenspolitik*. Beide schaffen durch ihre sinnstif-

---

151 I. A. an Bleicher 1992, S. 56 und 58; Gomez, Zimmermann 1997, S. 22.

tenden Momente Stabilität und Vertrauen gegenüber den Partnern und Mitarbeitenden. Und beide können eine Unternehmensübernahme erschweren.

Der Begriff Unternehmenskultur kann unterschiedlich definiert werden. Nachstehend greifen wir auf Schein zurück, der drei Schichten der Unternehmenskultur differenziert – mit jeweils sichtbaren und unsichtbaren Aspekten (vgl. Abbildung 7).[152]

Abbildung 7: Elemente der Unternehmenskultur nach Schein[153]

Bei den *Grundannahmen* handelt es sich um unsichtbare, aber bewusst akzeptierte Zielsetzungen oder Ausrichtungen. So kann beispielsweise die Grundannahme verbreitet sein, dass alles planbar und kontrollierbar ist oder sich jede Person im Sinne des Stewardship-Approaches in den Dienst des Familienunternehmens zu stellen hat. Solche Grundannahmen können die Entscheidungsfindung und die Verhaltensweisen der Beteiligten und damit auch des Familienunternehmenssystems – je nach Fragestellung – förderlich oder hinderlich beeinflussen.

Bei *Normen und Werten* handelt es sich um konkretisierte Verhaltensrichtlinien, die das tägliche Tun und Lassen und die Ausrichtung beeinflussen. Mögliche Grundsätze sind beispielsweise, dass das eigene Handeln einer langfristigen Strategie unterzuordnen ist, dass die Gemeinschaft und der Familienfriede vor den ökonomischen Erfolg oder die Kundenbedürfnisse vor die individuellen Ziele und Bedürfnisse der Familienmitglieder gestellt werden. Solche Leitsätze machen die Werte und Werthaltungen sichtbar und müssen entsprechend aus der Organisation heraus erarbeitet werden, damit diese auch mitgetragen werden.

Artefakte schliesslich sind Symbole und Zeichen, welche eine Unternehmenskultur sichtbar machen. Mythen, Geschichten, Symbole und Zeichen haben in Familienunternehmen eine nicht zu unterschätzende Strahlkraft und stellen ein wichtiges Kommunikationsinstrument dar. Die physische Präsenz der Unternehmerfamilie, das Portrait

152 Schein 1995.
153 I.A. an Schein 1995.

eines Patrons im Eingangsbereich oder in Besprechungsräumen sind nur zwei Beispiele. Gerade diese Elemente können bewusst in den Gestaltungsprozess eingebaut werden, um Veränderungen sichtbar, spürbar und damit nachvollziehbar zu machen.

Bei einer Unternehmensnachfolge sollte die Unternehmenskultur schon in der Vorbereitungsphase einbezogen oder zumindest gespiegelt werden – auf allen drei Ebenen. Wir empfehlen, sie bei einer Auseinandersetzung über das Selbstverständnis des Familienunternehmens zum Thema zu machen (vgl. dazu weiter hinten in Kapitel 4.2.1 auf Seite 97). So kann sie zum Fundament für die anschliessende Lösungsfindung und Bewertung der Nachfolgeoptionen werden. Sie dient aber auch dem Nachfolger als Ausgangspunkt, um die Balance zu finden zwischen Wertschätzung und Pflege des Bisherigen und Veränderungen in der Zukunft. Die Beantwortung der Fragestellungen auf normativer Ebene beeinflussen in der Folge die Art und Weise der festzulegenden Nachfolgestrategien und deren anschliessende Umsetzung auf operativer Ebene (vgl. dazu auch den Fragekatalog im Anhang ab S. 193). Gerade in etablierten Unternehmen geht es um die Frage nach Traditionen, gelebten Werten und Regeln. Im Sinne der Sichtbarkeit kann beispielsweise der Umgang mit Vorbildern und Nachahmern, der Stellenwert von Ferien oder gar der Einfluss von religiösen Bräuchen thematisiert werden.[154]

4.1.2   Die strategische Ebene: Eigner- und Unternehmensstrategie

Auf der *strategische Ebene* geht es um Fragen der strategischen Positionierung des Unternehmens in einem Zeithorizont von drei bis fünf Jahren. Diese gewährleistet, dass das Unternehmen in der nächsten Phase eine klare Stossrichtung behält und Erwartungssicherheit für die beteiligten Anspruchsgruppen (Kunden, Mitarbeiter, Lieferanten) besteht. In Anlehnung an die St. Galler Schule hat das Strategische Management den Aufbau, die Pflege und die Nutzung von Erfolgspotenzialen, welchen entsprechend Ressourcen zugeteilt werden müssen, zum Ziel. Es werden dabei Richtlinien für das gesamte Unternehmen und seine Entwicklung festgelegt; etwa Organisationsstrukturen und Managementsysteme (Strukturen), Problemverhalten (Verhalten) und Programme (Aktivität).[155]

Das *strategische Programm* versucht die generellen, normativ formulierte Ziele so zu verankern, dass die Unternehmung eine einheitliche Stossrichtung erhält. Die strategische Planung versucht, die Ressourcen im Betrieb optimal einzusetzen. Dadurch sollen die Erfolgspotenziale der Unternehmung vergrössert bzw. neue erschlossen werden.

154 Müller-Tiberini 2008, S. 113 ff.
155 Vgl. Gomez, Zimmermann 1997, S. 22 ff.

Die *Organisationsstrukturen* bilden einen strukturellen Rahmen für die strategischen Programme und das Mitarbeiterverhalten. Diese Strukturen werden grundsätzlich von normativen Vorgaben der Unternehmensverfassung unterlegt. Sie bestimmen die Inhalte, die organisatorischen Prozesse und Dispositionssystemen. Solche Strukturen werden tendenziell als stabilisierend oder entwicklungsfähig betrachtet.

Das *Managementsystem* wird mit Hilfe eines gemeinsamen Moduls des Management-Konzepts dargestellt. Gängige Mittel dafür sind: Informationsgewinnung, Anwendungsorientierung, Verarbeitung und Kommunikation von Informationen. Das Problemlösungsverhalten der Mitarbeiter wird massgeblich durch die von der Unternehmenskultur geprägten Normen und Werte beeinflusst. Das strategische Problemverhalten wird dabei primär von denjenigen Personen getragen, welche die strategischen Entscheidungen erkennen und im Sinne des Agierens wahrnehmen. Dabei geht es um beabsichtigtes und vollzogenes Führungsverhalten, die aktive Gestaltung der jeweiligen Rolle sowie die damit verbundenen Verhaltensbegründungen und Verhaltensentwicklungen.

An der Schnittstelle zwischen Familie und Unternehmen geht es beispielsweise um die Frage, welche Rolle die Ressource Familie im Unternehmen spielt. Entsprechend kann die Familie oder das Familiensystem als Strategische Erfolgsposition verstanden und genutzt werden, was in der Literatur auch mit dem Begriff der «Familiness» umschrieben wird.[156] Weiter kann von Familienstrategie oder Eignerstrategie gesprochen werden. Dabei geht es neben der strategischen Auseinandersetzung mit der Unternehmensnachfolge auch um Fragen rund um die Vermögensplanung, die Liquiditätsplanung, Ausschüttungs- und Investitionspolitik bis hin zur Definition des eigenen Lebensstils und den damit verbundenen Ausgaben. Eine konkrete Eignerstrategie könnte beispielsweise lauten, dass konsequent Geld aus dem Unternehmen ins private Vermögen übertragen wird, um einerseits die persönliche Vorsorge zu gewährleisten, andererseits das Unternehmen möglichst schlank zu halten mit dem Ziel, sich möglichst viele Nachfolgeoptionen offen zu halten. Als Entscheidungsgrundlage für den Verteilerschlüssel kann beispielsweise ein Investitionsplan (Ersatzinvestitionen und Wachstumsinvestitionen) dienen sowie eine Definition des minimalen und maximalen Eigenfinanzierungsgrades. Ein Nebeneffekt dieser Eignerstrategie ist, dass die Lebens- und Entwicklungsfähigkeit des Unternehmens laufend bewusst reflektiert wird und der Gerechtigkeitsanspruch innerhalb der Familie im Falle einer familieninternen Unternehmensnachfolge eher eingelöst werden kann. So betrachtet steht die unseres Erachtens auf operativer Ebene beobachtete jährliche Steueroptimierung im Widerspruch zu einer Unternehmens- und Eignerstrategie.

---

156 Zellweger, Mühlebach 2008; Mühlebach 2004.

4.1.3   Die operative Ebene und ihre Rolle bei der Nachfolgeregelung

Das operative Management hat die Aufgabe, die normativen und strategischen Vorgaben in leistungs-, finanz- und informationswirtschaftliche Prozesse umzusetzen. Die operativen Tätigkeiten berücksichtigen den sozialen Aspekt durch Kooperation und Kommunikation zwischen den Ebenen. Die Module des operativen Managements lassen sich darüber hinaus als Ergebnisse des strategischen Managements bezeichnen. Es sind dies z. B. organisatorische Prozesse, Dispositionssysteme (Strukturen), Aufträge (Aktivität) und Führungsverhalten (Verhalten).

Die operative Ebene befasst sich mit einer eher kurzfristigen Periode von mehreren Monaten bis hin zu einem Jahr. Dieser Prozess steht in direktem Zusammenhang mit dem Verkaufsprozess und der Abwicklung der eigentlichen Unternehmensnachfolge. Dabei geht es um Tätigkeiten wie beispielsweise die Suche und Einführung eines Nachfolgers, die abschliessende Definition und Umsetzung der Eigentums- und Führungsnachfolge.

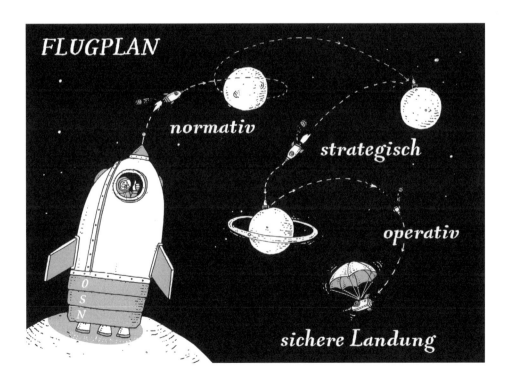

Fallbeispiel 6: Soll ich? Soll ich nicht?

Hans Kaufmann[157] hat in fast 30-jähriger, intensiver Arbeit eine namhafte Wirtschaftsprüfungsgesellschaft aufgebaut. Er ist geschieden und hat einen erwachsenen Sohn, der jedoch einen anderen Beruf erlernt hat. Hans Kaufmann ist jetzt im Pensionsalter und weiss, dass er seine Nachfolge regeln sollte. Der folgende Bericht basiert auf der Beobachtung eines Nachfolgeberaters.

Die Gesellschaft ist Hans Kaufmanns Ein und Alles. Der berufliche Erfolg hat auch sein privates Leben geprägt – so hat der Unternehmer immer alle gesellschaftlichen Kontakte dazu genutzt, neue Mandate zu akquirieren.

Seit einiger Zeit wird er vom Verwaltungsrat bedrängt, endlich die Nachfolge zu regeln. Diesen Gedanken hat er lange beiseitegeschoben, aus zeitlichen Gründen; das rasante Wachstum der Gesellschaft hat seinen vollen Einsatz gefordert. Im Unternehmen gibt es einen sehr begabten jungen Mann, der das Zeug hat, die Gesellschaft erfolgreich weiterzuführen. Deshalb gibt Hans Kaufmann dem Drängen des Verwaltungsrates nach und erklärt sich bereit, seine Aktien zu verkaufen – die einzige Option, die für ihn in Frage kommt. Sein erarbeitetes Vermögen will er steuerfrei realisieren.

Hans Kaufmann will den Wert seiner Aktien wissen. Von befreundeten Treuhändern hat er gehört, dass ein Unternehmenswert von 120 % des Umsatzes durchaus realistisch sei. Bei nächster Gelegenheit erwähnt er diese Zahl gegenüber dem VR. Wie erhofft führt dieser ein erstes Gespräch mit dem potenziellen Übernehmer Felix Niederer. Der zeigt grundsätzliches Interesse, sich an der Gesellschaft zu beteiligen. Gleichzeitig signalisiert er, dass er bereits von grossen Mitbewerbern kontaktiert worden sei. Offenbar hat er ein Angebot, dort als Partner einzusteigen – nicht verwunderlich in einer Branche, in der man sich untereinander gut kennt.

Nur wenige Wochen später findet sich Hans Kaufmann unversehens in den Nachfolgeverhandlungen. Das Thema hat eine ungewollte Eigendynamik entwickelt. Was war geschehen? Felix Niederer hat den Aktienpreis von 120 % des Umsatzes nicht akzeptiert. Es müsse doch berücksichtigt werden, dass er mitgeholfen habe, diesen Umsatz aufzubauen. Ausserdem verfüge er nicht über die notwendigen finanziellen Mittel. Für ihn ist auch die weitere Zukunft entscheidend, deshalb möchte er gern Auskunft zu folgenden Fragen:

---

157 Alle Namen geändert.

- Wann will sich Hans Kaufmann aus der operativen Tätigkeit zurückziehen?
- Wann sollen die persönlichen Mandate übergeben werden?
- Wie lange will er sein Büro behalten?
- Was geschieht mit dem Firmenauto?

Hans Kaufmann ärgert sich über diese Fragen. Er weiss nämlich keine Antworten darauf; will sie gar nicht wissen. Auf jeden Fall will er noch fünf Jahre in der Gesellschaft weiterarbeiten. Natürlich bei vollem Lohn, Spesen und Geschäftsauto. Das kann er auch sehr gut begründen: Nur so seien Kontinuität und Sicherheit gegeben.

Kurze Zeit später liegt ein unterschriftsreifer Übernahmevertrag auf seinem Schreibtisch. Darin sind alle Kompromisse der letzten Wochen, die der Verwaltungsrat mit ihm und Felix Niederer ausgehandelt hat, niedergeschrieben. Mit Unterzeichnung des Vertrags würde er seine Aktienmehrheit per sofort verlieren. Beim Preis hatte er Konzessionen gemacht, dafür sollte er die nächsten Jahre nach Lust und Laune arbeiten können. Auch die Finanzierung war geregelt, den Kaufpreis hätte er sofort auf seinem Bankkonto.

«Ist es das, was ich wirklich will?», fragt sich Hans Kaufmann. Seit Tagen und Wochen beschäftigt ihn diese Frage. Wäre es nicht besser und lukrativer, seine Gesellschaft an einen grossen Mitbewerber zu verkaufen? Soll er überhaupt verkaufen? In drei, vier Jahren könnte er sicher einen besseren Preis realisieren. Es ist ihm gar nicht wohl in seiner Haut. Er wird zu einer Entscheidung gedrängt, die er eigentlich gar nicht treffen will. Und so lässt er die Verträge in der Unterschriftenmappe liegen.

Drei Wochen später, es ist kurz vor Weihnachten, wird er vor ein Ultimatum gestellt. Felix Niederer erklärt im rundheraus, dass er die ganze Nachfolge abblasen und kündigen werde, wenn der Vertrag nicht dieses Jahr unterschrieben werde. Er müsse wissen, woran er sei, denn auch für ihn bedeute der Kauf eine wesentliche Weichenstellung. Hans Kaufmann ist ausser sich: Nach 30 Jahren als erfolgreicher Unternehmer soll er zu einer Unterschrift gezwungen werden? Er trägt sich mit dem Gedanken, den ganzen Deal aus Prinzip platzen zu lassen. Doch nachdem sein Ärger abgeflaut ist, drängen wieder sachliche Überlegungen an die Oberfläche. Eigentlich hat die Lösung auch gute Seiten. Zum alten Eisen gehört er noch lange nicht, sonst hätte ihn Felix Niederer nicht gebeten, noch einige Jahre weiterhin aktiv mitzuarbeiten. Zudem findet er den jungen Mann sympathisch. Er fühlt sich an sich selbst erinnert. In der Jugend war er auch ungestüm und fordernd; eigentlich genau die richtige Mischung für einen erfolgreichen Unternehmer. Der Weggang von Felix Niederer würde eine grosse Lücke hinterlassen, die kurzfristig nicht zu schliessen wäre. Das würde die Entwicklung der Gesellschaft zurückwerfen, vermutlich um Jahre. Und Hans Kaufmann muss sich auch ehrlich zugestehen, dass er gar keine Lust hat, sich ums Tagesgeschäft zu kümmern.

Also was tun? Unterschreiben? Nicht unterschreiben? Hans Kaufmann ist hin- und hergerissen zwischen sachlogischen Argumenten und widerstreitenden Emotionen. Er hat das Gefühl, dass sein ganzes Umfeld ihn zur Unterschrift drängt. Der äussere Druck steigt, doch in seinem Innern steigt der Druck ebenfalls. Er weiss, dass er sich entscheiden muss. Er wünscht, dass jemand käme und ihm sagte: «Bist du verrückt, das darfst du auf keinen Fall unterschreiben!» Doch niemand kommt.

Am Morgen des 24. Dezember unterschreibt Hans Kaufmann den Vertrag. Anschliessend geht er allein zum Mittagessen, in seinen Club.

In diesem Fallbeispiel manifestieren sich die drei Ebenen des St.Galler Nachfolge Modells im inneren Widerstreit des Unternehmers (normative und strategische Ebene) und in der nach aussen sichtbaren Hinhaltetaktik (operative Ebene). Aus strategischer Sicht spricht vieles dafür, die Aktien an Felix Niederer zu verkaufen, das ist die sachlogische Dimension. Doch aus normativer Sicht spricht alles dagegen, denn mit diesem Schritt gibt Hans Kaufmann sein Lebenswerk aus der Hand. Die operative Ebene bietet ihm die Argumente und Instrumente, um eine Entscheidung hinauszuzögern.

Wenn Felix Niederer kein Ultimatum gestellt hätte, wäre der MBO vermutlich im Sand verlaufen. Felix Niederer konnte jedoch nicht ahnen, dass sein Ultimatum emotional negativ empfunden, aber auf der normativen Ebene positiv eingeordnet wurde. Hans Kaufmann konnte das Verhalten von Felix Niederer in seinem normativen Weltbild einordnen: «Früher war ich auch so.». Damit wurde die Brücke geschlagen zwischen der normativen und der strategischen Ebene. Jetzt konnte es Hans Kaufmann auch vor sich selbst rechtfertigen, den Vertrag (operative Ebene) zu unterzeichnen.

Aus heutiger Sicht, gut zwei Jahre nach Vertragsunterzeichnung, ist das Verhältnis von Hans Kaufmann und seinem Nachfolger von gegenseitiger Wertschätzung geprägt, was die beiden nicht daran hindert, sich hin und wieder auf operativer Ebene miteinander zu messen.

4.2   Die fünf zentralen Themenfelder einer Unternehmensnachfolge

In Ergänzung an die prozessorientierten Literaturbeiträge gibt es einige Versuche, die im Rahmen einer Unternehmensnachfolge anstehenden Themen zu strukturieren und zusammenzufassen.[158] Ausgehend von den drei eben vorgestellten Ebenen, auf denen sich eine Nachfolge abspielt, differenzieren wir im Themenrad des St.Galler Nachfolge Modells fünf Themenfelder (vgl. dazu Abbildung 8). Diese Themenfelder sind bewusst in einem Kreis aufgebaut – nicht weil sie entlang einer zwingenden Reihenfolge zu bearbeiten sind, sondern vielmehr deshalb, weil dadurch die Zyklizität zum Ausdruck gebracht werden soll, aber auch die gegenseitige Abhängigkeit. Die Gewichtung der Themenfelder sowie die Intensität deren Bearbeitung hängt stark davon ab, in welcher Phase sich der Nachfolgeprozess gerade befindet, aber auch davon, ob sie von der Übergeberseite oder der Übernehmerseite bearbeitet werden. (Für konkrete Fragestellungen verweisen wir auf den Anhang ab Seite 193)

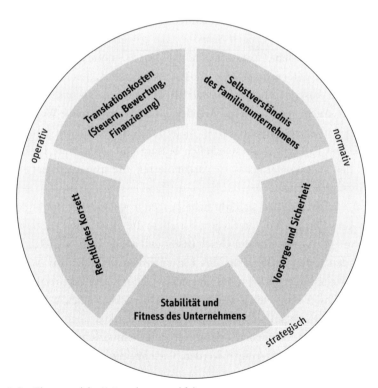

Abbildung 8: Das Themenrad der Unternehmensnachfolge

158 Vgl. beispielsweise Müller Ganz 2000; Hegi, Staub (Hrsg.) 2001.

Für den *Übergeber* gilt es, in einer ersten Vorbereitungsphase die Auseinandersetzung mit dem Selbstverständnis von Familie und Unternehmen zu suchen. Diese primär normativ orientierte Sichtweise legt alle notwendigen Grundlagen, um die Nachfolgestrategie und die anschliessende operative Umsetzung auf eine gesunde Basis zu stellen. Parallel dazu wird eine Reflexion des Themenfelds Vorsorge und Sicherheit notwendig, um der Zeit nach der unternehmerischen Aktivität, in der kein laufendes Einkommen mehr erzielt wird, beruhigt entgegenblicken zu können. Wer ein Unternehmen in die nächste Generation überführt, ist verpflichtet, ein fittes und zukunftsfähiges Unternehmen respektive ein zukunftsträchtiges Geschäftsmodell zu übertragen. Denn heutzutage zählen primär zukünftige Cash-Flows und nicht Substanzwerte in Form von Immobilien und Mobilien. Insbesondere vor dem Hintergrund, dass immer mehr Unternehmen einer familienfremden Nachfolge zugeführt werden, kommt der Finanzierung eine grosse Bedeutung zu.

Der Übernehmer sollte in der Lage sein, den Kaufpreis innerhalb einer vernünftigen Frist zu refinanzieren. In den meisten Fällen geht man von einer Refinanzierungszeit von vier bis sechs Jahren aus. Das rechtliche Korsett gilt es zu berücksichtigen, wobei der Handlungsspielraum je nach Ausgangslage grösser oder kleiner ist. Gleichzeitig bieten sich hier verschiedene Gestaltungsmöglichkeiten – ohne jedoch einem Formalismus und einer nicht-unternehmerischen Lösung zu verfallen. Steuern, Gebühren, Zinsen und ähnliche Ausgaben betrachten wir als Transaktionskosten, welche optimiert werden können. Auch wenn in diesen Angelegenheiten eine gewisse Weitsicht notwendig ist – die Nachfolgelösung sollte u. E. nicht durch diese Themen primär getrieben werden. In jedem Fall gibt es diesbezüglich bessere und schlechtere Lösungen, doch sind diese in den Dienst einer normativ vordefinierten und strategisch gut entwickelten Nachfolgelösung zu stellen.

Dem *Übernehmer* stellen sich ähnliche Fragen – wenngleich mit anderer Dringlichkeit und Gewichtung. Ihn interessiert vor allem die Fitness und Zukunftsfähigkeit des Unternehmens. Nur wer an ein Geschäftsmodell glaubt, echtes Zukunftspotenzial erkennt und den festen Willen hat, das Unternehmen mit aller zur Verfügung stehenden Kraft weiterzuentwickeln, hat eine echte Chance. Die Potenziale müssen dem Übernehmer bekannt sein – auch wenn sie dem Übergeber vielleicht nicht kommuniziert werden. Sehr rasch sollten sich Übernehmer Gedanken über das Familienunternehmensselbstverständnis machen – denn eine unternehmerische Initiative sollte auch von der eigenen Familie mitgetragen werden. Gleichzeitig gilt es zu überlegen, wie die Charakterisierung des Familienunternehmens vor der Übernahme umschrieben werden kann (Ist-Zustand), wie ein Soll-Zustand aussieht und welche Umsetzungsmöglichkeiten existieren (vgl. dazu weiter hinten in Kapitel 4.3.2 auf Seite 128).

Die Vorsorge stellt unter Umständen noch nicht das wichtigste Ziel dar, doch Überlegungen zur Sicherheit respektive einer angemessenen Risikopolitik im Unternehmen und im Privaten ist auf jeden Fall empfehlenswert. Das rechtliche Korsett kann in der Regel neu ausgestaltet werden und die Transaktionskosten gilt es – in der gleichen Rolle wie beim Übergeber – im Dienste einer guten Unternehmensnachfolgelösung zu optimieren.

4.2.1   Das Selbstverständnis des Familienunternehmens

Beim Selbstverständnis des Familienunternehmens geht es darum, die aktuellen und zukünftigen Ziele und Präferenzen zu erkennen und darzulegen. Dabei kann sowohl eine individuelle wie auch eine organisationale Sicht eingenommen werden. Beim ersten handelt es sich um die persönlichen Präferenzen, Ziele und Erwartungen. Bei der organisationalen Sicht können sehr wohl individuelle Meinungen vorherrschen – die Frage ist jedoch, wo das gemeinsame und angestrebte Ziel liegt. Wie bereits ausgeführt, stehen dabei Fragen rund um die normativen Grundwerte im Vordergrund.

Stellt man Unternehmern die Frage, welche persönlichen Ziele sie bei einer Unternehmensnachfolge verfolgen, werden in der Regel Aspekte wie der Fortbestand des Unternehmens, die Unabhängigkeit des Unternehmens sowie der Erhalt von Arbeitsplätzen als wichtigste Punkte genannt.[159] Dies ist ein deutliches Signal, dass Unternehmer – in unserem Kulturkreis – nach zukunftsorientierten Lösungen Ausschau halten und das schnelle Geld weniger im Vordergrund steht. Werden Nachfolgeoptionen (Nachfolgegestaltung i.e.S.) priorisiert, wird einer familieninternen Nachfolge, einem Management-Buy-out oder Management-Buy-in aus emotionaler Sicht oft der Vortritt gegeben. Der Verkauf an strategische Investoren oder Finanzinvestoren liegt bei der Mehrzahl der Unternehmer auf dem letzten Platz. Dies führt sehr oft zu einem Preisnachlass. Die zentrale Frage ist – auch wenn es um die Vorbereitung einer Verkaufsverhandlung geht –, wo der Grenznutzen liegt, respektive wie stark die persönlichen, nichtfinanziellen Ziele verankert und damit resultatswirksam sind.[160]

Bei Unternehmern, die vor einer familieninternen Nachfolge stehen, spielen neben dem Verbleib des Unternehmens innerhalb der Familie vor allem die gerechte Verteilung des Erbes, die Vermeidung von familieninternen Streitigkeiten sowie die finanzielle Absicherung der Familie eine Rolle im Zielsystem, was zu paradoxen Situationen führen kann.[161] Wie kann das Unternehmen an ein Kind übertragen werden, ohne dass das zweite Kind das Nachsehen hat? Sind beispielsweise genügend finanzielle Mittel im Privatbereich aufgebaut worden, um die Nicht-Nachfolger finanziell zu kompen-

---

159 Halter, Baldegger, Schrettle 2009; Frey, Halter, Zellweger 2005.
160 Vgl .dazu das Thema Bewertung und Total-Value Konzept in Kapitel 4.2.5.
161 Für Paradoxien in Familienunternehmen vgl. Tabelle 2, Seite 32.

sieren? Wie kann im Dienste des Familienunternehmens ein Erbschaftsverzicht oder -teilverzicht erwirkt werden, damit die Verletzung der Pflichtteilsansprüche im Erbfall vertraglich abgesichert sind? Aus juristischer Sicht sind solche Fragen grundsätzlich einfach zu regeln – die familieninterne Verankerung jedoch gestaltet sich ungleich schwieriger und stellt hohe Anforderungen an das Familienbewusstsein, die geteilte Familienkultur und die gelebten Werte.

Neben den persönlichen Zielen hat auch die Auseinandersetzung mit den Werten und Werthaltungen der Familie als Ganzes eine hohe Bedeutung (vgl. dazu Kapitel 4.1). Steht die Familie primär im Dienst des Unternehmens, sodass die Unternehmensstrategie möglichst optimal umgesetzt werden kann, oder steht das Unternehmen mehr im Dienst der Familie, als Arbeitgeber und zur Pflege des Lebensstandards? Hat dies Auswirkungen auf das Anforderungsprofil des Nachfolgers, bezüglich Methoden-, Fach-, Führungs- und Branchenkompetenz? Wie wurden Unternehmensnachfolgen in der Vergangenheit gelöst, welche dieser Erfahrungen prägen die heutige Entscheidung mit? Verschiedene Praxisbeispiele zeigen, dass Familienunternehmen aus der Vergangenheit oft Grundsätze abgeleitet haben, die in der Organisation tief verankert sind. Diese oft über Jahrzehnte tradierten Grundsätze dienen als Entscheidungsgrundlage bei ähnlich gelagerten Fragestellungen und werden nicht in Frage gestellt. So kann beispielsweise die letzte oder vorletzte Generation schlechte Erfahrungen mit Kooperationen gemacht haben, weshalb der Grundsatz folglich über zwei Jahrzehnte lautet: «Als Familienunternehmen gehen wir keine Kooperation ein.» Unter Umständen gilt es, solche Grundsätze kritisch zu hinterfragen. In traditionsreichen Familienunternehmen stellt sich die entscheidende Frage, ob die Balance zwischen Bewahrung der Tradition und Veränderung für eine erfolgreiche Zukunft gefunden werden kann.

Aus organisationaler Sicht können Familienfeste, Familientagungen oder die Etablierung eines Familienrats geeignete Plattformen abgeben, um Fragestellungen auf normativer Ebene, also rund um das Selbstverständnis des Familienunternehmens, zu diskutieren und zu entwickeln. Aus instrumenteller Sicht können diese Erkenntnisse in ein Familienleitbild, eine Familienverfassung, einen Aktionärsbindungsvertrag oder einen Gesellschaftervertrag einfliessen.

Ein weiteres Instrument, um die eigene (Familien)Kultur zu erschliessen, ist die Erstellung einer Kulturkarte.[162] Dabei werden im Team mögliche Artefakte und Symbole im und rund ums Familienunternehmen identifiziert, um diese in einem zweiten Schritt hinsichtlich Bedeutungsinhalt, Wirkung, Normen und Ansichten zu umschreiben. Dabei werden gemeinsame und unterschiedliche Wahrnehmungen herausgearbeitet. Im Anschluss wird ein Soll-Zustand im Sinne von Werten und Werthaltungen definiert. Die zentralen Fragen im Kontext der Unternehmensnachfolge dabei können sein:

162 Felden, Pfannenschwarz 2008.

Was soll davon weiterleben? Wissen die Nachfolger, wohin sie mit dem Unternehmen möchten, also welche Strategie sie einschlagen sollen? Wie können die neuen Ziele mit dem neuen Führungsstil in Einklang gebracht werden? Entspricht der definierte Soll-Zustand in seiner Tiefe den Grundanforderungen aus Zeitgeist, der Persönlichkeit des neuen Führungsteams und den tradierten Wertvorstellungen? Was bedeutet für uns Macht und Erfolg? Welche Sozialbeziehungen sind uns als Familie wichtig?

Neue Werte etablieren und eine Unternehmenskultur ändern – dies lässt sich weder stringent planen noch einfach umsetzen. Denn eine Kultur befindet sich stets im Wandel, weshalb Kulturarbeit als dynamischer, andauernder und komplexer Prozess verstanden werden muss.[163] Laufende Irritation mittels Kommunikation in Symbolen und der Einsatz neuer Rituale sind hier mögliche Ansätze. So kann beispielsweise die Einführung eines Besprechungsrhythmus oder von produktiven Sperrzeiten – also das Schaffen von Zeiträumen, in denen alle möglichst ungestört arbeiten können – auf die Organisation einen grossen Einfluss ausüben.[164]

4.2.2   Vorsorge und Sicherheit

Vorsorge und Sicherheit sind zwei Aspekte, die vor allem aus der Perspektive der Familie betrachtet werden müssen. Dazu gehören neben der Altersvorsorge die Auseinandersetzung mit der eigenen Gesundheit, die Gestaltung und Pflege sozialer Bindungen und der soziale Status. Gerade die Statusveränderung vom Unternehmer zum Pensionär stellt emotional eine hohe Hürde dar und ist ein zentraler Treiber des Nicht-Loslassen-Könnens. Einladungen zu Wirtschafts- und Netzwerkveranstaltungen, die im aktiven Unternehmerleben häufig vorkommen und ein Element der Anerkennung sind, fallen jetzt auf einmal weg. So entsteht die Herausforderung, die sozialen Beziehungen ausserhalb der unternehmerischen Aktivität frühzeitig neu aufzusetzen – vorausgesetzt, dass dies auch ein persönliches Anliegen ist. Eine Aktivität in Politik, Verbandsstrukturen, Vereinen oder sozialen Einrichtungen kann auch nach der Geschäftsaufgabe sinn- und anerkennungsstiftend sein. Wir haben zudem beobachtet, dass einzelne Unternehmer, die ihre Firma zu einem guten Preis verkauft haben, der Region oft etwas zurückgeben wollten und beispielsweise eine Stiftung ins Leben gerufen haben oder, sich als Mäzen engagieren und Anerkennung und Wertschätzung geniessen.

In Bezug auf die Sicherheit gilt es, die eigene Gesundheit und Leistungsfähigkeit in die Evaluation einzubeziehen. Der biologische Lebenszyklus eines Individuums ist endlich; Krankheit und Tod sind als latentes Risiko immer Begleiter unseres täglichen

163 Felden, Pfannenschwarz 2008, S. 46
164 Vergleiche dazu die Phase Nachbereitung in Kapitel 4.3.2 auf Seite 128.

Tuns. Lediglich auf unsere Lebensqualität können wir bedingt Einfluss nehmen. Die Ausfallmöglichkeit ist unseres Erachtens ein Element von strategischer Relevanz. Was geschieht mit dem Unternehmen bei einem unvorhergesehenen Ausfall des Unternehmers, wie wird es fortgeführt und auf wen geht es über?[165] Daneben gilt es auch die Frage zu beantworten, wie innerhalb der Familie mit den Altersrisiken Tod, Invalidität, Krankheit sowie geistiger oder körperlicher Bedürftigkeit umzugehen ist, wobei wir uns nachstehend auf die Altersvorsorge fokussieren.

Für ein Unternehmerpaar lautet die wichtigste Frage, ob der eigene Lebensstil und die finanziellen Zielsetzungen nach der Arbeitsniederlegung aufrecht erhalten werden können, auch unter den Bedingungen von zum Beispiel Krankheit. Wir haben beobachtet, dass viele Unternehmer ein sehr überschaubares Zielsystem haben. Zeit für den eigenen Garten oder die Enkelkinder, die eine oder andere Kurzreise, die Erschliessung gewisser Themen über Bücher und Zeitschriften, zurückgestellte Aktivitäten wieder aufnehmen – eher geht es um solche Anliegen als um die Realsierung kühner Träume wie Weltreise, Kauf einer Jacht oder Neubau einer Villa. Trotzdem gilt es, die Möglichkeiten der Altersvorsorge frühzeitig und differenziert zu analysieren.

In Bezug auf den biologischen Lebenszyklus eines Unternehmers und seine Grundbedürfnisse kann in stark vereinfachter Form von der «auf dem Kopf stehenden Maslow-Pyramide» gesprochen werden: Von heute auf morgen fliessen mehr Mittel ab als zufliessen. Dieser Umstand kann selbst dort zu Existenzängsten führen, wo nachweislich genügend Vermögen vorhanden ist, selbst für den Fall, die Betroffenen würden krank und pflegebedürftig. Eine 30-jährige Grundlogik wird unverhofft geändert – die Grundbedürfnisse und der Wunsch nach Sicherheit stehen jetzt wieder an oberster Stelle. Der *persönlichen Altersvorsorge* gilt es daher frühzeitig genügend Aufmerksamkeit zu schenken. Eine eigene Umfrage bei über 55-jährigen Unternehmern hat ergeben, dass im Durchschnitt rund 45 Prozent der Unternehmer noch keine Massnahmen bezüglich ihrer persönlichen Vorsorge getroffen haben.[166] Erschreckend ist, dass diese Quote bei den Vertretern von Kleinstunternehmen bei 60 Prozent liegt – und dies stellt die grosse Mehrheit der Unternehmerlandschaft dar. Unseres Erachtens geht es folglich um Existenzfragen und weniger darum, ob sich ein Unternehmer nach dem Verkauf seines Lebenswerks einfach alles leisten kann. Die oft beobachtete Strategie, dass das Unternehmen selbst ein fixer Bestandteil der persönlichen Altersvorsorge darstellt, ist gefährlich, denn eine Garantie, dass das Unternehmen verkauft werden kann, gibt es nicht. Entsprechend muss eine gesunde Balance zwischen betrieblicher und privater Vorsorge gefunden werden. Dabei sind die steuerlichen Implikationen, die Ertrags- und Vermögensrisiken gebührend zu berücksichtigen.

---

165 Vgl. dazu auch weiter hinten in Bezug auf Ehe- und Erbrecht oder den Notfallplan.
166 Halter, Schrettle, Baldegger 2009, S. 24.

Neben der Suche nach entsprechenden Produkten und Lösungsmöglichkeiten – die am besten in Zusammenarbeit mit entsprechenden Experten erschlossen werden – gilt es unseres Erachtens, gewisse gesellschaftliche Veränderungen mit zu berücksichtigen. Bei der Altersvorsorge lassen sich sechs Megatrends feststellen:[167]

– Trend 1: Individualistische Auffassungen prägen das persönliche, familiäre, berufliche und gesellschaftliche Leben.
– Trend 2: Das Bild der Familie wird zunehmend von wechselnden Paarbeziehungen, kinderlosen Doppelverdienern und Familien am Existenzminimum geformt.
– Trend 3: Der Arbeitsmarkt wird immer dynamischer – verursacht durch einen weltweiten Standortwettbewerb und technologische Innovationen.
– Trend 4: Die Kosten für ein gepflegtes und immer längeres Rentnerleben steigen in einer alternden Wohlfahrtsgesellschaft unweigerlich.
– Trend 5: Moderne Finanz- und Versicherungsprodukte gewinnen zunehmend an Bedeutung. Damit steigen die Anforderungen an Kunden, Dienstleister, Gesetzgeber und Aufsicht.
– Trend 6: Die Nachfrage nach einfachen und verlässlichen Informationen steigt. Komplizierte Sachverhalte beeinträchtigen zunehmend die Entscheidungsfähigkeit und das Vertrauen.

Fallbeispiel 7: Habe ich im Alter genug zum Leben?

Oskar Längrich ist Alleineigentümer der OLAG Apparatebau AG.[168] Er möchte das Unternehmen seinem Sohn übergeben. Die private Vorsorge ist jedoch ungenügend, was ihm grosse Sorgen bereitet. Deshalb ist er unsicher, ob er sich das überhaupt leisten.

Viel Herzblut hat Oskar Längrich in seine OLAG Apparatebau AG investiert. Ein solider und treuer Kundenstamm, 20 zuverlässige Mitarbeiter und ein guter Verdienst, was will man mehr? Jetzt steht Längrich kurz vor der Pensionierung. Sein jüngerer Sohn Claudio hat eine handwerkliche Ausbildung absolviert und sich technisch wie kaufmännisch weitergebildet. Er möchte den Betrieb übernehmen und hat auch das Zeug dazu. Er ist initiativ und packt zu, wo nötig. Dank seines offenen und sympathischen Auftretens kommt er bei Mitarbeitern und Kunden gut an. Längrich könnte rundum zufrieden sein.

167 Ackermann, Lang 2008.
168 Alle Namen geändert.

An einem regnerischen Sonntag brütet er über seinen Unterlagen und macht eine Art Vor-Pensions-Kassensturz. In sein schwarzes Notizheft schreibt er die wichtigen Finanzdaten, die er sich aus diversen Unterlagen herausgesucht hat:

maximale AHV Ehepaar-Rente:	CHF 41 000.–
Rente BVG gemäss Auszug	CHF 30 000.–
Zinsen Guthaben OLAG, 3 %	CHF 15 000.–
Total	CHF 86 000.–

«Das sind pro Monat etwas mehr als 7000 CHF; das ist zu wenig», denkt sich Längrich. «100 000 im Jahr werde ich schon brauchen.» Sein Vermögen steckt weitgehend in der OLAG: ein Guthaben von 500 000 CHF und die Aktien selber. «Was sind die Aktien wohl wert?», fragt er sich. «Und zu welchem Preis soll ich die Aktien an Claudio übergeben?» Auf keinen Fall will er seinen zweiten Sohn, Francesco, benachteiligen. Die Lösung muss fair sein. Doch was heisst fair? «Soll ich Claudio die Hälfte der Aktien als Erbvorbezug geben? Soll ich alle Aktien verkaufen und die Hälfte des Geldes Fancesco geben? Wovon soll ich dann leben?» Keine dieser Lösungen befriedigt ihn wirklich. «Am besten wäre es, wenn ich noch einen Lohn von 2000 CHF im Monat von der OLAG beziehen könnte.» Dieser Gedanke setzt sich bei Längrich fest. Am Montag will er mit Claudio darüber sprechen.

Claudio weiss schon im voraus, worum es geht. Seit einigen Wochen, meistens montags, kommt sein Vater und will wieder etwas bezüglich der Nachfolge besprechen. Doch immer geht es um unwesentliche Dinge. Das Hauptthema, wann und zu welchem Preis sein Vater den Betrieb übergeben will, wurde bisher nicht angesprochen. Deshalb ergreift Claudio nun die Initiative. Er vertröstet seinen Vater auf den nächsten Tag und meldet sich für den Nachmittag ab, um sich in Ruhe vorzubereiten. Er nimmt die Unterlagen des Treuhänders mit, um den Unternehmenswert zu berechnen. Dann trägt er folgende Daten zusammen:

– Wenn alles normal läuft und Claudio für sich einen vernünftigen Lohn einrechnet, sollte ein nachhaltiger Gewinn von 300 000 CHF erreichbar sein. Kapitalisiert er diesen mit 10 bis 15 %, ergibt das einen Ertragswert zwischen 2 und 3 Millionen.
– Es erstaunt Claudio nicht, dass der Substanzwert auch in dieser Grössenordnung liegt. Das ausgewiesene Eigenkapital beläuft sich nur auf 1 Million CHF, aber in den angefangenen Arbeiten und im Warenlager haben sich stille Reserven von 2 Millionen angehäuft.

- Der Ertragswert und der Substanzwert sind fast gleich gross, sodass ein Kaufpreis von 2,5 Millionen CHF angemessen sein sollte. Den Kaufpreis könnte er in rund 8 Jahren über die Gewinne refinanzieren.

Anschliessend legt sich Claudio eine Strategie für die Sitzung zurecht. Er weiss, dass insbesondere seine Mutter Angst hat, im Alter zu wenig Geld zum Leben zu haben. Deshalb ist es psychologisch wichtig, dass er seinen Eltern ein zusätzliches Einkommen zusichern kann. 10 Jahre lang 5000 CHF im Monat müsste für den Betrieb problemlos finanzierbar sein. Das sind insgesamt 600 000 CHF. Nach Abzug dieser Lohnfortzahlungen müsste der Kaufpreis auf 2 Millionen CHF reduziert werden. Damit es einen klaren Schnitt gibt, will Claudio alle Aktien auf einmal übernehmen. Den Kaufpreis möchte er als Darlehen stehen lassen. Eine jährliche Amortisation von 50 000 bis 100 000 CHF sollte bei einem normalen Geschäftsgang möglich sein.

Claudio ist überzeugt, dass sein Vorschlag attraktiv und fair ist und seine Eltern zustimmen werden. Ob das Darlehen wirklich in dieser Zeit zurückbezahlt werden muss, ist vermutlich gar nicht so wichtig. Dank der hohen stillen Reserven ist das Risiko für seinen Vater überschaubar. Wenn er will, kann er noch im Verwaltungsrat bleiben und Einsicht in den Geschäftsgang nehmen.

Auch für Claudio selbst ist die Lösung vorteilhaft. Die Lohnfortzahlung läuft über den Geschäftsaufwand. Gleichzeitig reduziert sich der Druck bezüglich Verzinsung und Amortisation des Darlehens. Wenn das Darlehen «am Schluss» nicht voll zurückbezahlt ist, dann spielt dies auch keine Rolle. Im Erbfall wird das Darlehen bei der Erbteilung angerechnet.

Am folgenden Nachmittag trifft sich Claudio mit seinem Vater und unterbreitet ihm seinen Vorschlag. Der geht nach einem halbstündigen Gespräch darauf ein – sichtlich erleichtert. Mit Claudios Lohnangebot hat er mehr Einkommen als nötig, was auch seine Ehefrau beruhigen wird. Den Unternehmenswert hätte er, Längrich, niemals so hoch eingeschätzt. Doch die Berechnungen seines Sohnes sind plausibel; es zeigt sich, dass er ein werthaltiges Unternehmen erschaffen hat, das er nun problemlos übergeben kann. Sein Sohn hat einmal mehr bewiesen, dass er fähig ist, die Zügel im richtigen Moment in die Hand zu nehmen und eine gute Lösung vorzuschlagen. Das macht Längrich stolz. Angst um seine Zukunft hat er nun nicht mehr.

Viele Unternehmer können sehr gut mit Zahlen und Finanzen umgehen. Doch wenn es um die eigene Vorsorge und um den Wert des eigenen Unternehmens geht, sind sie überfordert. Die Materie ist sicher komplex, aber das ist nur der sachlich-logische Aspekt. Rein instinktiv wehren sich die meisten dagegen, sich mit der eigenen Endlichkeit, mit dem Tod auseinanderzusetzen. Dies ist verständlich, weshalb es nötig ist, dass andere sich damit beschäftigen. Im vorliegenden Fall hat der Sohn diese heikle Aufgabe übernommen. Damit hat er nicht nur ein Sachproblem gelöst, sondern seine Eltern auch von einem emotionalen «Klotz am Bein» befreit.

Diese Befreiung ist sehr wichtig und sollte Bestandteil jeder Nachfolgelösung sein. Denn sie schafft die Voraussetzung für eine emotional unbelastete Übergabe.

Die finanziellen Aspekte einer Nachfolge dürfen nicht nur in der Sach-Ebene betrachtet, sondern müssen auch in ihrer emotionalen Dimension berücksichtigt werden. Es besteht immer eine mehr oder minder starke Verknüpfung zwischen der operativen und der normativen, resp. strategischen Ebene.

4.2.3   Stabilität und Fitness des Unternehmens

In Kapitel 3.2.1 (Seite 64) wurde erläutert, dass die Bedeutung der familienexternen Nachfolge steigt. Wie nachstehend aufzuzeigen ist, steigen damit die Anforderungen an die Stabilität und Fitness des Übertragungsobjekts; denn ein externer Käufer will vor allem wissen, welches Potenzial das Unternehmen hat. .

Die Gewichtung der Potenziale hängt vom Käufer ab – aber bei allen steht die Leistungs- und Entwicklungsfähigkeit des Unternehmens im Vordergrund. Entsprechend bedeutsam sind ein in den Grundzügen funktionierendes Geschäftsmodell und eine sinnvolle Unternehmensstrategie. Getrieben wird die erwartete Zukunftsfähigkeit durch potenzielle Käufer mitunter durch zwei Elemente. Zum einen – wir haben bereits darauf hingewiesen – findet bei der Unternehmensbewertung zunehmend der Ertragswert Berücksichtigung. Dies bedeutet, der Unternehmenswert wird auf Basis von in der Zukunft anfallenden Cash-Flows berechnet. Gleichzeitig handelt es sich um Planzahlen, die im Unterschied zu Substanzwertmethoden mit gewissen Risiken behaftet sind (vgl. dazu später in Kapitel 4.2.5).

Ein zweites Element stellt die Finanzierungsstruktur der Unternehmensübernahme dar. Je höher der Anteil der Fremdfinanzierung ist, desto wichtiger ist ein leistungsfähiges Geschäftsmodell, denn in der Regel muss die Refinanzierung in 4 bis 6 Jahren möglich sein. Die Entwicklung des Unternehmens wird als Ganzes betrachtet (z.B. Wachstumsverlauf, die Gewichtung der Geschäftsfelder oder die Kundenstruktur), dazu kommt die Zuverlässigkeit respektive Planbarkeit: Ist ein Unternehmen beispielsweise eher konjunkturresistent, wird eine Fremdfinanzierung einfacher ausfallen.[169]

169 Zum Thema Finanzierung vgl. nachstehend Kapitel 4.2.5.

Beim Geschäftsmodell geht es um die Art und Weise, wie ein Unternehmen, ein Unternehmenssystem oder eine Branche am Markt Werte schafft. Basierend auf unterschiedlichen Beiträgen können acht tragende Elemente eines Geschäftsmodells als Synthese formuliert werden.

Geschäftsmodell	
– Leistungskonzept	– Ertragskonzept
– Kommunikationskonzept	– Wachstumskonzept
– Organisationsform	– Kompetenzkonfiguration
– Koordinationskonzept	– Kooperationskonzept

Abbildung 9: Die acht Elemente eines Geschäftsmodells[170]

Mit der Frage nach dem *Leistungskonzept* wird festgelegt, für welchen Kunden welcher Nutzen geschaffen werden soll. Das *Kommunikationskonzept* beschäftigt sich damit, wie die Leistung im relevanten Markt kommunikativ verankert wird, beispielsweise mittels Werbung und Public Relation. Das *Ertragskonzept* zeichnet die Wege auf, wie mit dem Geschäftsmodell Einnahmen erzielt werden, und das *Wachstumskonzept*, wie das Geschäftsmodell im Laufe der Zeit ausgebaut werden kann und soll. Die *Kompetenzkonfiguration* geht der Frage nach, welche Kernkompetenzen notwendig sind, die *Organisationsform*, welche Reichweite das Unternehmen hat und anstreben soll. *Kooperationskonzept* und *Koordinationskonzept* zeigen auf, mit welchen Kooperationspartnern zusammengearbeitet werden und welches Koordinationsmodell zur Anwendung kommen soll.

Die entscheidende Frage bei einer Unternehmensnachfolge ist nun, wie gut das zu übertragende Unternehmen im Branchenvergleich dasteht und ob es ausreichend attraktiv ist. Der Verkäufer muss die Stärken hervorheben – aber im vollen Bewusstsein der Schwächen, denn diese werden von einem potenziellen Käufer rasch erkannt und spätestens bei der Verhandlung über den Transaktionspreis schonungslos ins Feld geführt.

Neben der eigentlichen und potenziellen Leistungsfähigkeit stehen auch die *Struktur, Grösse und Substanz* des Unternehmens zur Disposition. Ein Käufer ist in der Regel nicht bereit, nicht-betriebsnotwendiges Vermögen zu erwerben. Damit übernimmt er einerseits latente Steuern, andererseits muss er Aufmerksamkeit und Energie in Bereiche lenken, die nicht zu den Kernaufgaben des Unternehmens gehören. Dies bindet Managementkapazitäten, die in der Übergangsphase an anderen Orten dringender benötigt werden. Die Praxis zeigt jedoch, dass in sehr vielen Klein- und Mittelunternehmen – getrieben durch eine falsch verstandene Steuerminimierung – über

170 Bieger, Rüegg-Stürm, von Rohr 2001, S. 50 f.

Jahre Gewinne nicht ausgeschüttet, sondern einbehalten werden. Solange diese Mittel für die Innenfinanzierung von Neu- und Ersatzinvestitionen oder für eine gesunde Eigenkapitelquote einbehalten werden, ist dies unseres Erachtens sehr sinnvoll und entspricht auch einer gesunden Unternehmensführung. Wird jedoch das Mass einer gesunden Reservebildung für unternehmerische Zwecke überschritten und beispielsweise in zusätzliche Immobilien, ein Ferienhaus oder andere Objekte investiert, wird das Unternehmen zu «schwer». Die Folge wird sein, dass das Übernahmeobjekt nicht aus der Ertragskraft aus dem Kerngeschäft in angemessener Frist refinanziert werden kann.

Bezüglich der Unternehmensstruktur gilt es, u.a. die Entscheidungsfähigkeit der Eigentümer zu berücksichtigen. Wo sich die Eigentümer auf ein bis zwei Personen beschränken, können Entscheidungen für oder gegen einen Verkauf relativ schnell getroffen werden. Fällt der Eigentümerkreis grösser aus, müssen Mehrheiten geschaffen werden.[171] Existieren 20 und mehr Eigentümer – was bei grösseren und älteren Familienunternehmen häufig der Fall ist – stellt sich sogar die Frage, ob überhaupt Konsens erzielt oder eine Mehrheit etabliert werden kann. Nach unseren Beobachtungen ist es in diesen Fällen oft schon schwierig, eine gemeinsame Sprache zu finden. Erschwerend kommt hinzu, dass Minderheitsaktionäre ihre Anteile oft teurer verkaufen wollen; Mehrheitsaktionäre oder emotional bzw. vertraglich verbundene Aktionäre hingegen wünschen meist eine für die Unternehmung (oder für die Familie im engeren Sinn) günstiger erscheinende Lösung.

Neben der Entscheidungsfindung gibt auch die Lohnstruktur immer wieder Anlass zu Diskussionen; an ihr wird festgemacht, ob das Unternehmen zukunftsfähig ist. Werden marktgerechte Löhne an die Mitarbeitenden ausbezahlt? Bezieht der Unternehmer selbst einen adäquaten Unternehmerlohn? Ein marktgerechter Managementlohn soll vom Unternehmen selbst erwirtschaftet werden können.

Schliesslich gilt es, die Strukturen und Prozesse im Unternehmen derart zu gestalten, dass sowohl Kadermitarbeitende als auch der Unternehmer selbst ersetzbar sind. Die Herausforderung sehen wir darin, dass das «Wissen im Kopf des Unternehmers» auf die Organisation übertragen wird, und darin, wie intangibles Wissen, z.B. Erfahrungen oder Intuition, in tangibles Wissen überführt werden kann. Für die abtretende Generation bedeutet dies, frühzeitig Aufgaben und Verantwortung an die Mitarbeiter zu delegieren. Das Loslassen einzuüben ist auf jeden Fall angebracht. Wir erachten es als Notwendigkeit, dass die Führungsstrukturen derart angepasst werden, dass das Unternehmen auch ohne den Unternehmer grundsätzlich funktioniert. Das wäre

---

171 Unter Umständen müssen Aktionärsbindungsverträge und darin festgehaltene Vorkaufsrechte berücksichtigt werden, oder Gesellschafterverträge oder Organisationsreglements, welche die Stimmrechte und Quoten regeln.

der Fall, wenn der Unternehmer mit gutem Gewissen vier bis acht Wochen Auszeit nehmen kann. Ansonsten muss eine Auseinandersetzung mit dem Organigramm, der Wertschöpfungskette und den darin anfallenden Aufgaben und Funktionen, Stellenbeschreibungen und Stellvertretungsregelung erfolgen, um mittelfristig die Kompetenzen neu zu verteilen.

Damit der Betrieb bei einem längeren, ungeplanten Ausfall des Unternehmers oder eines obersten Führungsmitglieds zumindest in seiner Grundstruktur weitergeführt werden kann, sollte das Management einen Notfallordner mit einem Notfallszenario einführen. Hierin könnten beispielsweise Stellvertretungs- und Unterschriftenregelungen, Zugangsberechtigungen, der Umgang mit den Eigentumsanteilen im Todesfall (z.B. Ehe- und Erbverträge, Testamente) oder auch der Einsatz eines Care-Teams oder von Coaches festgelegt werden.

Fallbeispiel 8: Der Kunde ist König

Stefan Gurtner[172] ist Eigentümer der Gurtner AG, die in der Beschichtungstechnik eine führende Position hat. Er ist 64 Jahre alt, seine Kinder haben weder das Interesse, noch die Fähigkeiten die Gesellschaft zu führen. Beat Canusch, Mehrheitsaktionär und CEO der Canusa AG, ist sein Freund und Hauptkunde. Die Canusa AG ist mit 75% Umsatzanteil wichtigster Kunde der Gurtner AG. Für den Bericht wurde auf Interviews und Gesprächsprotokolle aus verschiedenen Beratungssitzungen zurückgegriffen.

«Für uns ist es wichtig, dass deine Firma langfristig in Schweizer Händen bleibt», betont Beat Canusch und ergänzt, «Selbstverständlich werden wir weiterhin dein Hauptkunde bleiben. Doch übernehmen wollen wir deine Gesellschaft nicht. Unsere strategischen Ziele sind marktorientiert – du weisst ja, wir konzentrieren uns auf unsere neue Produktlinie.» Mit diesen wenigen Sätze zerplatzt Stefan Gurtners Wunschlösung für seine Nachfolge wie eine Seifenblase.

Er hat sich ausgemalt, dass sein Geschäftsfreund grosses Interesse haben müsste, seine Firma zu übernehmen. Mehrmals wurde ihm bestätigt, dass er der strategisch wichtigste Lieferant der Canusa AG sei. Innerhalb der letzten zehn Jahre hat er ein fast einmaliges Verfahrens-Know-how aufgebaut. In dieser Zeit wuchs die Gurtner AG rasant – natürlich auch dank des nachhaltigen Markterfolgs der Canusa AG.

172 Alle Namen geändert.

Das Desinteresse an der Übernahme kommt für Gurtner daher völlig überraschend. Und doch kann er sich den Argumenten seines Geschäftsfreundes nicht entziehen. Die Lancierung der neuen Produktlinie steht an erster Stelle. Trotzdem ist Stefan Gurtner enttäuscht. Alles wäre so einfach gewesen.

Viel prekärer als die Absage, darüber ist sich Stefan Gurtner sofort klar, ist der Wunsch von Beat Canusch, dass die Gurtner AG in Schweizer Händen bleiben soll. Denn damit sind die Alternativen für einen geeigneten Käufer massiv eingeschränkt. «Der Kunde ist König», seufzt Stefan Gurtner, denn diesen Wunsch muss er ernst nehmen. Doch ganz ohne Trümpfe steht er nicht da. Die Zusammenarbeit läuft sehr erfolgreich. Deshalb ist Stefan Gurtner zuversichtlich, dass Beat Canusch einer vernünftigen Lösung zustimmen wird.

Am nächsten Tag grübelt Stefan Gurtner über einer wichtigen strategischen Entscheidung. Eine Kapazitätserweiterung in der Produktion wäre dringend nötig. Dazu müsste eine zusätzliche Verarbeitungsmaschine gekauft werden und die hat keinen Platz in den bestehenden Räumlichkeiten; also muss ein Neubau errichtet werden. Ein Millionenprojekt, das mindestens drei Jahre in Anspruch nimmt. Und das möchte Stefan Gurtner so kurz vor dem Ruhestand nicht mehr selber realisieren.

Mit seiner Betriebsleiterin Monika Wunderli hat er schon mehrfach über die Zukunft der Gurtner AG gesprochen. Sie wäre nicht nur in der Lage, die Gesellschaft erfolgreich zu führen, sie hat auch Interesse an einer Übernahme angedeutet. Einerseits will er sie nicht enttäuschen, andererseits will er sie nicht als wichtige Führungskraft verlieren. Deshalb bespricht er mit ihr in aller Offenheit seine Überlegungen und Handlungsoptionen. Sie sind sich bald einig, dass der Verkauf der Gurtner AG an eine kapitalkräftige Schweizer Unternehmung wohl die beste Lösung wäre. Monika Wunderli äussert den Wunsch trotz Verkauf rund 10 % der Aktien zu erwerben. Stefan Gurtner verspricht, diesen Punkt bei den Verhandlungen einfliessen zu lassen.

Jetzt muss «nur noch» ein Käufer gefunden werden. In den nächsten Tagen macht sich Stefan Gurtner auf die Suche. Welche grösseren Unternehmen sind in einem ähnlichen Gebiet tätig oder könnten an der Beschichtungstechnik interessiert sein? Nach einer Woche hat er eine Liste möglicher Kandidaten zusammengestellt. Leider eine sehr kurze Liste: in der Rubrik «Top-Kandidaten» steht nur ein einziger Name.

Stefan Gurtner denkt zurück an das enttäuschende Gespräch mit Beat Canusch. Soll er wieder alles auf eine Karte setzen? Was tun, wenn er eine Absage erhält? Aber hat er denn eine Alternative? «Mit Grübeln löst man keine Probleme», denkt er und greift zum Telefonhörer. Es gelingt ihm schon für die kommende Woche ein Mittagessen mit dem CEO seines Top-Kandidaten zu vereinbaren.

Bereits beim ersten Gespräch kann er ihn vom Potenzial der Gurtner AG überzeugen. Dass Beat Canusch die weitere Zusammenarbeit zugesichert hat, und dass die Betriebsleiterin sich an der Gurtner AG beteiligen will, überzeugt den CEO von der Stabilität der Geschäftsstrukturen.

Der Funke zündet. Die nächsten Wochen zeichnen sich durch Verhandlungen aus. Der gesamte Verhandlungsprozess ist von Offenheit, Transparenz und grossem gegenseitigen Vertrauen geprägt. Das Erweiterungsprojekt kommt dem CEO sehr gelegen. Es stellt sich heraus, dass er bei entsprechender Projektanpassung einen Teil seiner zugekauften Beschichtungsarbeit zur Gurtner AG verlagern kann. Das erhöht die Auslastung und reduziert gleichzeitig das Investitionsrisiko.

Der strategisch motivierte Verkauf der Gurtner AG wird von allen Beteiligten nicht als Notlösung, sondern als zukunftsgerichtete Entscheidung mit grossem Erfolgspotenzial gesehen. Und so unterschreiben alle den Übernahmevertrag mit einem guten Gefühl.

In diesem Beispiel zeigt sich, dass es für ein erfolgreiches Unternehmen immer mehr als eine Lösungsvariante gibt. Selbst, wenn die Anzahl der Wunschlösungen so begrenzt erscheint wie hier.

Die Abhängigkeit der Gurtner AG, einerseits vom Hauptkunden, andererseits von der Betriebsleiterin, könnte auf den ersten Blick als Negativum gesehen werden. Im vorliegenden Fall wirkte sie sich jedoch, entgegen den Erwartungen, sehr positiv aus. Ohne die offen kommunizierten Abhängigkeiten wäre der spätere Käufer gar nicht in die Verhandlungen eingestiegen. Der Käufer befürwortete die Kapitalbeteiligung von Monika Wunderli, ein Novum bei seiner Gesellschaft. Die Festlegung des Kaufpreises war fair, denn beide Seiten beurteilten die Chancen und die Risiken ähnlich.

4.2.4 Rechtliches Korsett

Wenn die Nachfolgestrategie und die darin enthaltenen Zielsetzungen geklärt sind, heisst das noch lange nicht, dass die Übergabe sofort umgesetzt werden kann. Häufig müssen noch rechtliche Hürden überwunden werden. Diese Hürden sind zahlreich, denn die gesetzlichen Rahmenbedingungen müssen eingehalten werden. Bei einer Nachfolgeregelung kommen Gesellschaftsrecht, Ehe- und Erbrecht, Sozialversicherungsrecht sowie Steuerrecht zum Tragen.

Im deutschsprachigen Raum sind die Rechtssysteme vergleichbar, aber nicht identisch. Die grössten Unterschiede gibt es bekanntlich im Steuerrecht. Hier müssen nicht nur international unterschiedliche Rechtssysteme beachtet werden, sondern in der Schweiz auch die Unterschiede auf kantonaler Ebene (Erb- und Schenkungssteuern, Liegenschaftssteuern, Steuertarife usw.). Nicht selten führen die rechtlichen Rahmenbedingungen zu Zielkonflikten:

– Die Übergabe der Familiengesellschaft an eines der eigenen Kinder kann mit den Pflichtteilsansprüchen der übrigen Kinder und/oder des Ehepartners kollidieren.
– Die Entflechtung von betrieblichem und nicht-betrieblichem Vermögen kann zu unliebsamen Steuerfolgen führen.
– Die Übertragung einer Gesellschaft an eines der Kinder via Schenkung oder mit einem grossen Schenkungsanteil (tiefer Preis) kann unter Umständen im Erbfall angefochten werden.
– Eherechtliche Regelungen (Meistbegünstigung des Ehepartners) können Nachfolge-Regelungen (Meistbegünstigung der Kinder) im Wege stehen.
– Die Steuerbefreiung bei Umwandlungen oder Umstrukturierungen ist teilweise von Halte-, resp. Sperrfristen abhängig.

Konkret bedeutet dies, dass wesentliche Veränderungen wie Umwandlungen, Umstrukturierungen oder Entflechtungen, die der Vorbereitung der Nachfolge dienen, rechtzeitig an die Hand genommen werden müssen. Da teilweise mehrjährige Fristen gelten, sind die grundsätzlichen Abklärungen einige Jahre im Voraus zu treffen.

Erschwerend kommt hinzu, dass die gesetzlichen Rahmenbedingungen einem dauernden Wandel unterworfen sind. So sind sich in der Schweiz viele Unternehmer-Ehepaare nicht bewusst, welchem ehelichen Güterstand sie unterstehen.

– Haben sie vielleicht noch einen altrechtlichen Vertrag mit Güterverbindung, einem Güterstand den es im neuen Eherecht gar nicht mehr gibt?
– Oder haben sie gar nichts geregelt? Dann unterstehen sie der Errungenschaftsbeteiligung, worauf die Frage folgt: Ist das Unternehmen Errungenschaft oder Eigengut? Und wem gehört der Mehrwert?

Das nationale Schweizer Erbrecht wäre schon komplex genug, insbesondere mit den kantonal unterschiedlichen Regelungen für die Erbschaftssteuern. Dabei muss auch beachtet werden, dass das Wohnsitz-Prinzip generell Gültigkeit hat. Dies besagt, dass dasjenige Recht zur Anwendung kommt, wo der Erblasser seinen letzten Wohnsitz hatte. Dies sollte man wissen, bevor man seinen Alterswohnsitz in einen anderen Kanton oder gar ein anderes Land verlegt. Im letzten Fall kommt ein Rechtssystem zur Anwendung, das man in der Regel nicht kennt. Und: Beim internationalen Erbrecht gibt es beliebig viele Fussangeln und Fallgruben.

An dieser Stelle sei lediglich auf das US-amerikanische Rechtssystem verwiesen, wonach zum Beispiel bereits der Besitz von Immobilien in den USA oder das Halten von grösseren US-Vermögenswerten wie Aktien bereits dazu führt, dass man dort erbschaftssteuerpflichtig wird. Bei Immobilien gilt dieses Prinzip auch in vielen europäischen Ländern. Und wie hinlänglich bekannt, hört beim Steuerrecht der Spass auf. So sind zum Beispiel die Erbschaftssteuern in den USA einer extremen Progression unterworfen.

Die enge Verknüpfung von Ehe- und Erbrecht einerseits und Steuerrecht andererseits zwingen zu einer sorgfältigen und langfristigen Planung. Dazu gehört auch die periodische Überprüfung und Anpassung an die aktuelle Situation. Bei dieser Überprüfung müssen nicht nur die persönlichen Regelungen wie Verträge etc., sondern auch die Veränderungen der Rahmenbedingungen, also die rechtlichen Basis beachtet werden.

Die obigen Aussagen gelten nicht nur für das Ehe- und Erbrecht. Auch das Gesellschaftsrecht ist einer Weiterentwicklung unterworfen, wobei sich viele Änderungen der letzten Jahre insbesondere auf Familienunternehmen sehr positiv ausgewirkt haben. Umstrukturierungen wie Umwandlungen, Abspaltungen und Fusionen sind viel einfacher umsetzbar.

Doch auch die Änderungen im Sozialversicherungsrecht müssen beachtet werden. In der Schweiz besteht dabei ein grosses Gestaltungspotenzial im Bereich der 2. und 3. Säule. Dieses Potenzial wird vielfach nicht oder zu wenig ausgeschöpft. Meistens nimmt sich der Unternehmer viel zu spät dieses Themas an und gerät dann in Konflikt mit geltenden Fristen für Einzahlung und Bezug von Vorsorgeleistungen. Hier kann nur empfohlen werden, dass sich Unternehmer frühzeitig mit der Vorsorge auseinandersetzen sollten. Es gilt nämlich das Gesetz der langen Zeitreihen. Der grösste Vermögenszuwachs entsteht aufgrund der jahrzehntelangen (steuerfreien) Verzinsung des persönlichen Vorsorgevermögens. Diesen Vorteil kann man kurzfristig gar nicht mehr kompensieren.

Die Entwicklungen im Steuerrecht sind dermassen rasant, dass hier nur grundsätzliche Aussagen möglich sind. Das Kernproblem für die Nachfolge-Planung liegt genau in dieser schnellen Entwicklung. Zum Zeitpunkt der Planung weiss niemand, wie die Steuer-Landschaft später aussehen wird. Für die Schweiz sei auf die «Episode» mit der Problematik der indirekten Teilliquidation nach dem ominösen Bundesgerichtsurteil und dem entsprechenden Kreisschreiben der Steuerverwaltung verwiesen. Auf einen Schlag mussten zahlreiche Nachfolge-Regelungen aufs Eis gelegt werden.

Da die steuerrechtlichen Rahmenbedingungen auf einen politischen Entscheidungsprozess zurückgehen, gibt es keine zuverlässigen langfristigen Parameter. Einerseits werden politisch opportune Themen gefördert – dazu gehört die steuerliche Entlastung von Nachfolgelösungen –, andererseits haben die meisten Staaten die Tendenz, die Steuerquote zu erhöhen. Häufig wurde dabei der Mittelstand zur Kasse gebeten. Für die Nachfolge bedeutet dies, dass die ganze Planung auf *Annahmen* beruht. Es gibt keine Garantie, dass diese Annahmen eintreffen.

Folgende Bestimmungen (nicht abschliessende Aufzählung) lassen sich in einem Ehevertrag nach Schweizer Recht regeln:

– Zuweisung des Geschäftsvermögens und dessen Erträge ins Eigengut: Das Unternehmen soll möglichst auf einen Nachfolger übertragen werden; Erträge aus der Unternehmung, welche in dieselbe reinvestiert wurden, sollen dieser erhalten bleiben. Zusätzlich kann auf diesem Weg die freiverfügbare Erbquote vergrössert werden.
– Änderung der Vorschlagsteilung bei Tod: Die gesetzliche Vorschlagsteilung kann geändert werden, um eine über die gesetzlichen Bestimmungen hinausgehende Begünstigung des überlebenden Ehegatten oder Nachkommens sicherzustellen.
– Ausschluss des Mehrwertanteils: Ein Ehegatte hat in das Vermögen des anderen Ehegatten investiert, welches ihm im Zuge der güterrechtlichen Auseinandersetzung nach Art. 206 Abs. 1 ZGB wieder zustehen würde. Mit dem Verzicht des investierenden Ehegatten soll verhindert werden, dass es zu einem Liquiditätsengpass und damit verbunden zu einem Verkauf der Unternehmung kommt.
– Festlegung eines Auskaufsmodus: Es soll verhindert werden, dass Rückzahlungen von investiertem Kapital, von gewährten Darlehen oder von güterrechtlichen Ausgleichszahlungen zu Liquiditätsengpässen führen und somit die Unternehmensfortführung gefährden.

Aus diesem Grunde sollte der Planungszeitraum möglichst kurz gehalten werden. Daraus ergibt sich, dass Lösungen zu Lebzeiten besser, d. h. sicherer und vorhersehbarer bezüglich ihrer Auswirkungen sind als Regelungen per Todestag. Unseres Erachtens sind testamentarische Regelungen (wie Zuweisungen, Meistbegünstigung usw.) nur als Zwischenlösungen sinnvoll, also dann, wenn zum Beispiel die Kinder noch minderjährig sind. Die wirtschaftlichen Vorteile des Eigentums wie Ertrag und Stimmrecht können auch vertraglich abgesichert werden, man denke an Nutzniessung/Niessbrauch oder Stimmrechtsverträge oder Ähnliches. Auf jeden Fall muss die Rechtssicherheit und die Planbarkeit der – steuerlichen – Auswirkungen sehr hoch gewichtet werden. Erbstreitigkeiten sind geeignet für eine Soap Opera, sollten aber im realen Leben vermieden werden.

Bei mehreren Erben (Ehepartner, Kinder) stellt sich die Frage, ob neben dem Wert des Unternehmens noch genügend andere private Vermögenswerte vorhanden sind, um alle Erben finanziell fair zu behandeln. Die Grenzen der Fairness sind eine moralische

Dimension, die eigentlich nur der Erblasser festlegen kann, doch hat das Gesetz über den Pflichtteilsschutz gewisse Grenzen gesetzt.

Juristisch stellt die Vererbung eines Unternehmens kein Problem dar. Theoretisch können alle Erben zu gleichen Teilen am Unternehmen beteiligt werden. Ob dies auch wirtschaftlich und vor allem im Hinblick auf dessen Führung die richtige Lösung ist, muss im Einzelfall entschieden werden. Auch hier sei nochmals darauf hingewiesen, dass der Todestag wohl einer der wenigen Termine ist, der nicht geplant werden kann. Die latente Unsicherheit in der Führungsetage, die unbeantwortete Frage «Was geschieht mit uns?» kann auch in einem grösseren Unternehmen lähmend wirken.

4.2.5   Transaktionskosten: Steuern, Bewertung, Finanzierung

Bei der Unternehmensnachfolge stehen aus operativer Sicht vielfach finanzielle Themen im Vordergrund. Hier zählen Fragen zur Steueroptimierung, zur Unternehmensbewertung und zur Finanzierung einer Übernahme.

Die entsprechenden Fragestellungen sind eng miteinander verknüpft und müssen in der Praxis integrativ bearbeitet werden. Eine Ideal-Lösung gibt es nicht, denn die Lösungsvarianten sind in der Regel Wenn-dann-Strukturen. Zum besseren Verständnis wird dies anhand von einigen Beispielen illustriert:

- Der Übergeber möchte sein Unternehmen mitsamt den nicht-betrieblichen Vermögenswerten verkaufen. Wenn die Käufer das akzeptieren, dann übernehmen sie eine latente Steuerlast und müssen einen höheren Kaufpreis finanzieren.
- Der Übergeber möchte einen steuerfreien Kapitalgewinn realisieren und deshalb seine bestehende Aktiengesellschaft verkaufen. Wenn die Käufer das akzeptieren, dann tragen sie die Steuerfolgen für die Refinanzierung des Kaufpreises.
- Die Übernehmer wünschen eine Earn-out-Lösung, möchten also das Unternehmen tranchenweise übernehmen, da ihnen Finanzmittel fehlen. Wenn der Übergeber das akzeptiert, dann trägt er lange Zeit das unternehmerische Risiko und einen Teil der Steuerlasten (Besteuerung der Ausschüttung).
- Der Unternehmer schenkt die Gesellschaft seiner Tochter gegen Zusicherung einer lebenslangen Rente. Wenn die Tochter die Schenkung akzeptiert, dann übernimmt die Gesellschaft die finanzielle Verpflichtung und die Tochter die moralische Verpflichtung für die Auszahlung der Rente.

Es ist hinlänglich bekannt, dass Steuern auf die Unternehmensbewertung einen großen Einfluss haben. Direkt wirken sie sich beim Ertragswert aus, indem letztendlich nur der Gewinn nach Steuern nachhaltig zur Verfügung steht; indirekt, weil die latenten

Steuern auf stillen Reserven und/oder nicht-betrieblichen Vermögen berücksichtigt werden müssen. Die gleichen Überlegungen spielen bei der Finanzierung der Übernahme eine Rolle. Für die Rückzahlung des Finanzierungsbetrags an die Bank zum Beispiel steht nur der Gewinn nach Unternehmenssteuern und nach privaten Einkommenssteuern (auf der Ausschüttung) zur Verfügung. Dieses Problem lässt sich nie ganz beseitigen, sondern nur minimieren.

Im Folgenden werden die drei Hauptthemen der Transaktionskosten unter dem Aspekt der Nachfolge beleuchtet.

Steuern im Umfeld der Nachfolge

Bereits die Wahl der Rechtsform hat in der Schweiz einen wesentlichen Einfluss auf die Steuerfolgen. Der Verkauf einer Personengesellschaft führt beim Verkäufer zu wesentlichen Steuern und Sozialabgaben. Besteuert werden die Mehrwerte, die über die Jahre entstanden sind. Dabei handelt es sich um bewusst gebildete Mehrwerte, sogenannte stille Reserven, die durch Überabschreibungen oder Unterbewertungen von Vermögenswerten gebildet wurden. Dazu gehören aber auch Mehrwerte, die durch Inflation und Wertsteigerung entstanden sind, typisches Beispiel ist die Liegenschaft, die vor 40 Jahren erworben wurde, und heute einen deutlich höheren Marktwert hat.

Kumulative Voraussetzungen für den Tatbestand einer indirekten Teilliquidation
1. Der Verkäufer muss mindestens 20 % am Kapital einer Kapitalgesellschaft oder einer Genossenschaft halten.
2. Der Verkauf muss an eine juristische Person erfolgen.
3. Innerhalb von 5 Jahren nach dem Verkauf wird nichtbetriebsnotwendige Substanz der verkauften Gesellschaft ausgeschüttet.
4. Der Verkäufer muss bei dieser Substanzausschüttung mitwirken.
5. Die Substanz muss zum Zeitpunkt des Verkaufs bereits vorhanden und handelsrechtlich ausschüttungsfähig sein.

Tabelle 4: Indirekte Teilliquidation

Mit der kommenden Unternehmenssteuerreform II soll die Steuerbelastung erheblich reduziert werden. Insbesondere sind verschiedene Massnahmen zur steuerlichen Entlastung von Nachfolge-Regelungen vorgesehen. Dies ist bei anstehenden Regelungen zu beachten.

Beim Verkauf einer juristischen Person, also AG, GmbH usw. ist der Verkaufserlös für Personen mit Wohnsitz Schweiz mit gewissen Vorbehalten steuerfrei (siehe indirekte Teilliquidation), sofern die Beteiligung privat gehalten wird. Aus diesem Grunde steht bei vielen Nachfolge-Lösungen der Verkauf von Aktien im Vordergrund.

Im Gegensatz dazu steht die Liquidation einer juristischen Person, die zu einer sehr hohen Steuerbelastung führt. Aus diesem Grunde ist in der Schweiz der vollständige Asset Deal, also der Verkauf sämtlicher Vermögenswerte selten. Beim üblichen Asset Deal bleiben Vermögenswerte in der verkaufenden Gesellschaft, so zum Beispiel Immobilien oder nicht-betriebliches Vermögen. Der Verkäufer vermeidet oder mindert so die Steuerfolgen, die durch die Realisierung von stillen Reserven entstehen, oder die durch die Liquidation der AG oder GmbH entstehen würden.

Die Schenkung von Vermögenswerten kann unter Umständen – wesentliche – steuerliche Folgen auslösen. Da dies kantonal geregelt ist, empfiehlt sich in jedem Fall, die Hinzuziehung eines Experten oder die Abklärung beim zuständigen Steueramt.

Der Verkauf eines Unternehmens unterliegt in Deutschland in jedem Fall der Einkommenssteuer. Beim Verkauf einer juristischen Person (GmbH usw.) unterliegt der Veräusserungsgewinn dem Teileinkünfteverfahren. Beim Verkauf einer Personengesellschaft gilt eine reduzierte Besteuerung, wenn der Veräusserer über 55 Jahre alt ist.

Von der Unternehmensbewertung zur Preisfindung

Viele Nachfolgeprozesse beginnen mit einer Unternehmensbewertung. Der Unternehmer möchte gern wissen, wie hoch der Marktwert seines Unternehmens ist. Häufig differiert das subjektive Gefühl, was das eigene Unternehmen wert sei, stark von den berechneten Werten.

Vielen Unternehmern ist dabei nicht bewusst, dass der berechnete Unternehmenswert erheblich vom späteren Transaktionspreis abweichen kann. Eine Unternehmensbewertung ist eben nur sehr beschränkt mit einer Liegenschaftsbewertung zu vergleichen. Der Marktpreis eines Unternehmens weicht stark vom theoretischen Wert ab, da der Markt für (nicht börsenkotierte) Familienunternehmen sehr klein ist. Überspitzt gesagt, gibt es gar keinen funktionsfähigen Markt im wirtschaftlichen Sinne.

Der Käufer bestimmt deshalb weitgehend den Transaktionspreis, weshalb auch von einem Käufermarkt gesprochen werden kann. Dieser Transaktionspreis hängt stark von der Einschätzung der zukünftigen Erträge ab. Für die Käuferschaft stehen deshalb Ertragswert-Berechnungen im Vordergrund. Für diesen Zweck gibt es heute verschiedene objektivierende Methoden. Für den Verkäufer ist häufig der Substanzwert eine Untergrenze für den Verkaufspreis. Wenn Ertragswertberechnungen deutlich unter dem Substanzwert liegen, muss sich der Verkäufer die Frage stellen, ob nicht eine geordnete Liquidation finanziell die bessere Alternative darstellt. Aus diesem Grunde ist der klassische Substanzwert immer noch eine wichtige Orientierungshilfe.

Insbesondere bei familieninternen Nachfolgeregelungen ist der vorsichtig berechnete Substanzwert eine häufig verwendete Bewertungsmethode. Damit wird – weitgehend – gewährleistet, dass der Nachfolger das Unternehmen zu einem fairen Wert übernimmt. Die übrigen Kinder werden nicht benachteiligt, da der Verkaufspreis in die zukünftige Erbmasse einfliesst. Für den Nachfolger selber ist dies auch fair, indem er nicht seinen eigenen Erfolg – über eine hohen Ertragswertberechnung – kaufen und bezahlen muss.

In zahlreichen Klein- und Mittelunternehmen gibt es einige Besonderheiten, um nicht zu sagen Knackpunkte, die bei der Bewertung zu berücksichtigen sind:

- nicht marktkonforme Unternehmerlöhne
- der unentgeltliche Arbeitseinsatz von Familienmitgliedern
- zu tiefe Mieten für genutzte Liegenschaften
- hohe private Darlehen anstelle von Eigenkapital
- verdeckte Sicherheiten wie Bürgschaften für Bankkredite.

Methoden der Unternehmensbewertung

Die zahlreichen Bewertungsmethode sollen nicht im Einzelnen erläutert werden, dafür gibt es genügend spezialisierte Literatur. Wir wollen die Vor- und Nachteile für die Bewertung im Nachfolgefall aufzeigen.

Die *Substanzwertmethode* wird von der Wissenschaft stark kritisiert und als unzeitgemäss dargestellt. Unsere Erfahrung zeigt aber, dass sie bei KMU eine sehr gute Grundlage für Nachfolgeregelungen darstellt. Die Substanzwertmethode ermittelt im Grundsatz den Zeitwert des Unternehmens. Der aktuelle Zustand der Betriebsmittel wird beurteilt, stille Reserven und latente Steuern werden ermittelt und ein allfälliger Investitionsbedarf wird sichtbar. Dieser letzte Punkt ist wichtig für den Übernehmer. Er muss wissen und in seiner Entscheidungsfindung und im Finanzierungskonzept berücksichtigen, wie hoch der Investitionsbedarf in den nächsten Jahren sein wird. Der Investitionsbedarf steht in Konkurrenz zur Gewinnausschüttung zwecks Kaufpreisfinanzierung.

Des Öfteren trifft man Unternehmen an, in die jahrelang nur noch wenig investiert wurde, und die so einen hohen Gewinn ausweisen können. Es ist offensichtlich, dass bei einer Ertragswert-Berechnung, die auf den vergangenen Gewinnen basiert, dabei ein sehr hoher Wert zustande kommt, der eindeutig im Widerspruch zum niedrigen Substanzwert steht. Für den Übernehmer stehen die Ersatz- und Erneuerungsinvestitionen im Vordergrund. Aus diesem Grund hat er gar nicht die Mittel, einen hohen Kaufpreis zu bezahlen. Zu einem wirtschaftlich korrekten Ergebnis bei der Ertragswert-Berechnung käme man nur, wenn man konsequent auf die zukünftigen Gewinne abstellt und dabei die notwendigen Investitionen berücksichtigt. Die Erfahrung zeigt, dass derartige Ertragswertberechnungen häufig zu ähnlichen Bewertungen führen wie die klassische – und häufig belächelte – Substanzwertmethode. Wir empfehlen deshalb, immer beide Methoden anzuwenden um insbesondere Differenzen in der Unternehmens-Beurteilung transparent aufzuzeigen.

Bei der *Ertragswertmethode* wird der zukünftige Gewinn kapitalisiert. Die Grundlage für eine korrekte Ertragswertberechnung bildet ein Businessplan. Im Businessplan werden in der Regel zwei bis drei Szenarien durchgerechnet; ein «worst» und ein «best case» sowie die erwartete Variante. Korrekterweise sollte die Ertragswertberechnung der Bewertungsunsicherheit Rechnung tragen, indem der Ertragswert mit allen drei Szenarien durchgerechnet wird. Nur so kann der Bewerter sicherstellen, dass Übernehmer und Übergeber die Risiken überhaupt erkennen. Die Beurteilung und Gewichtung der Risiken ist nicht allein Aufgabe des Bewerters, sondern insbesondere des Übernehmers resp. Käufers.

In der Schweiz wird von kleinen Familienunternehmen häufig immer noch die *Praktikermethode* eingesetzt. Sie berechnet den Unternehmenswert aus dem gewichteten Durchschnitt von Ertragswert und Substanzwert.

In Deutschland wurde das häufig eingesetzte Stuttgarter Verfahren 2009 abgeschafft. Das *Berliner Verfahren* ist wie die Schweizer Praktikermethode ein arithmetisches Mittel von Ertrags- und Substanzwert.[173]

Die Komplexität der Materie verführt dazu, bei der Unternehmensbewertung nur auf das Ergebnis zu schauen. Dies ist aus unserer Sicht falsch und zudem gefährlich. Entscheidend ist nicht, wie hoch der Unternehmenswert ist. Dies ist nur das Resultat von Berechnungen, die der Bewerter unter bestimmten Annahmen erstellt hat. Entscheidend ist, welche Annahmen dies sind und zu welchen unterschiedlichen Ergebnissen sie führen. Hinter den Annahmen verstecken sich Risiken und Chancen. Nicht nur der Bewerter, alle Beteiligten sollen und müssen sich mit diesen Risiken und Chancen intensiv auseinandersetzen. Letztendlich ist eine Übernahme nur dann erfolgreich, wenn der Übernehmer den Kaufpreis innerhalb einer bestimmten Frist wieder erwirtschaften kann. Dass der Übernehmer die Risiken eher hoch einschätzt und der Übergeber eher gering, liegt in der Natur der Sache. Hier den richtigen Mittelweg zu definieren, ist nicht Aufgabe des Bewerters, sondern muss im Rahmen der Übergabeverhandlungen besprochen und gelöst werden.

Substanzwertverfahren	Ertragswertverfahren	Mischformen
Substanz zu Fortführungs-werten	Gewinn-Kapitalisierung	Praktiker-Methode
Liquidationsbewertung	Discounted Cash-Flow	Berliner Verfahren
	Multiple Verfahren	Vergleichswerte

Tabelle 5: Übersicht über die gängigen Bewertungsmethoden

173 Felden, Pfannenschwarz 2008, S. 111.

Emotionale Werte

Die objektivierte Unternehmensbewertung basiert weitgehend auf Fakten und der Beurteilung von Chancen und Risiken. Beim Übergang von Bewertung zur Preisfindung kommt aber eine ganze neue Dimension hinzu, die *emotionalen Werte*. Diese emotionalen Werte können für die Übergabe des Unternehmens förderlich oder hinderlich sein. Untersuchungen haben gezeigt, dass die subjektive Erwartung des Unternehmenswertes – aus Sicht des Übergebers – im Durchschnitt 30 Prozent höher (!) ausfällt als das Resultat der Unternehmensbewertung.[174]

Das Total-Value-Konzept thematisiert das Gesamtgefüge zwischen finanziellem Wert und emotionalem Wert.[175] Der emotionale Wert soll die Differenz zwischen dem «Marktwert» – auf Basis einer objektiven Unternehmensbewertung – und dem «Total Value» erklären.

Der «Total Value» kann positiv oder negativ vom finanziellen Wert abweichen. Der emotionale Wert kann deshalb als zusätzlicher Nutzen oder als Kostenfaktor in Erscheinung treten. Eine lebendige Familientradition, eine enge Beziehungen zu den Mitarbeitenden, eine starke Identifikation mit dem Unternehmen, der grosse Handlungsfreiraum oder auch Macht stellen einen emotionalen Nutzen dar. Emotionale Kosten können beispielsweise in der hohen Arbeitsbelastung, der physischen und mentalen Belastung, der fehlenden Work-Life-Balance oder in Konflikten innerhalb der Familie oder unter den Eigentümern liegen. Derartige emotionale Einflussfaktoren lassen sich meist relativ leicht identifizieren aber eher schwerlich mit Geldwerten zu beziffern.

Verbindet der Übergeber primär Frustration, Erschöpfung und andere negative, belastende Gefühle mit dem Unternehmen, so erwartet er bei der Übergabe eine Kompensationszahlung, eine Art «Schmerzensgeld». Die Erwartungen an den Verkaufspreis fallen folglich höher aus, als gemäss Unternehmensbewertung realistisch wäre. Dann gibt es aber auch den Übergeber, der seinen Ballast so rasch wie möglich loswerden will. Für ihn spielt der Verkaufserlös eine untergeordnete Rolle, wichtig ist nur, dass er schnell und vollständig aus der unternehmerischen Verantwortung aussteigen kann.

Im umgekehrten Fall kann der emotionale Wert sehr positiv sein. Zufriedene Übergeber sind dann bei der Preisfestsetzung zu grossen Konzessionen bereit. Sie blicken auf ein befriedigendes Unternehmerleben zurück und möchten diese Erfahrung auch anderen gönnen. Wichtig ist für sie, dass der/die Übernehmer mit der gleichen Wertschätzung, Freude und Herzblut an die Aufgabe herangehen. Wenn die Chemie zwischen Übergeber und Übernehmer stimmt, dann wird die Preisfindung kein Stolperstein sein. Das wird durch zahlreiche Beispiele belegt.

---

174 Zellweger, Sieger 2009, Sharma, Manikutty 2005; Gimeno, Folta, Cooper u.a. 1997.
175 Zellweger, Fueglistaller 2006.

Dann gibt es noch die besondere Situation eines hohen emotionalen Wertes, wenn der Unternehmer sehr eng mit seinem Unternehmen und seiner Führungscrew verbunden ist. Diese Verbundenheit äussert sich häufig in einem Nicht-loslassen-Können. Dieser emotionale Mehrwert kann aus Sicht des Unternehmers gar nicht mit Geld kompensiert werden. Das sind sehr schwierige Situationen, die seitens der Beteiligten grosses Fingerspitzengefühl verlangen.

Transaktionspreis-Modell

Der eigentliche Transaktionspreis lässt sich nicht allein durch die objektive und emotionale Bewertung ermitteln. In vielen Fällen kommt als erschwerender Faktor die Finanzierbarkeit hinzu. Diese drei Dimensionen gilt es im Rahmen der Lösungsfindung aufeinander abzustimmen. Die Strukturierung der Übergabe ist eine entsprechend schwierige und komplexe Aufgabe. Die Interessen und Anliegen aller drei Parteien (Übergeber, Übernehmer, Finanzgeber) müssen unter einen Hut gebracht werden, ohne das gemeinsame Endziel einer fairen und funktionierenden Nachfolgelösung aus dem Auge zu verlieren. In dieser Phase sind nicht nur die beteiligten Parteien, sondern ist auch der federführende Berater stark gefordert.

Die Praxis zeigt, dass viele Unternehmer nicht nur bei familieninternen Nachfolgeregelungen, sondern auch beim Verkauf an Mitarbeiter (MBO) bereit sind, einen Preisnachlass zu gewähren. Die Freude und Hoffnung, dass das eigene Lebenswerk weitergeführt wird, dominiert in der Regel. Eigene Untersuchungen haben gezeigt, dass bei einer Übergabe an Familienmitglieder der Wunsch gross ist, einen möglichst grossen Wertanteil zu verschenken, sei es zu Lebzeiten oder im Erbfall.[176]

---

176 Halter, Schrettle, Baldegger 2009.

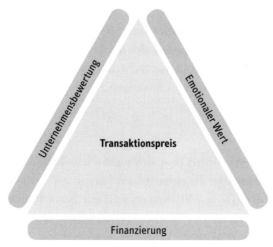

Abbildung 10: Vom Unternehmenswert zum Transaktionspreis[177]

Damit rückt ein anderes Problem in den Vordergrund, nämlich die Altersvorsorge. Die übergebende Generation sollte in diesem Fall die Altersvorsorge unabhängig von der Unternehmensübergabe regeln. Es sollte nach Möglichkeit keine Abhängigkeit vom Verkaufspreis oder von anderen Einkünften aus der Unternehmenstätigkeit vorhanden sein. Für die Altersvorsorge sollte der Übergeber vom schlimmsten Fall ausgehen, dem Konkurs des Unternehmens. Unter dieser Prämisse ist das Alterseinkommen nach dem Vorsichtsprinzip zu planen.

Due Diligence

Der Übernehmer ist mit einer Informationsasymmetrie konfrontiert: ihm fehlt das «Insider»-Wissen, um abschliessend beurteilen zu können, ob die vom Übergeber gemachten Angaben wirklich stimmen. Er braucht jedoch eine möglichst hohe Sicherheit, dass seine Annahmen über den Zustand des Unternehmens der Realität entsprechen. Dabei geht es nicht um Nebensächliches, sondern um alle relevanten Tatbestände, insbesondere die zukünftige Ertragsentwicklung. Deshalb sollte der Übernehmer auf jeden Fall eine Due Diligence durchführen.[178] Diese Regel gilt insbesondere in Situationen, wo der Übernehmer das Gefühl hat, schon alles zu wissen, nämlich beim Management-Buy-out; aber auch dort, wo er das Gefühl hat, dass der Übergeber nichts zu verbergen hat, nämlich der familieninternen Übergabe.

Das Ziel der Due Diligence – sinngemäss «sorgfältige Prüfung» –, liegt nicht allein darin, die Angaben des Übergebers zu überprüfen, sondern auch darin, die eigenen

---

177 I.A. Halter 2009a.
178 Rabaglio 2007, S. 84 ff.; Mayr 2009, S. 77 ff.

Annahmen bezüglich Chancen und Risiken des Unternehmens zu verifizieren. Aus diesem Grunde empfehlen wir allen Übernehmern, selbst an der Due Diligence mitzuwirken und diese Aufgabe nicht einfach an den Wirtschaftsprüfer zu delegieren.

Die Due Diligence erfordert einen tiefen Einblick ins Unternehmen, und dies zu einem Zeitpunkt, wo vielfach noch kein Vertrag unterzeichnet ist. Das ist insbesondere bei MBOs, wie auch beim Verkauf des Unternehmens an Mitbewerber, sehr problematisch. Bei jeder Due Diligence müssen Geschäftsgeheimnisse und vertrauliche Daten offengelegt werden. Nicht jeder Unternehmer sieht es gern, wenn das bestehende Management zum Beispiel erfährt, wie hoch seine Bezüge tatsächlich sind.

Die Einbettung der Due Diligence in den gesamten Verhandlungsprozess ist deshalb eine delikate, aber wichtige Aufgabe. Dieses Problem kann weitgehend umgangen werden, wenn Lösungen angestrebt werden, die eine gewisse Risiko-Chancen-Symmetrie aufweisen. Wenn der Übergeber noch eine gewisse Zeit direkt am Unternehmenserfolg beteiligt wird, der Verkaufspreis de facto – zumindest teilweise – vom zukünftigen Erfolg abhängig wird, dann hat der Übergeber kaum ein Interesse, relevante Informationen zurückzuhalten. Dafür ist sein Interesse an einer möglichst erfolgreichen Übergabe umso höher.

Diese Lösung setzt voraus, dass der Übergeber in der Lage und willens ist, einen Teil des Verkaufspreises erst in Zukunft zu erhalten. Er bleibt damit, trotz Abgabe der Führungsfunktion, im unternehmerischen Risiko. Idealerweise sollte der Übergeber in der (finanziellen) Lage sein, dieses Rest-Risiko zu tragen. Damit schliesst sich der Kreis zur rechtzeitigen Planung der unternehmensunabhängigen Altersvorsorge.

Die Kunst der Finanzierung

Im Rahmen der allgemeinen Geschäftstätigkeit von KMU und Familienunternehmen wird der Selbstfinanzierung die höchste Bedeutung zugesprochen.[179] Sie dient vor allem dem Ziel der Unabhängigkeit. Entsprechend überrascht es nicht, dass die Eigenkapitalrentabilität bei Familienunternehmen niedriger ausfällt als bei Nicht-Familienunternehmen, und Leverage-Effekte nicht im Vordergrund stehen.[180]

Bei der Finanzierung der Unternehmensnachfolge ist man häufig mit der Situation konfrontiert, dass der/die Übernehmer nur über wenig Kapital verfügen. Die Finanzierung der Übernahme ist deshalb immer ein wichtiger Verhandlungspunkt. Bei finanziell kleineren Übernahmen und bei familieninternen Lösungen wird häufig auf das Instrument des Verkäufer-Darlehens zurückgegriffen. So muss erstens kein Finanzpartner einbezogen werden, zweitens lassen sich die Modalitäten und Besicherung des Verkäufer-Darlehens im Rahmen der Verhandlungen regeln.

---

179 Waschbusch 2008, S. 175.
180 Zellweger 2006.

Bei grösseren Übernahmen wird die Finanzierung zu einer Herausforderung. Die Übernehmer sind auf Finanzpartner angewiesen, sei es auf der Eigenkapital-, sei es auf der Fremdkapitalseite. Es ist deshalb wichtig, die Finanzpartner rechtzeitig anzufragen und konzeptionell zu berücksichtigen. Die aussichtsreichste Übernahme ist sinnlos, wenn sie an der fehlenden Finanzierung scheitert. Dabei liegt es in der Natur der Sache, dass der Übernehmer primär die Chancen sieht und der Finanzpartner primär die Risiken gewichtet. Der ablehnende Finanzierungsbescheid der Bank trifft deshalb beim potenziellen Übernehmer nur auf Kopfschütteln.

Es gibt keine allgemein gültigen Regeln, wie die Finanzierung ausgestaltet werden soll. Die letzten Jahre zeigen jedoch eine sehr positive Entwicklung. Diverse Banken sind bereit, Nachfolgelösungen im KMU-Bereich zu finanzieren. Die wachsende Kompetenz seitens der Finanzpartner erleichtert die Zusammenarbeit. In der Praxis haben sich gewisse Leitlinien und Grundsätze etabliert. Der Finanzierungskredit der Bank sollte in der Regel innerhalb von fünf Jahren zurückbezahlt werden. Dies hat natürlich einen direkten Einfluss auf die Finanzplanung des Unternehmens und auf die Gewinnausschüttungspolitik. Letztendlich stehen ja nur die ausgeschütteten Gewinne für die Verzinsung und Amortisation des Kredites zur Verfügung.

Die Kompetenz der Finanzpartner sollte genutzt werden. Aus diesem Grunde empfehlen wir bei grösseren Übernahmen, die Finanzpartner rechtzeitig mit einzubeziehen und die Finanzierung wie in unserer Grafik aufgezeigt zu einem Bestandteil der Nachfolgeregelung zu machen.

Vermögensverwaltung

Die Vermögensverwaltung hat nicht direkt etwas mit den Transaktionskosten zu tun. Die Finanzkrise von 2008/09 und die damit verbundenen grossen Vermögensverluste machen es notwendig, auch den Aspekt der Vermögensverwaltung zu beleuchten. Die Problematik sei anhand eines konkreten Falles kurz erklärt.

Ein Unternehmer hat sein Unternehmen 2007 zu 4 Mio. Franken verkauft. Auf Anraten eines Freundes hat er einen Viertel davon, also 1 Mio. Franken, in Lehmann-Produkte investiert und alles verloren. Den Unternehmenswert hat er in 40 Jahren aufgebaut. Im übertragenen Sinne hat er also innerhalb eines Jahres 10 Jahre Arbeit zunichte gemacht. In diesem Fall mag dies nicht existenzbedrohend sein, aber tragisch und enorm ärgerlich ist es doch.

Die meisten Unternehmer schätzen ihre eigenen unternehmerischen Fähigkeiten sehr hoch ein. Die Vermögensverwaltung war aber in den wenigsten Fällen ihre zentrale Tätigkeit; tatsächlich fehlt es hier also an der notwendigen Kompetenz. Untersuchungen zeigen denn auch, dass sich die Mehrheit der privaten Anleger massiv überschätzt. Der Unternehmer sollte daraus die richtigen Schlüsse ziehen.

Es geht nicht darum, als Anleger den Markt zu schlagen oder zu beweisen, dass man ein guter Investor ist, sondern es geht in erster Linie darum, das Alterskapital zu sichern. Der Vermögenserhalt an sich ist schon eine schwierige Aufgabe. Deshalb sollte man darauf verzichten, unnötige und vor allem nicht vorhersehbare Risiken einzugehen. Die Vorsicht steht deshalb an erster Stelle.

Fallbeispiel 9: Ein freundschaftlicher Handschlag

Der Unternehmer Köbi Frieden[181] kann mit einigem Stolz auf ein abwechslungsreiches und erfolgreiches Unternehmerleben zurückblicken. Er ist seit einigen Monaten pensioniert und hat mit einer einzigen Ausnahme all seine Gesellschaften verkauft. Diese letzte, kleine Gesellschaft liegt ihm sehr am Herzen.

Köbi Frieden hat in seinem Leben mehr richtig als falsch gemacht, und dazu das notwendige Quäntchen Glück gehabt. In den schwierigen Jahren hat sich bei seinen persönlichen und geschäftlichen Beziehungen die Spreu vom Weizen getrennt. Zu seinem Freundeskreis zählen zahlreiche Unternehmer, denen er blind vertrauen kann. Und das macht ihn sehr stolz. In den letzten Jahren hat er seine diversen operativen Gesellschaften verkauft – bis auf eine. Und hinter der steckt eine besondere Geschichte.

Am Anfang steht ein junger Ingenieur, der gemeinsam mit der ETH Zürich ein innovatives Holzbausystem entwickelt und patentiert. Die Lizenznehmer sind für die Vermarktung zuständig und beziehen die Komponenten bei Produktionsbetrieben, so auch bei Köbi Frieden. Aus welchen Gründen auch immer flaut die Dynamik nach einigen Jahren ab und der junge Ingenieur wendet sich neuen Aufgaben zu. Die Umsätze des Holzbausystems sinken und sinken. Für Köbi Frieden ist das unverständlich. Eine geniale Idee, in der Schweiz erfunden, und dann kümmert sich plötzlich niemand mehr darum. Köbi Frieden kann dem nicht zuschauen, also erwirbt er die Gesellschaft mitsamt Patent und Lizenzverträgen. Sein Unternehmerehrgeiz ist geweckt.

Ein wichtiger Kunde bekundet grosses Interesse an der Übernahme der gesamten Gesellschaft. Darauf hat Köbi Frieden gehofft. Für die ersten Verhandlungen erarbeitet er neues Marketingkonzept und einen neuen Businessplan. Die Verhandlungen starten sehr positiv. Doch ziehen sich die Gespräche in die Länge. Nach einigen Wochen beginnt man sich im Kreis zu drehen, es werden immer wieder die gleichen Punkte besprochen, ohne in der Sache weiterzukommen. Köbi

---

181 Name geändert.

Frieden ist unsicherer, ob er wirklich an den richtigen Partner geraten ist. Es geht ihm ja gar nicht darum, einen hohen Verkaufspreis zu erzielen, sondern die Idee soll weiterleben. Dafür braucht es nicht Geld, sondern Herzblut. Und dieses Herzblut vermisst er. Deshalb bricht er die Verhandlungen enttäuscht ab.

Kurz darauf trifft er sich mit einem alten Geschäftsfreund zum Mittagessen. Er klagt ihm sein Leid. «War die Übernahme ein Blödsinn?», fragt er seinen Freund, «ich möchte, dass die Idee weiterlebt, aber ich habe genug von der operativen Verantwortung.»

«Lass mich mal überlegen», antwortet sein Freund. «Warum verkaufst du deine Gesellschaft nicht an mich? Ich kann dir zwar kurzfristig nichts dafür bezahlen, aber ich kann dir garantieren, dass ich mich für die Weiterentwicklung voll einsetzen werde. Das Produkt reizt mich. Und wir können uns den zukünftigen Erfolg teilen, wenn du willst.»

Im ersten Moment ist Köbi Frieden völlig verdattert. Damit hat er wahrlich nicht gerechnet. Einen kurzen Augenblick lang lässt er das bisherige Gespräch Revue passieren. Nicht die Worte selbst, sondern das Funkeln in den Augen seines Freundes überzeugt ihn. Er kennt ihn lange genug als verlässlichen Partner. Er ist der Typ Unternehmer, der so ein Projekt vorantreiben kann.

Und so willigt Köbi Frieden erleichtert ein.

Sofort diskutieren sie verschiedene Produkt-Markt-Strategien und gewichten sie bezüglich ihrer Chancen und Risiken. Nach dem dritten Espresso ist die Stossrichtung klar. Zum Schluss des Gesprächs kommt Köbi Frieden noch einmal auf den Kaufpreis zurück: «Es ist mir bewusst, dass du mir derzeit nichts bezahlen kannst. Ich will aber auch keine Beteiligung am zukünftigen Erfolg. Der Erfolg soll dir allein zustehen. Mir ist es wichtig, dass du dich voll hinter die Aufgabe stellst. Deshalb schlage ich vor, dass wir jetzt einen fixen Preis vereinbaren. Den Betrag kannst du irgendwann in den nächsten drei Jahren bezahlen.»

Nachdem Köbi Frieden einen sehr fairen Preis genannt hat, streckt ihm sein Geschäftsfreund freudestrahlend die Hand entgegen. Sie besiegeln das Geschäft mit einem kräftigen Handschlag.

An diesem Beispiel lässt sich illustrieren, dass nicht nur die Übernahme, sondern auch die Preisfestsetzung eine starke, emotionale Komponente beinhaltet. Die Unternehmensbewertung basiert auf Mathematik – sie ist wichtig, aber nicht entscheidend. Entscheidend ist der emotionale Wert des Unternehmens; und dieser basiert auf Vertrauen und Zuversicht. Dieser emotionale Wert manifestiert sich im Verkaufspreis.

Ein zufriedener Unternehmer ist gerne bereit, sein Unternehmen unter dem kaufmännischen Wert zu verkaufen, wenn er von der Lösung überzeugt ist. Ein unzufriedener Unternehmer hat immer das Gefühl, dass er für seine jahrelange Mühsal zu wenig entschädigt wird. An der Grundeinstellung des Unternehmers übrigens ändert sich im Nachfolgeprozess nur selten etwas.

4.3   Die Unternehmensnachfolge als Prozess

4.3.1   Der Zeitbedarf eines Nachfolgeprozesses

Die Forschung ist sich weitgehend darin einig, dass eine Unternehmensnachfolge als ein Prozess zu verstehen ist und sich eben nicht allein auf die formale Führungs- oder Eigentumsübergabe beschränkt. Damit rücken Fragen zur zeitlichen Dimension, zur Prozessgestaltung und zu einzelnen Prozess-Schritten in den Mittelpunkt des Interesses. Generell wird eine frühzeitige Planung der Unternehmensnachfolge als wesentlicher Erfolgsfaktor gesehen.[182]

Empirisch lässt sich feststellen, dass die Abwicklung einer Unternehmensnachfolge in der Regel zwischen einem und fünf Jahren dauert. Die Initiierungsphase nimmt dabei relativ viel Zeit in Anspruch.[183] Bei der eigentlichen Abwicklung der Nachfolge lassen sich Unterschiede zwischen familieninterner und -externer Übertragung feststellen. Die Suche nach einem Nachfolger beansprucht bei der externen Lösung mehr Zeit (deutlich mehr als ein Jahr). Bei der internen Lösung ist dafür häufig der Altersunterschied zwischen den beiden Generationen problematisch: Entweder sind die direkten Familiennachfolger noch zu jung oder bereits zu alt. Umgekehrt beansprucht die eigentliche Übernahme durch den Nachfolger bei der externen Lösung weniger Zeit (mehrheitlich weniger als ein Jahr). Ausserdem gerät die Phase, in der Übergeber und Übernehmer gemeinsam das Unternehmen führen, bei einer externen Lösung wesentlich kürzer als bei einer familieninternen Nachfolge.

Eine eigene Untersuchung zeigt das Bild aus der Perspektive des Übernehmers (vgl. Abbildung 11, S. 127). Das Sammeln von Erfahrungen in anderen Unternehmen sowie eine zielgerichtete Aus- oder Weiterbildung der Nachfolger beanspruchen hier am meisten Zeit. Auch der Aufwand für die konkrete Einarbeitung ist nicht zu unterschätzen. Die formale und operative Abwicklung, wie etwa die Vertragsverhandlungen, sind im Vergleich dazu schon fast unbedeutend. Es verwundert also nicht, dass viele Praxisbeiträge empfehlen, für eine fundierte Vorbereitung der Unternehmensnachfolge drei bis sieben Jahre einzuplanen und die eigentliche Übertragung in einer möglichst kurzen Zeitspanne (ein bis eineinhalb Jahre) abzuwickeln.[184] Zu diesem Zeitpunkt sollte der Nachfolger bei familieninternen Übertragungen im Idealfall zwischen dem 25. und 40. Lebensjahr sein.[185]

182 Ibrahim, Soufani, Lam 2001, S. 256; Pohlmann 1997, S. 134.
183 Zürcher Kantonalbank 2005.
184 Bergamin 1995, S. 104. Eine kurze Übertragungszeit i.e.S. erhöht für die Beteiligten und die Stakeholder zudem die Prozesssicherheit.
185 Longenecker, Schoen 1978, zit. in Handler 1994, S. 135; Clausen 1982, S. 55.

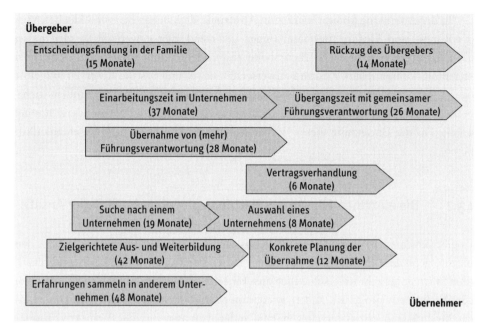

Abbildung 11: Dauer der einzelnen Übernahmetätigkeiten[186]

Die Herausforderung ist, dass die einzelnen Prozessphasen von Übergeber und Übernehmer sequentiell nicht immer aufeinander abgestimmt werden können und dass die einzelnen Phasen je nach Kontext und gewählter Nachfolgeoption unterschiedlich lang dauern. Insbesondere innerhalb von Familienunternehmen müssen die zwei Prozesse (der des Übergebers und des Übernehmers) eine inhaltliche und zeitliche Kongruenz erreichen, damit überhaupt ein Übergang möglich wird.[187] Der Zeitpunkt der eigentlichen Übergabe ist der Berührungspunkt der beiden Prozesse. Es kann beobachtet werden, dass die verschiedenen Prozessphasen bei familieninternen Unternehmensnachfolgen häufig parallel, bei familien- und unternehmensexternen Unternehmensnachfolgen eher sequentiell gestaltet werden.[188] Aus der Perspektive des Übernehmers gehen prägende Phasen wie Kindheit (zum Beispiel im Unternehmerhaushalt), die grundsätzliche berufliche Orientierung und Entwicklung der Phase voraus, in der sich die junge Generation Gedanken zum Thema Unternehmensübernahme macht.[189] In dieser Phase findet ihre Sozialisierung statt. Ideen, Wünsche, Erfahrungen bis hin zu Prägungen – vieles ist in Entwicklung und kann sich entsprechend wieder ändern. Ein möglicher Grundstein für eine Unternehmensnachfolge wird zumindest beeinflusst.

186 Frey, Halter, Zellweger 2005, S. 23.
187 Hofmann, Sigg 2009, S. 51.
188 Müller, Koschmieder, Trombska u.a. 2009, S. 205.
189 Hofmann, Sigg 2009, S. 51 ff.

In der Abbildung kommt nicht zum Ausdruck, dass neben den individuellen Vorbereitungs- und Einführungsmassnahmen genügend Zeit eingeplant werden muss, um das Unternehmen für die Übergabe fit zu machen. Damit ist gemeint, es in einen «nachfolgekompatiblen» Zustand zu versetzen: etwa, indem stille Reserven aufgelöst oder Umstrukturierungen oder Umwandlungen vollzogen werden oder indem nichtbetriebsnotwendiges Vermögen entnommen wird (vgl. dazu insbesondere Kapitel 4.2.3). Für die Umsetzung dieser Vorbereitungen sind an die fünf Jahre einzukalkulieren.

4.3.2   Die einzelnen Phasen des Nachfolgeprozesses im St.Galler Ansatz

Es gibt verschiedene Versuche – sowohl aus theoretischer wie praktischer Sicht –, den Nachfolgeprozess in Phasen darzustellen. Differenzierungsgrad und Abstraktionsniveau fallen dabei sehr unterschiedlich aus. Einzelne Phasenmodelle bieten Phasen ohne spezifische Reihenfolge an, andere wiederum geben eine klare Reihenfolge vor. Manche Modelle sind sehr allgemein gehalten, andere bewusst aus einer Perspektive formuliert (meist aus der des Übergebers oder der des Übernehmers). Aus praktischer Sicht dürfen solche Phasenmodelle nicht zu rigide verfolgt werden, denn manche bereits bearbeiteten Fragen tauchen in einer anderen Phase wieder, manche sind überhaupt nicht zwingend in der vorgeschlagenen Reihenfolge und Vollständigkeit zu «absolvieren».

Wir differenzieren einen Nachfolgeprozess im engeren und im weiteren Sinn (vgl. dazu Abbildung 12, S.129). In der Abbildung sind die einzelnen Prozessphasen bewusst durch unterbrochene Linien abgegrenzt, um die Durchlässigkeit zu unterstreichen; das bedeutet, verschiedene Teilschritte können auch parallel abgewickelt werden.

Die Unternehmensnachfolge im engeren Sinn umfasst die Teilphasen Vorbereitung auf die Nachfolge (II), Suche des Nachfolgers (III), Einarbeitung des Nachfolgers (IV) und definitive Umsetzung der Nachfolge (V). Die Unternehmensnachfolge im weiteren Sinn beinhaltet zusätzlich die Vorgeschichte (I) sowie die Gestaltung der Zeit nach der Unternehmensübertragung (VI). Die Vorgeschichte bildet den wichtigen historischen Kontext für Entscheidungen, Verhaltensweisen oder Handlungen.[190]

---

190 Wenn das Unternehmen bereits einmal an die nächste Generation übertragen worden ist, schwingen Erfahrungen mit, die in der neuen Unternehmensübertragung mit berücksichtigt werden. Janjuha-Jivraj und Woods (2002, S.79) sagen dazu: »*The emotional traumas and family splits experienced during transition without planning resulted in a determined effort to ensure this was avoided in the future. This is achieved by greater communication across the generations, resulting in goal congruence and a commitment to the long-term strategy.*« Insbesondere aus einer systemisch-konstruktivistisch orientierten Perspektive muss dem ganzheitlichen Bild eine grosse Bedeutung zugemessen werden.

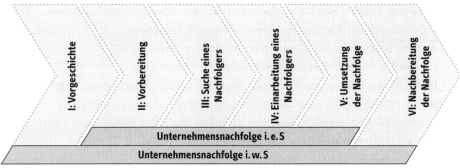

Abbildung 12: Der Nachfolgeprozess im St.Galler Nachfolge Modell

Dem Übernehmer und dem Übergeber fallen in jeder Phase verschiedene Aufgaben und Tätigkeiten zu. Um den Rahmen des vorliegenden Buches nicht zu sprengen, werden je Phase nur einzelne Aspekte beispielhaft ausgeführt, ohne Anspruch auf Vollständigkeit zu erheben.

Bei der *Vorgeschichte (Phase I)* gilt es, in Anlehnung an das Themenrad der Unternehmensnachfolge die Auseinandersetzung mit dem Selbstverständnis des Familienunternehmens zu suchen (vgl. dazu Kapitel 4.2.1, Seite 97). Die zentrale Frage dabei ist, welche Traditionen, Routinen und Geschichten das Unternehmen geprägt haben und unter Umständen die Entscheidungsfindungsprozesse heute beeinflussen. So kann das bereits genannte Beispiel der schlechten Erfahrung im Rahmen einer Kooperation des Grossvaters mit anderen Geschäftspartnern zur Grundhaltung führen, dass grundsätzlich keine Zusammenarbeit im Netzwerk möglich ist – losgelöst von der Reflexion, ob dies im heuten Umfeld noch als Grundsatz richtig oder falsch ist. Berater schenken der Kraft der Unternehmensgeschichte und -erfahrung häufig zu wenig Aufmerksamkeit. Mit der Folge, dass gewisse Entscheidungen nicht oder falsch verstanden werden, oder dass der Gesprächsverlauf mangels genügender Empathie und Verständnis behindert oder ganz gestört wird.

Die *Vorbereitungsphase (Phase II)* – Teil der Unternehmensnachfolge im engeren Sinn – kann auch als Initiierungsphase bezeichnet werden.[191] Sie beginnt eigentlich erst dann, wenn der Übergeber den Wunsch zur Veränderung aktiv verfolgt.[192] Er muss die innere Bereitschaft entwickeln bzw. die Notwendigkeit erkennen, dass er sich mit dem Thema auseinandersetzen muss. Hierbei schwingt auch das Bewusstsein der eigenen Vergänglichkeit mit. Bezogen auf das Unternehmen gilt es, dieses leistungs- und entwicklungsfähig zu halten. Nur Unternehmen mit Zukunftsperspektiven können besser

---

191 Cadieux 2005, Cadieux, Lorrain, Hugron 2002; Davis, Harveston 1998.
192 Churchil, Hatten 1987, zitiert in Handler 1994, S. 135.

übertragen werden.[193] Auch innerhalb der Familie muss die Unternehmensnachfolge thematisiert werden. Ziel ist, die verschiedenen Vorstellungen und Erwartungen zu erfassen. So wird ein gemeinsames Wertegefüge geschaffen, das für die Ausgestaltung des ganzen Nachfolgeprozesses i.e.S. bestimmend sein kann.

In der Folge geht es um die *Suche eines geeigneten Nachfolgers (Phase III)*. Innerhalb der Familie kann sie relativ rasch abgeschlossen werden. Die beiden primären Frage sind: Gibt es Familienmitglieder (Kinder), die das Unternehmen übernehmen wollen? Sind diese in der Lage das Unternehmen erfolgreich zu führen? Nur wenn beide Fragen bejaht werden, wird ein Weiterverfolgen der familieninternen Unternehmensnachfolge empfohlen. Wichtig dabei erscheint uns der Einbezug von allen Familienmitgliedern, denn genügend Beispiele zeigen, dass Kinder wider Erwarten einen sehr guten Nachfolger abgeben können und/oder wollen. Eine familienexterne Nachfolge ist über einen MBO, MBI, den Verkauf an Dritte oder durch einen Börsengang möglich. Jede Nachfolgeform birgt eigene Fragestellungen in sich, auf die an dieser Stelle nicht weiter eingegangen werden soll. Die Erfahrung zeigt, dass nach Möglichkeit verschiedene Szenarien entwickelt werden sollten. Die einmal gewählte Nachfolgelösung muss bis zum Vollzug nicht zwingend die geeignetste bleiben.

Der *Einarbeitung des Nachfolgers (Phase IV)* kommt vor allem bei der familieninternen Unternehmensnachfolge eine grosse Bedeutung zu. Die Schwierigkeiten für den Nachfolger liegen darin, bei den Mitarbeitenden Akzeptanz zu finden und sich eigene Kompetenzfelder zu erschliessen. Für den Übergeber liegen sie im langsamen, aber kontinuierlichen Rückzug. Zudem muss er dem Nachfolger Handlungs- und Entscheidungsspielräume mit den entsprechenden Kompetenzen zugestehen, damit dieser eigene Erfahrungen machen und Erfolge erzielen kann. Die Geschicke des Unternehmens in die Hände der nächsten Generation zu legen, fällt insbesondere dann schwer, wenn man selbst noch die finanzielle Mehrheit am Unternehmens hält (beispielsweise im Rahmen eines Earn-Out Modells). Je länger man eine gemeinsame Führung plant, desto präziser sollten die Regelungen ausfallen, die die Art und Weise der Zusammenarbeit bestimmen. Bei einer familienexternen Nachfolge fällt diese Phase meist nur kurz aus.

Der Rückzug aus einem Unternehmen kann sehr unterschiedlich gestaltet werden. Einige Übergeber versuchen, wieder ins Unternehmen einzusteigen – etwa in beratender Funktion –, andere ziehen sich sofort und unwiderruflich zurück.[194] Manche bauen ein neues Unternehmen auf, andere widmen sich nur noch privaten Interessen oder sozialen Aufgaben.[195]

---

193 Vgl. dazu Erfolgsfaktoren in Kapitel 6, ab S. 171.
194 Sechser 2006, S. 54.
195 Schuppli 2005, S. 39.

Mit der *Umsetzung der Nachfolge (Phase V)* ist primär die operative Umsetzung gemeint. Diese umfasst die finanzielle, rechtliche und steuerliche Abwicklung der Übertragung sowie die Kommunikation gegenüber den Mitarbeitenden und den übrigen Stakeholdern. In möglichst kurzer Zeit muss diesen Gruppen Sicherheit vermittelt werden. (Zu operativen Fragestellungen im Einzelnen s. Kapitel 4.1.3)

Im Rahmen der *Nachbereitung (Phase VI)* unterscheiden wir zwischen der Übergeber- und der Übernehmerperspektive. Für die abtretende Generation verändert sich einiges in Bezug auf die tägliche Routinen und Gewohnheiten. Der bisher stabile Tagesablauf kann geradezu auf den Kopf gestellt werden. Hier drängen sich Fragen auf wie: Wie geht das Ehepaar mit der gewonnen Zeit um? Wie wird die Rollenverteilung innerhalb der Familienwelt neu geregelt? Welche Pläne und Visionen verfolgt der Unternehmer jetzt, welche Aktivitätsfelder bieten sich an? Wie geht er mit seinen verschiedenen Netzwerkbeziehungen um?

Neben dieser Neugestaltung des Alltags gilt es, die Unternehmerkarriere bewusst abzuschliessen, möglichst durch einen symbolischen Akt. Folgende Fragen können hier helfen: Auf welche Erfolge können der Unternehmer und seine Familie stolz sein? Welches Motto könnte der Abschiedsfeier vorangestellt werden? Welche Vorteile, z.B. für Körper und Psyche, bringt der Abschied vom Unternehmen? Ziel ist, dass sich der Unternehmer und seine Familie am Ende mit der gewählten Lösung wohl fühlen und voll und ganz hinter ihr stehen – dass man unsicher ist bzw. die einmal getroffene Entscheidung infrage stellt, ist relativ normal, kann aber durch eine entsprechende Einstellung aufgefangen werden.

Die grösste Herausforderung für die neue Generation ist es, eine Balance zwischen der Wahrung des Erreichten und der Lancierung von Veränderungsmassnahmen zu finden. Unabhängig davon, ob es sich um eine familieninterne oder familienexterne Nachfolge handelt – der Nachfolger wird dabei von allen genau beobachtet und bewertet. Die Planung der ersten 100 Tage ist folglich nicht nur die Aufgabe jedes frisch gewählten Präsidenten von Amerika, sondern auch des neuen Leiters eines kleinen KMU. Mit dieser hilfreichen Massnahme verliert man als Unternehmer nicht den Boden unter den Füssen. Veränderungen mit Symbolcharakter wirken hier unterstützend, wie z.B. die Verlegung des Büros der abtretenden Generation, die Überarbeitung des Aussenauftritts, neue Bilder in den öffentlichen Räumlichkeiten des Unternehmens, die Umbenennung des Direktorenparkfeldes neben dem Haupteingang in Kundenparkplatz, und vieles mehr. Auf operativer Ebene werden in den ersten Wochen und Monaten häufig Elemente der modernen Unternehmensführung eingesetzt, wie die Einführung von neuen Organisationsstrukturen, die Neustrukturierung von Prozessen, die Überarbeitung des Kompetenzreglements. Instrumente wie Prozess-, Portfolio-, Markt- oder Kundenanalyse, ein Strategieentwicklungsprozess, Interviews mit Mitarbeitenden oder die Einführung eines Innovationsprozesses zur Mobilisierung der Mitarbeitenden können hilfreiche Massnahmen sein. Insgesamt gilt es, möglichen Konflikten über Wertvorstellungen, Methoden und Rollen frühzeitig zu begegnen.[196]

Fallbeispiel 10: Die Feuertaufe

Marco Zumach[197] ist ein 32-jähriger Ingenieur aus einer Unternehmerfamilie. Vater und Onkel führen den Familienbetrieb, der u.a. im Tunnelbau tätig ist. Heinz Stüsser kennt die Familie aus seiner beruflichen Tätigkeit. Er ist Eigentümer eines Ingenieurbüros, das sich auf Tunnelbau spezialisiert hat.

«Hast du Lust, meine Firma zu übernehmen?» Diese Frage wird einem nicht jeden Tag gestellt. Vor allem trifft Marco Zumbach diese Frage völlig unerwartet. Die letzten Monate sind ziemlich hektisch gewesen. Er hat nicht nur seine Forschungsarbeiten an der ETH abgeschlossen, sondern sich auch gedanklich darauf vorbereitet, in den Familienbetrieb einzusteigen. Die ersten Gespräche mit Vater und Onkel sind sehr positiv verlaufen. Das Konzept ist skizziert und die beiden freuen sich auf Marcos Einstieg.

Und dann dieses Telefongespräch. Marco Zumbach kennt Heinz Stüsser als Geschäftspartner des Familienbetriebs. Und nun bietet er ihm, einem unternehmerischen Grünschnabel, sein Ingenieurbüro zum Kauf an. Heinz Stüsser will sich möglichst bald mit ihm treffen um die Sache zu besprechen.

Viele Fragen schiessen Marco durch den Kopf: «Ist das die einmalige Chance für mich? Lasse ich damit meinen Vater und Onkel im Stich? Kann ich mir das finanziell überhaupt leisten? Traue ich mir das zu?»

Als Ingenieur hat er gelernt, dass man komplexen Aufgabenstellungen nur mit einer klaren Analyse beikommt. Er versucht, seine Gedanken in einer Mind Map zu ordnen. Beim Stichwort Familienbetrieb listet er die wichtigsten Fakten auf:

- Vater: Doppelfunktion Verkauf und kaufmännische Führung
- Onkel: Produktion und Technik / Know-how nicht schriftlich festgehalten
- Organisation: kontinuierlich gewachsen / für derzeit 100 Mitarbeiter am Limit
- Bilanz: 100 % eigenfinanziert / gute Liquidität

Die Gesellschaft hat ein starkes Standbein im Tunnelbau. Für diesen Bereich werden wichtige Komponenten hergestellt und weltweit an grosse Tunnelbauer ver-

---

196 Felden, Pfannenschwarz 2008, S. 201.
197 Alle Namen geändert.

kauft. Marco hat mit seinem Vater schon die Idee diskutiert, den Ingenieurbereich auszubauen.

Unter diesem Blickwinkel muss Marco Zumbach das Angebot von Heinz Stüsser als wirklich spannend bezeichnen. Damit könnte der Familienbetrieb einen Quantensprung machen, zu dem er aus eigener Kraft nicht fähig wäre.

Dazu muss man wissen, dass das Ingenieurbüro von Heinz Stüsser im Tunnelbau einen international hervorragenden Ruf geniesst. Dieses Image gründet nicht zuletzt auf dem Fachwissen des Inhabers, der eine grosse Schweizer Baufirma geleitet hat, bevor er vor 15 Jahren das Ingenieurbüro übernahm. Mehrfach hat Heinz Stüsser Übernahmeangebote von grossen internationalen Unternehmen erhalten. Alle hat er ausgeschlagen. Er will sein Büro einem fähigen Ingenieur übergeben. Er kennt Marco Zumbach als cleveren, jungen Mann. Er vermutet, dass dieser an einer Übernahme interessiert sein könnte.

Zum gleichen Schluss kommt auch Marco Zumbach: Das könnte die Chance seines Lebens sein. Er braucht jedoch die Zustimmung von Vater und Onkel. Er muss die beiden überzeugen, dass dieser Schritt auch für den Familienbetrieb strategisch richtig ist. Am folgenden Wochenende trifft er die beiden, und nach eingehender Diskussion sind beide einverstanden. Man will die Kaufofferte eingehend prüfen.

In den folgenden Wochen finden mehrere Sitzungen zwischen Marco Zumbach und Heinz Stüsser statt. Diese sind geprägt von drei Themen:

– Wie kann der Übergang der operativen Geschäftsführung ausgestaltet werden?
– Wie kann die Übernahme strukturiert werden, damit sie für Marco Zumbach finanzierbar wird?
– Wie kann sichergestellt werden, dass Heinz Stüsser den Käufer weiterhin bei wichtigen Entscheidungen unterstützt?

In den Sachdiskussionen zeigt sich, dass die Chemie zwischen Heinz Stüsser und Marco Zumbach stimmt. Stüsser ist bereit, Konzessionen einzugehen, um Marco Zumbach die Übernahme zu ermöglichen. Nach wenigen Wochen steht die gemeinsame Lösung. Der Ablauf der Übernahme wird in drei Phasen gegliedert

Phase 1: das Sich-Gegenseitig-Kennenlernen
Phase 2: die Übernahme der operativen Führung
Phase 3: die finanzielle Übernahme.

Die Lösung wird in einem LOI (Letter of Intent) festgehalten. Phase 1 beginnt sofort nach Unterzeichnung der Vereinbarung. Marco Zumbach arbeitet für ein halbes Jahr als Projekt-Mitarbeiter. In dieser Zeit ist er frei von jeglichen Führungsaufgaben, arbeitet bei verschiedenen Aufträgen eng mit den Mitarbeitern zusammen und lernt so die Prozesse und Strukturen kennen; hautnah, aber ohne Führungsverantwortung.

Das ändert sich mit Beginn der zweiten Phase. Marco Zumbach muss für die nächsten sechs Monate die operative Geschäftsleitung übernehmen. Gleichzeitig unterstützt er Heinz Stüsser bei allen strategischen Entscheidungen. Bis zum Ende dieser Phase ist Zumbach nicht finanziell beteiligt. Beide Seiten hätten gemäss LOI das Recht, die Übernahme ohne finanzielle Folgen abzubrechen. Dazu kommt es nicht. Die Zusammenarbeit entwickelt sich vorbildlich, der gegenseitige Respekt wächst. Marco Zumbach weiss, dass er jetzt die Finanzierung regeln muss. Eine anspruchsvolle Aufgabe.

Die Grundzüge und Eckdaten des Management-Buy-ins sind im LOI geregelt. Nach Ende der zweiten Phase muss Zumbach 51 % des Aktienkapitals erwerben. Drei Jahre später werden weitere 25 % übernommen und nach nochmals drei Jahren die restlichen 24 %. Der Preis für alle drei Aktientranchen ist verbindlich fixiert.

Um den Kaufpreis zu refinanzieren, ist Zumbach auf Dividendenausschüttungen angewiesen. Das hat den Vorteil, dass auch Stüsser sechs Jahre lang noch direkt vom Erfolg der Gesellschaft profitiert. So lange wird er auch im Verwaltungsrat bleiben und Marco Zumbach in strategischen Belangen unterstützen. Diese Lösung überzeugt auch die involvierte Bank. Mehr als die Hälfte des Gesamtkaufpreises wird fremdfinanziert, das notwendige Eigenkapital erhält Marco Zumbach von seinem Vater als privates Darlehen. Die Übernahme der Aktienmehrheit wird abgewickelt, gleichzeitig übernimmt Marco Zumbach das Präsidium des Verwaltungsrates. Die folgenden Monate sind geprägt von der operativen Stab-Übergabe.

Nach Abschluss der dritten Phase, also nach insgesamt 18 Monaten, räumt Stüsser sein Chefbüro. Marco Zumbach hat inzwischen das Vertrauen der Mitarbeiter und der Kunden gewonnen. Für ihn beginnt jetzt die vierte Phase, die unternehmerische Feuertaufe.

Vorbildlich, ja fast exemplarisch zeigt dieser Management-Buy-in, dass das Hauptthema einer Nachfolgeregelung die Übernahme der Führungsverantwortung sein sollte und nicht Kaufpreis und Finanzen. Der Einstieg des Übernehmers wurde so gewählt, dass sich dieser in 18 Monaten mit allen Ebenen vertraut machen konnte und nach dieser Zeit auch die Sicherheit bekam, das Unternehmen führen zu können.

Der Kaufpreis oder besser die Transaktion wurde so gestaltet, dass Übergeber und Übernehmer im Erfolgsfall profitieren. Es besteht eine hohe Ziel-Kongruenz.

Der Nachfolge-Prozess bezieht sich nicht nur auf die operative, sondern insbesondere auch auf die strategische und normative Ebene. Mit dem Phasen-Modell wurde diesem Aspekt Rechnung getragen.

4.4   Das St.Galler Nachfolge Modell als integrierender Ansatz

Modelle sollen Komplexität systematisieren und ordnen. Dabei vereinfachen sie die untersuchten Verhältnisse stark und bringen sie auf eine abstrakte Ebene. Man unterscheidet zwischen Beschreibungs-, Erklärungs- und Entscheidungsmodellen, wobei die ersten beiden Typen die Nachfolgeliteratur dominieren.[198]

Wie bereits dargelegt, erscheint es uns aufgrund der grossen Komplexität von Unternehmensnachfolge-Prozessen sinnvoll, zwischen *verschiedenen Analyseebenen* klar zu differenzieren (vgl. dazu Kapitel 2.3). Das Ziel des St.Galler Nachfolge Modells ist es, die verschiedenen Ebenen und Sichtweisen integral zu betrachten und inhaltlich aufeinander abzustimmen. Zwischen allen Ebenen können Beziehungen hergestellt und Abhängigkeiten abgeleitet werden – was das Modell wiederum an seine Grenzen bringt. Dies bedeutet, dass der Kompetenzansatz nicht hinfällig, sondern erst recht notwendig wird.[199] Der kompetente Umgang mit dem Thema Unternehmensnachfolge stellt hohe Anforderungen an die Betroffenen und an die Begleiter.

Der Kern des St.Galler Nachfolge Modells setzt sich aus drei Komponenten zusammen, die es miteinander zu verbinden gilt (vgl. dazu Abbildung 13):

I: Das *Familienunternehmen* – in der Form wie es in Kapitel 2 vorgestellt und charakterisiert worden ist – stellt den *Kontext der Unternehmensnachfolge* dar. Für die Auseinandersetzung mit der Unternehmensnachfolge hilft dabei vor allem die Differenzierung der vier Analyseebenen auf die nicht nochmals spezifisch eingegangen werde soll. Die Ebenen sind:

– intrapersonelle Ebene
– interpersonelle Ebene
– organisationale Ebene
– Ebene der Gesellschaft und Anspruchsgruppen
– In der Unternehmensnachfolge eine Lösung zu finden, die den verschiedenen Anforderungen und Erwartungen gerecht wird, ist die grosse Herausforderung – und dies sowohl aus der Perspektive des Übergebers oder der Übergeberfamilie als auch aus der Perspektive des Übernehmers oder der Übernehmerfamilie.

II: Der *Nachfolgeprozess im weiteren Sinn* stellt das Kernstück der Unternehmensnachfolge dar. Hier kommt der Zeitaspekt und damit eine fünfte Analyseebene ins

---

198 Fueglistaller, Halter 2006, S. 49. Beispiele im Kontext der Unternehmensnachfolge und Familienunternehmen sind beispielsweise Le Breton-Miller, Miller, Steier 2004; Handler 1994a und 1988; Chittoor, Das 2007; Trefelik 2002; Kropfberger, Mödritscher 2002, S. 114; Goehler 1993; Wimmer, Domayer, Oswald u.a. 1996, S. 245ff.

199 Fox, Nilakant, Hamilton 1996 sprechen dabei von einem Beziehungsmodell, zit. in Chittoor, Das 2007, S. 67.

Spiel. Eine Unternehmensnachfolge darf nicht als einmaliger Akt zu einem fixen Zeitpunkt, beispielsweise bei der Unterzeichnung des Verkaufsvertrags, verstanden werden. Vielmehr muss der Gestaltung des gesamten Prozesses im Zeitraum grosse Aufmerksamkeit beigemessen werden, wobei auch die Vorgeschichte und die Nachbereitung der Unternehmensnachfolge seiner Aufmerksam bedürfen (vgl. dazu Kapitel 4.3, Seite 126).

III: Viele Unternehmensnachfolgen scheitern an den *Basisfragen*. Zu schnell wird der Fokus auf rein fachliche Fragen und Lösungen gerichtet, während zentrale Aspekte der Nachfolge wie beispielsweise die verschiedenen Rollen und Erwartungen der Familienmitglieder oder Entwicklungs- und Zukunftsfähigkeit des Unternehmens ignoriert werden. Unser Anliegen ist es, alle konkreten Themenfelder zunächst aus einer *normativen und strategischen Perspektive* zu betrachten und erst danach die *operative* Ebenen zu bearbeiten (vgl. dazu Kapitel 4.1, Seite 86ff.)Vor diesem Hintergrund haben wir das fünfteilige *Themenrad der Unternehmensnachfolge* definiert. Dabei gilt es äquivalente Fragestellungen zusammenzufassen, eine geeignete Lösung zu erarbeiten und die inhaltlichen Gestaltungsmöglichkeiten auszuschöpfen. Im Themenrad geht es um die Aspekte Selbstverständnis des Familienunternehmens, Vorsorge und Sicherheit, Stabilität und Fitness des Unternehmens, rechtliches Korsett und Transaktionskosten wie beispielsweise steuerliche Belastung, die Unternehmensbewertung oder die Finanzierung (vgl. dazu Kapitel 4.2.5, Seite 113 ff.).

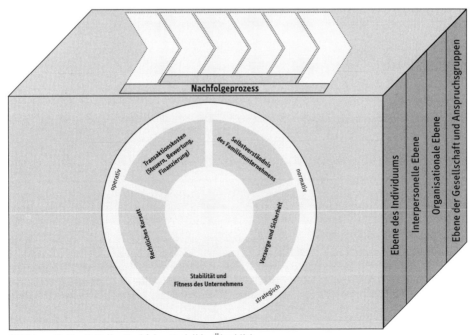

Abbildung 13: Das St.Galler Nachfolge Modell im Überblick

Eine tragfähige Nachfolgelösung lässt sich nur finden, wenn genau die Fragen und Probleme bearbeitet werden, die zur jeweiligen Situation des Familienunternehmens passen. Die Schwierigkeit liegt also nicht allein darin, dass die unterschiedlichen Ziele und Erwartungen der beteiligten Personen im einzelnen Fall in Einklang zu bringen sind. Auch die Ausgangskonstellationen sind immer wieder anders – eben so heterogen wie die Unternehmen selbst. Immer wieder können ganz neue Themen auftauchen. Jede Unternehmensnachfolge ist damit eine neue Unternehmensnachfolge. Rezepte und Standardlösungen helfen in der Regel nicht weiter – und doch muss am Schluss des Prozesses eine machbare und nachhaltige Lösung stehen.

Eine Unternehmensnachfolge ist in der Regel eine einmalige Angelegenheit in der Biografie eines Unternehmers – hoffentlich nicht in der Geschichte des Unternehmens. Sie beansprucht üblicherweise mehrere Jahre. Um die verschiedenartigen Probleme zu bewältigen, werden diverse Kompetenzen und spezifisches Fachwissen benötigt. Somit stellt sich zwingend die Frage nach der richtigen *Gestaltung* und nach *Unterstützungsmöglichkeiten im Unternehmensnachfolgeprozess.* Darauf soll im folgenden Kapitel eingegangen werden.

5 Die Gestaltung der Unternehmensnachfolge

Mit dem St.Galler Nachfolge Modell haben wir aufgezeigt, wie vielschichtig eine Unternehmensnachfolge ist. Ohne professionelle Unterstützung scheint sie kaum lösbar zu sein – weshalb wir uns nachstehend der Nachfolgeberatung zuwenden. In einem ersten Schritt werfen wir einen Blick auf die Architektur des Nachfolgeprozesses, denn die Art und Weise der Ausgestaltung hat unseres Erachtens Einfluss auf den Lösungsfindungsprozess. In einem zweiten Schritt widmen wir uns den verschiedenen Beratungsansätzen, wobei wir zwischen entscheidungsorientierter Fachberatung und coachingorientierter Prozessbegleitung unterscheiden. In einem dritten Teil beschäftigen wir uns mit möglichen Gütekriterien für Beratungsleistungen im Nachfolgekontext, bevor wir abschliessend noch einige Gedanken zum Thema Informationspolitik festhalten.

5.1   Die Architektur der Prozessgestaltung

Eine Unternehmensnachfolge lässt sich unterschiedlich lancieren und gestalten. Wird eine Beratung erwünscht, muss zunächst die Frage nach der Beratungsfunktion respektive -aufgabe und dem Beratungsobjekt beantwortet werden. Hier unterscheiden wir zwei grundsätzlich verschiedene Wege (vgl. dazu Abbildung 14).

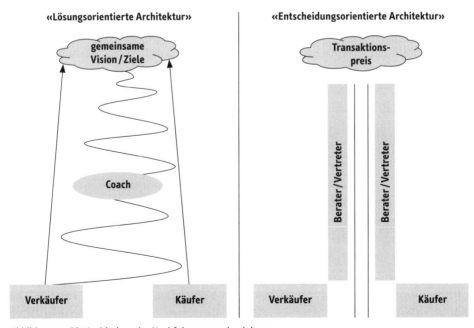

Abbildung 14: Die Architektur der Nachfolgeprozessbegleitung

Bei der *entscheidungsorientierten Architektur* dreht sich der Nachfolgeprozess primär um den Transaktionspreis. Die beiden Parteien haben dabei spezifische Vorstellungen über eine obere und untere Grenze; die zentrale Frage ist, ob, und falls ja, wo sich die beiden Parteien treffen. Diese Architektur lässt sich vor allem bei familien- und unternehmensexternen Verkäufen beobachten. Kommt es zu einer Transaktion, ist die Übergangsphase in der Regel relativ kurz. Dies bedeutet, dass der Verkäufer das Unternehmen relativ rasch verlässt und der Käufer die volle Verantwortung übernimmt. Damit einher geht die bereits anderenorts angesprochene Informationsasymmetrie zwischen den beiden Parteien. Der Käufer blickt praktisch nicht in das Unternehmen hinein und ist auf die Richtigkeit der erhaltenen Informationen angewiesen. Auch deswegen rückt die Preisverhandlung so stark in den Vordergrund: der Käufer versucht alle etwaigen Risiken aufzuspüren, um den Preis zu drücken. Wir haben auch beobachtet, dass im Rahmen eines solchen Prozesses das Übertragungsobjekt Veränderungen erfährt. Gewisse Dinge wie Rechte oder Objekte aus der Transaktion werden ausgeschlossen oder dazu genommen.

Im Rahmen einer entscheidungsorientierten Architektur werden sehr oft (Fach)Experten mit ins Boot genommen, die im Dienst der einen oder anderen Partei stehen. Insbesondere auf Verkäuferseite werden gern Experten für Fusionen und Akquisitionen (M&A-Experten) eingesetzt, welche im Rahmen einer sogenannten M&A-Fee – also zu einem festzulegenden Prozentsatz – an der Transaktionssumme beteiligt sind. Solche Anreizsysteme können dem Verkaufsprozess eine zusätzliche Dynamik verleihen. Die Gefahren bei einer rein entscheidungsorientierten Prozessarchitektur sind, dass sich die Parteien gegen Schluss des Prozesses in Details verlieren, das Vertragswerk immer dicker und die Stimmung angeheizt wird. Gerade Verkäufer, die ihr Unternehmen über zwei bis drei Jahrzehnte aufgebaut und weiterentwickelt haben, erfahren dies als schmerzhaften und emotional belastenden Prozess – denn von der Käuferseite wird unter Umständen alles in Frage gestellt.

So wäre ein Zwischenweg zu suchen, der im Sinne des Verkäufers zu einer unternehmerisch orientierten, einvernehmlichen Lösung führt. Die entscheidungsorientierte Architektur bietet hier den Vorteil, dass beide Parteien von vornherein lösungsorientiert vorgehen – so kann es durchaus vorkommen, dass sich eine der Parteien an einem gewissen Punkt von der harten Verhandlung löst und auf eine gemeinsame (unternehmerische) Lösung einschwenkt.

Die Praxis zeigt uns, dass eine Kombination der beiden Grundmodelle zielführend ist. Insbesondere bei entscheidungsorientierten Prozessarchitekturen beobachten wir oft, dass der Verkäufer bei fortgeschrittenem Verhandlungsprozess die Frage in den Raum stellt, ob der Käufer das Unternehmen überhaupt kaufen will oder nicht – dies ist schon der erste Schritt zu einer lösungsorientierten Architektur.

Wie wir bereits in Kapitel 3.2.1 gesehen haben, steigt die Bedeutung der familienexternen Unternehmensnachfolge zunehmend, damit steigen auch die Anforderungen an die Prozessgestaltung. Ein Hauptproblem besteht darin, dass Verkäufer und potenzielle Käufer sich oft nicht finden, denn der Transaktionsmarkt ist insbesondere für Kleinst- und Kleinunternehmen nicht transparent.[200] Unsere Beobachtung ist, dass für viele Verkäufer – meist handelt es sich dabei um Mittler und nicht um die Unternehmer selbst – die Finanzierungskapazität des Käufers das erste Selektionskriterium ist. So fallen viele Interessenten schon früh aus dem Feld möglicher Kandidaten – entsprechend selten kommt es überhaupt zu einem Treffen zwischen Übergeber und potenziellen Übernehmern. Es ist fraglich, ob rein rationale Kriterien in einer ersten Phase überhaupt zielführend sind; denn im Verlauf des Prozesses stellen sich doch meist viele Alternativlösungen heraus, beispielsweise in Bezug auf die Finanzierung – sofern sich die beiden Parteien im Grundsatz sympathisch sind und eine unternehmerische Lösung suchen.

Fallbeispiel 11: Meine Tante Sylvia

Ausgangslage ist die familieninterne Nachfolgeregelung in eine mittelständische Familien-Holding. Eigentümer sind drei Geschwister, wobei der Vater des Erzählers Mehrheitsaktionär ist und die beiden Schwestern nur Aktienminderheiten halten. Der in der Erzählung erwähnte Berater hat das Geschehen hautnah miterlebt.

Eigentlich wäre alles absolut reibungslos verlaufen. Die Übergabe der operativen Gesellschaften von meinem Vater an mich war konzeptionell sauber aufgegleist, steuerlich vorgeprüft und die Vertragsentwürfe lagen bereit. Alles im Griff, dachten wir, bis zur ominösen Sitzung vom letzten Dienstag. Denn bei der tauchte meine Tante Sylvia in Begleitung eines unbekannten Herrn im dunklen Zweireiher auf. Schon als ich die beiden sah, schwante mir Böses. Sie stellte uns den Herrn als ihren Rechtsanwalt Dr. Stünzi vor, Wirtschaftsjurist von der Kanzlei Stünzli & Kunz.[201]

Zur Familiengesellschaft gehören mehrere Immobilien sowie drei operativ tätige Tochtergesellschaften: eine regional tätige Lüftungsfirma, eine kleine Montagefirma und eine sehr rentable international tätige Gesellschaft im Apparatebau. Gemeinsam mit unserem Berater haben wir das Übergabekonzept entwickelt. Da

---

200 Halter, Schrettle, Baldegger 2009, S. 19.
201 Alle Namen geändert.

ich selbst nur wenig Geld habe, entschieden wir uns für ein stufenweises Vorgehen. Auf Empfehlung des Beraters sollte ich eine Käufer-Holding gründen. Diese Holding sollte zuerst die rentabelste Gesellschaft, also den Apparatebau, erwerben. Der Kaufpreis ist – vorsichtig ausgedrückt – relativ günstig und wird als langfristiges Darlehen gewährt. Dank der Gewinnausschüttungen hätte ich nach zwei bis drei Jahren genügend Geld in der Holding, um die anderen Gesellschaft zu erwerben.

Der Kaufpreis und die damit verbundenen Verträge waren vom Steueramt geprüft und akzeptiert worden, was ohne die hervorragende Arbeit unseres Steuerberater unmöglich gewesen wäre. Wir glaubten, damit das grösste Hindernis erfolgreich umschifft zu haben. So kann man sich täuschen.

Zur Klärung der Situation muss ich die Vorgeschichte kurz erläutern. Als mein Grossvater starb, musste mein damals noch sehr junger Vater von einem Tag auf den anderen die Firma übernehmen. Als einziger Sohn erhielt er gemäss Testament 70 Prozent der Aktien, seine beiden Schwestern, Tante Hildi und Tante Sylvia, je 15 Prozent. Beide Schwestern sind kinderlos geblieben und geniessen heute ein geruhsames Leben. (Bei Tante Sylvia bin ich mir jedoch nicht sicher, ob ihr Ehemann im Mittelpunkt ihrer Aufmerksamkeit steht oder Cuno, ein eigenwilliger und etwas in die Jahre gekommener Cocker-Spaniel. Mit allen dreien verstehe ich mich übrigens ausgezeichnet.)

Mein Vater hat jedenfalls jahrelang den damals kleinen Betrieb geführt und sich um die finanziellen Angelegenheiten der ganzen Familie gekümmert. Er hat als ältester Sohn quasi die Vaterrolle übernommen. Aus dem Kleinbetrieb wurde über die Jahrzehnte ein erfolgreicher mittelständischer Betrieb. Die Gewinne wurden vorwiegend reinvestiert. Einmal jährlich wurde eine Generalversammlung einberufen, bei der mein Vater die Situation der Familiengesellschaft und der Treuhänder den Jahresabschluss und die Höhe der Dividende erläuterten. Anschliessend ging man stets gemeinsam zu einem ausgiebigen Mittagessen.

Die Dividenden waren nie besonders hoch. Mein Vater und meine Tanten waren bescheidene Leute und stellten das Wohl der Firma über ihre eigenen Ansprüche; zu Beginn aus Notwendigkeit, später aus Gewohnheit. Nie haben meine Tanten irgendwelche Ansprüche angemeldet oder entsprechende Bemerkungen fallen gelassen. Das geschwisterliche Zusammenleben verlief ruhig und friedlich, soweit ich dies aus meiner Warte beurteilen kann.

Deshalb waren wir alle perplex, als meine Tante Sylvia mit ihrem Rechtsanwalt zur Sitzung erschien.

Gemäss Traktandenliste ging es um die Erläuterung des Nachfolgekonzepts und um die Verträge. Doch schon kurz nach den einleitenden Worten meines Vaters meldete sich der Rechtsanwalt zu Wort. Er habe die Verträge aufmerksam durchgelesen, begann er seine Ausführungen. Im Namen seiner Mandantin müsse er jedoch mitteilen, dass er mit den vorgeschlagenen Verkaufspreisen und den entsprechenden Bewertungen in keiner Weise einverstanden sei.

Wörtlich sagte er: «Die vorliegenden Bewertungen sind reine Gefälligkeitsgutachten und nicht das Papier wert, auf das sie geschrieben wurden. Mit diesem Verkauf würden wesentliche Vermögenswerte verschenkt und dem Vermögen meiner Mandantin ohne Gegenleistung entzogen. Das grenzt an ungetreue Geschäftsführung, weshalb es mich masslos überrascht, dass ihr Herr Steuerberater zu so einer Lösung Hand bietet. Ich als Wirtschaftsjurist kann dem niemals zustimmen. Meine Mandantin wurde jahrelang mit Kleingeld abgespeist; sie erwartet jetzt einen Vorschlag, der ihren legitimen Ansprüchen Rechnung trägt.»

Den Rest der Sitzung konnten wir uns schenken – niemand hatte noch Lust, Vorschläge einzubringen. Wir gingen ergebnislos auseinander.

Ich war wie vor den Kopf gestossen. Mein Entscheid, die finanzielle und führungsmässige Verantwortung für alle operativen Gesellschaften zu übernehmen, war schon schwierig genug gewesen. Ich sollte ja nicht nur eine, sondern alle drei Gesellschaften führen – eine Aufgabe, vor der ich einen Heidenrespekt hatte. Natürlich lagen die Bewertungen am unteren Ende der Skala, aber wer wollte denn die Gesellschaften tatsächlich führen? Meine Tante etwa? Oder der Rechtsanwalt? Ich musste meiner Tante klar machen, dass ich nicht bereit wäre, ein übermässiges Risiko zu übernehmen. Schliesslich gäbe es auch für mich Alternativen.

Noch Ende der Woche traf ich mich mit Tante Sylvia zum Mittagessen; nur wir beide, und Cuno natürlich. Doch bevor ich ihr noch meine Argumente darlegen konnte, blickte sie mich leicht amüsiert an und sagte: «Lass mich raten. Du willst mit mir über die letzte Sitzung reden, richtig? Aber das ist ein Thema zwischen deinem Vater und mir. Erzähl mir lieber, wie es im Geschäft so läuft.» Wir plauderten also über das Geschäft, über meine neue Freundin, doch kein Wort über die Punkte, die mich wirklich beschäftigen. Stets wich sie dem Thema geschickt aus.

«Lass mich nur machen», sagte sie zum Abschied und mit einem leichten Augenzwinkern «Chunt scho guet!»[202]

Ich war noch verwirrter als vorher. Nach meinem Bauchgefühl zu urteilen, ging es meiner Tante gar nicht ums Geld.

In den folgenden Wochen trafen sich meiner Tante Sylvia und mein Vater mehrmals, anfänglich mit Rechtsanwalt, dann ohne. Diese Entwicklung stimmte mich zuversichtlich. Endlich, nach drei Wochen, wurde ich ebenfalls zu einer Sitzung

202   Schweizerdeutsch, sinngemäss: «Wird schon gut gehen.»

eingeladen. Mein Vater eröffnete mir, dass sie nach intensiven Verhandlungen eine Lösung gefunden hätten, mit der beide Schwestern einverstanden seien.

«Diese Lösung wird dir Tante Sylvia gerne selber erläutern», schloss er.

«Mit deinem Vater», wandte sich Sylvia an mich, «hatte ich in den letzten Wochen wirklich gute und tiefgründige Gespräche. Ich habe dabei die Einsicht gewonnen, dass es richtig ist, die Führung der Familiengesellschaft in eine Hand zu legen. Du bist offenbar bereit, diese verantwortungsvolle und schwierige Aufgabe zu übernehmen. Dafür danke ich dir. Ich bin überzeugt, dass du diese Herausforderung erfolgreich meistern wirst. Aus diesem Grunde werde ich dir meine ganzen Aktien an meinem 70. Geburtstag schenken. Dies ist mein Beitrag für die erfolgreiche Nachfolgeregelung. Und von meiner Schwester weiss ich, dass sie das Gleiche vorhat.»

Ich war sprachlos. Das hatte ich am allerwenigsten erwartet. Vor lauter Überraschung kamen mir nur ein paar unbeholfene Worte über die Lippen, als ich mich für ihre Grosszügigkeit bedanken wollte.

Im Nachhinein bestätigte sich, dass es meiner Tante nie um Geld gegangen war. Wir hatten sie bei der ganzen Nachfolgeregelung schlichtweg übergangen – und so ihre Familienehre verletzt. Ihre heftige Reaktion war verständlich, vermutlich hätte ich an ihrer Stelle genauso reagiert. Auch ein Minderheitsaktionär hat das Recht, am Nachfolgeprozess beteiligt, zumindest angehört zu werden. Seine Mitwirkung kostet nicht viel – aber sein Widerstand kann jede Lösung umstürzen.

Übrigens habe ich mir Tante Sylvias Geburtstag rot in meine Agenda eingetragen. Mit dem Vermerk «csg». Jedes Mal, wenn ich die Notiz sehe, denke ich an das Mittagessen mit ihr zurück – und an ihre Abschiedsworte: «chunt scho guet».

Im Nachfolge-Prozess tauchen unverhofft Aspekte auf, die man nicht oder zu wenig berücksichtigt hat. Im vorliegenden Fall kommt ein unverdauter Teil Familiengeschichte an die Oberfläche. In der konkreten Situation mag das störend sein, für den ganzen Prozess ist dies eher nützlich. Das Sprichwort «Man schlägt den Sack und meint den Esel» ist in diesem Fallbeispiel nur euphemistisch gemeint.

5.2   Verschiedene Beratungsansätze sind gefragt

Ohne Planung und konsequenter Wegbeschreitung kann eine Unternehmensnachfolge in der Regel kaum zielführend gestaltet werden. Dies bedeutet, dass verschiedene Rahmenbedingungen geklärt, Einzelaspekte berücksichtigt und viele Entscheidungen gefällt werden müssen. Dabei stellt sich die Frage, welche Tätigkeiten vom Unternehmer oder der Familie selbst gestaltet werden können – und ab wann externe Hilfe in Anspruch genommen werden sollte oder gar muss.[203]

Dass Beratungsdienstleistungen gerade bei Familienunternehmen kritisch betrachtet werden, mag das nachfolgende Statement eines Familienmitglieds eines Unternehmens im Nachfolgeprozess exemplarisch belegen:

«Die technischen Felder wie Steuer, Notariat oder XY-Technisches scheint mir bereits von Heerscharen von Beratern und Spezialisten abgedeckt zu sein. Viele Berater transformieren sogar manch eine Nachfolge als selbsternannte Koordinatoren mit einer ‹20%–80%-Regel / near-enough-is good-enough-Regel› in eine von den relevanten Parteien akzeptierte Lösung. Wobei hier vielmals eine technisch-inhaltliche Lösung im Vordergrund steht, welche eben allzu oft einen schalen Beigeschmack, Kollateralschäden und zweifelhafte Nachhaltigkeit mit beinhaltet. Wo scheitern (im Kleinen wie im Grossen) eigentlich die meisten Nachfolgen? – Dort, wo es ‹nasty› wird, so also u.a. um Ausdauer und Durchsetzung (geht), um Widersprüche und Gegensätze, um Kompensation und Ausgleich, um Egos, Erwartungen und Enttäuschen, um zeitlich konstantes Verhalten (Übertragung, Projektion, Taktik, Ängste usw.), um zerbrochen Familien, um Rückgrat, Überzeugungen, Eigen- und Fremdsicht, um Diplomatie, Verhandlung oder Einschüchterung, um Kommunikation, Kommunikation und Kommunikation, um Nachhaltigkeit und Zeitbomben, um Macht, Identität und Verlustängste, um Rollenüberwindung und Erwachsenwerden, um Verantwortung und Versagen, um Überwachung bzw. Interessenskonflikte des Beraters.»

Originalzitat aus einer E-Mail.

Ob begründet oder unbegründet – das Statement zeigt deutlich auf, dass wir uns mit dem Aspekt der Beratung auseinander setzen müssen, handelt es sich doch dabei neben Verkäufer und Käufer um eine entscheidende dritte Kraft im Nachfolgeprozess.

Mit Blick auf den Auftraggeber kann auch von *Beratungsresistenz* gesprochen werden – darunter verstehen wir die teils begründete, teils auch unbegründete Zurückhaltung, Hilfestellung von Dritten zu suchen und zu akzeptieren. Der Widerstand

---

203 Die Ausgestaltung im Einzelnen lässt sich mit Instrumenten wie Familienrat, Familiencharta, Familienverfassung oder Aktionärsbindungsvertrag festlegen.

respektive die Gegenwehr kann nachfrageseitig sowohl ökonomisch wie auch emotional begründet werden.[204] Von einer prinzipiellen Ablehnung, die zum Beispiel in der Familientradition verankert ist, über die Kosten und Folgekosten einer Beratung bis hin zur postulierten eigenen Unfehlbarkeit – der Katalog der angeführten Argumente ist lang.[205] Ursachen, warum keine Beratung (mehr) gesucht wird, können auch angebotsseitig ausgemacht werden. Sei es, weil der Berater die versprochene Leistung nicht bieten kann, sei es, weil das Kosten-Nutzenverhältnis nicht stimmt, sei es, weil weniger der aktuelle Auftrag, sondern ein Folgeauftrag im Zentrum des Engagements steht. Solche Faktoren belasten natürlich die Beziehung zwischen Kunde und Berater.

Wir können nur immer wieder betonen, dass das Thema Unternehmensnachfolge eines differenzierten Zugangs bedarf; die Heterogenität ist zu gross, um Standardlösungen zu applizieren. Neben branchenspezifischen Faktoren gilt es, den Anforderungen von Individuen, Familien, dem Unternehmen als Ganzes, den zentralen Anspruchsgruppen, der Zeit und dem parallel laufenden Alltagsgeschäft gerecht zu werden.

Auf der anderen Seite ist festzuhalten: Die Ansprüche an die Beratung steigen, während die Zahlungsbereitschaft sinkt; auch lässt sich eine zunehmende Spezialisierung feststellen.[206] Im Kontext der Unternehmensnachfolge besteht die Gefahr, dass vor lauter Spezialistenwissen das strategische Ziel des Unternehmens und der Familie, die unternehmerische Lösung des Eigners und des Nachfolgers oder die Gefühle, Befindlichkeiten und Empfindlichkeiten der Betroffenen zu kurz komme. Wenn wir von Beratung sprechen, kann auch von einem *Beratungssystem* gesprochen werden, bestehend aus Berater, Klient und Beratungsobjekt respektive Beratungsziel. Der Blick auf die diadische Beziehung zwischen *Klient* und *Berater* zeigt, dass in der Regel von einem gegenseitigen Einvernehmen ausgegangen und die Kontinuität der Beziehung oft als Voraussetzung angenommen wird.[207] An einer vertrauensvollen Beziehung muss jedoch gearbeitet, die gegenseitigen Erwartungen müssen bewusst gestaltet und gepflegt werden. Der Klient kann sich dabei beispielsweise in der Grundposition als Auftraggeber, als Umsetzer, als Betroffener oder als Beobachter befinden.

Auf was sollte der Klient achten? Es ist auf jeden Fall empfehlenswert, dass er die Unternehmensberater mit grosser Sorgfalt auswählt und dafür entsprechend Zeit und Ressourcen einsetzt. Neben einer Evaluation der einzelnen Angebote muss er möglichst klar definieren, was er bezüglich Inhalt, Prozess oder Interaktion erwartet. Gleichzeitig sollte eine einmal getroffene Entscheidung für einen Anbieter nicht leichtfertig aufs

---

204 Rappel 2007, S. 26 und 38.
205 Bezüglich Auswahl und Gütekriterien vgl. dazu später in Kapitel 5.3 oder vertiefend Rappel 2007, S. 43 ff.
206 Meyer, Schleus, Buchhop 2007, S. 2.
207 Bamberg 2006, S. 31.

Spiel gesetzt werden. Persönliche und dauerhafte Beziehungen fördern das Vertrauen und reduzieren die Informationsasymmetrie zwischen den beiden Parteien.[208]

Immer wieder kommt es vor, dass Berater als arrogant oder praxisfremd wahrgenommen werden; diesen Eindruck gilt es zu vermeiden. Die Zurschaustellung theoretische Brillanz ist jedenfalls nicht dazu geeignet, Vertrauen zum Leiter eines kleineren Unternehmens herzustellen; auch wenn theoretische Kenntnisse natürlich wichtig sind, um die praktischen Verhältnisse mit klarem Blick zu durchleuchten.[209]

Mit dem Blick auf das *Beratungsobjekt* sollte die Beratungsleistung als erbrachte Dienstleistung im Interesse der Organisation dienen. In unserem Kontext bedeutet dies, dass vorliegend das *Beratungsziel* wie beispielsweise die Gestaltung einer soliden und tragbaren Unternehmensnachfolge unter Berücksichtigung der verschiedenen Bedürfnisse und Erwartungen grundsätzlich im Dienste einer tragbaren Lösung für beide Parteien (Übergeber und Übernehmer) stehen muss. Eine grosse Schwierigkeit liegt darin, dass die Bedürfnisse und Erwartungen jedoch oft nicht klar definiert sind und selten homogene und beständige Anliegen darstellen.

Auch die Parteilichkeit des Beraters muss angesprochen werden. Zum einen stellt sich die Frage, ob der Berater wirklich im Dienste des Beratungsziels (falls definiert) steht, oder ob einzig die Interessen des Übergebers oder des Übernehmers oder gar des Beraters selbst im Zentrum der Leistung stehen. Unseres Erachtens sollte die Art der Zusammenarbeit genau geklärt werden. Welche Leistung ist zu erwarten? Welche Entscheidungen darf oder soll der Berater selbst fällen? Aber auch die Frage nach der Rolle des Beraters sollte geklärt werden, ob er dem Mandanten etwa auch widersprechen darf, ohne gleich das Mandat zu verlieren.[210]

Ob Beratungsdienstleistungen beansprucht werden oder nicht, hängt nicht von der Unternehmensgrösse ab, sondern von der Komplexität des Beratungsgegenstands. Dies gilt es zu bedenken. Unsere Beobachtungen zeigen, dass die Unternehmensnachfolge bei grösseren Unternehmen mit klaren Strukturen und Prozessen oft einfacher vonstattengeht als bei Kleinunternehmen, wo beispielsweise die Vermögensanteile zwischen Unternehmen und Privat nicht sauber getrennt sind. In diesem Zusammenhang lässt sich auch beobachten, dass bei kleinen Unternehmen und Betrieben, die noch nie oder nur selten Unterstützung beansprucht haben, die Beratungsresistenz am stärksten ausgeprägt ist.[211]

---

208 Niewiem, Richter 2007, S. 69.
209 Niewiem, Richter 2007, S. 69.
210 Dabei kommt es nicht nur auf den Inhalt an, sondern oft auch auf die Art und Weise, wie widersprochen wird, vgl. dazu nachstehend die verschiedenen Beratungsansätze in Kapitel 5.2.1.
211 Rappel 2007, S. 43 ff.

5.2.1   Nachfolgebegleitung zwischen Fachberatung und Coachingansatz

Eine abschliessende Definition von Beratung gibt es nicht und wird es auch kaum je geben. Dazu sind die Vorgehensweisen, Ansätze und Sichtweisen zu verschieden. Es lassen sich lediglich gewisse Gemeinsamkeiten identifizieren:

–   Die Beratung erfolgt gegen Entgelt,
–   der Einsatz ist zeitlich begrenzt,
–   der Berater hat in der Regel einen externen Status, d.h. er steht ausserhalb der Hierarchie des Klientensystems,
–   es existiert ein klares Zielsystem, das es zu erreichen gilt,
–   zwischen Klient und Berater gibt es eine intensive Kommunikation,
–   die definierte Funktion des Beraters erfolgt auf der Basis einer partnerschaftlichen Zusammenarbeit mit dem Klienten,
–   der Berater trägt nur eingeschränkt Verantwortung, die Entscheidungen werden in der Regel vom Klienten selbst getroffen.

Die Literatur kennt verschiedene Strukturierungsansätze. So wird z.B. die Unternehmensberatung in vier idealtypische Grundformen unterteilt, die sich in ihrem Verständnis der beratenden Organisation und der Rolle des Beraters unterscheiden: die gutachterliche Beratung, Expertenberatung, die Organisationsentwicklung und die systemische Beratung.[212] So verschieden die Art und Weise der Beratungsleistung und die Form der Intervention sein können, so unterschiedlich kann auch das Beratungsobjekt sein. So kann der Unternehmer in Form eines persönlichen Coachings begleitet werden, oder es geht um die Moderation von Gesprächen; mit der systemischen Aufstellung werden die Rollen und Erwartungen innerhalb des Familiensystems aufgearbeitet; im Rahmen eines Strategieprozesses wird eine Finanzanalyse und ein Businessplan für das Unternehmen entwickelt.[213]

Natürlich hängt die Beratung auch davon ab, wie stark der Berater selbst auf die Problemlösung Einfluss nehmen kann oder soll (vgl. dazu Abbildung 15). Das Spektrum reicht von der einfachen Konsultation, z.B. um eine Einzelentscheidung abzusichern, bis hin zum aktiven Interims- und Krisenmanagement.

---

212 Nissen 2007a, S. 5; Walger 1995.
213 Bamberg 2006, S. 33, i. A. an Nestmann, Engel, Sickendiek 2004.

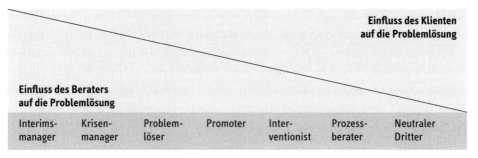

Abbildung 15: Einflussnahme des Beraters[214]

Neben dem Grad der Einflussnahme muss vor einer Beratung das zugrundeliegende Menschenbild thematisiert werden. Es bestimmt die Arbeitsweise des Beraters massgeblich und lenkt die selektive Beobachtung (was wird überhaupt beobachtet, und wie wird beobachtet?). Damit beeinflusst es wiederum den Ausschnitt der Realität, auf den die Aufmerksamkeit gelenkt und wo in der Folge etwas verändert wird.[215] In der wissenschaftlichen Betriebsführung existiert etwa das Bild des «homo oeconomicus», im Rahmen des Human-Relation-Ansatz das Bild des «social man», im Rahmen des Humanisierungsansatzes das Bild des «self-actualizing man» oder im Kontext des Individualisierungskonzeptes das Bild des «homo complexus». Vom verinnerlichten Menschenbild hängt es ab, wie ein Beratungsprojekt gestartet wird, welche Methoden eingesetzt werden und wie die Beziehung zwischen Klient, Berater und Beratungsobjekt gestaltet wird.

Letztlich existiert auch für die Unternehmensnachfolge eine grosse Bandbreite an Beratungsleistungen: Am einen Ende der Skala fokussiert ein Berater lediglich auf rational zugängliche Fakten, verfasst beispielsweise ein neutrales Gutachten oder nimmt eine methodisch stringente Unternehmensbewertung vor. Am anderen Ende steht beispielsweise der Psychologe, der die Antriebe und Motive des Unternehmers ergründet; z.B. mit dem Klienten zu verstehen versucht, warum sich dieser nicht von seinem Unternehmen lösen kann, und eine entsprechende Verhaltensänderung anstösst. In jedem Fall sollten die Beratungsziele reflektiert werden, bevor Unterstützungsleistungen beansprucht und definiert werden.

Auch die Haltung und das Selbstverständnis des Beraters sollten bei der Evaluation der Angebote berücksichtigt werden. Geht es dem Berater um die reine Applizierung von einmal bewährten Modellen und Konzepten, will er seinen persönlichen Deckungsbeitrag maximieren, oder ist er bereit und vor allem fähig, sich auf die Bedürfnisse des Unternehmers und des Familienunternehmens einzulassen? Sich ganz in

214 I.A. an Grimm, Bamberg 2006, S. 73.
215 Bamberg 2006, S. 47 f.

den Dienst des Klienten zu stellen, fordert vom Berater Empathie, eine gesunde Demut und Bescheidenheit und eine ausgeprägte Ressourcenorientierung – all dies zentrale Aspekte für den Klienten.[216] Nachstehend differenzieren wir im Grundsatz zwischen dem entscheidungs- und resultatorientierter Expertenansatz (Fachberatungsansatz) und dem lösungs- und prozessorientierten Coachingansatz (vgl. dazu Tabelle 6).[217] Wir sind der Überzeugung, dass beide Arten von Beratungstätigkeit im Rahmen des Nachfolgeprozesses zum Einsatz kommen sollten.

Fachberatungsansatz entscheidungs- und resultatorientiert	Coachingansatz lösungs- und prozessorientiert
– Wirtschaftsprüfung	– Projektmanagement
– Treuhänderschaft	– Coaching
– Rechtsberatung (Rechtsanwalt)	– Mentoring
– Steuerberatung	– Moderation
– Notarielle Beratung	– Mediation
– Finanzierungsberatung	– Familienberatung und -therapie
– Finanz- und Vermögensberatung	– Training und Supervision
– Vorsorgeberatung	
– Gutachten (z.B. Recht oder Finanzen)	
– Organisations- und Managementberatung	

Tabelle 6: Berater und Beratungsformen in der Unternehmensnachfolge

Die bisherigen Ausführungen haben deutlich gezeigt, dass im Rahmen der Unternehmensnachfolge viel Fachwissen notwendig ist. Entsprechend dominiert bei Nachfolgeprozessen der *entscheidungs- und resultatorientierte Expertenansatz.* Die Fachberatung stellt dabei Instrumente zur Verfügung und beteiligt sich selbst an der Erarbeitung von Entscheidungsgrundlagen. Sie hat zum Ziel, im Dienste eines klar formulierten Auftrages eine Lösung für Fachfragen zu erarbeiten und dadurch die Entscheidungsgrundlagen für den Unternehmer respektive Klienten zu schaffen. Der Berater bringt seine Kompetenzen im Beratungsprozess aktiv und zielgerichtet ein und fokussiert dabei auf den Inhalt.

Im Kontext der Unternehmensnachfolge können Steuerfragen, Rechtsberatung, die Unternehmensbewertung oder die Evaluation von Finanzierungsvarianten in der Regel der Fachberatung zugesprochen werden. Durch den Einsatz von klaren Regeln (Methoden) bezieht sich die Beratungsleistung auf die harte Wirklichkeit des Übergebers oder des Übernehmers.[218] Dies bedeutet, dass der Berater – basierend auf den Angaben und Informationen des Auftraggebers und seinem Wissen und seiner Erfahrung – eine

216 Schmidt 2006, S. 87.
217 Backhausen, Thommen 2003, S. 22, 104 ff; Bamberg 2006, S. 38 ff.; König, Volmer 2008, S. 57.
218 Von «harter Wirklichkeit» wird beispielsweise im technisch-naturwissenschaftlichen Bereich gesprochen. Dabei steht der Beobachter einer rational abbildbaren Wirklichkeit gegenüber, die von ihm selbst im Grundsatz nicht verändert werden kann (= abbildtheoretisches Paradigma).

Entscheidungsgrundlage entwickelt, wie und in welcher Form beispielsweise das Unternehmen bewertet werden kann oder wie und in welcher Form die steuerliche Belastung reduziert werden kann. Die Aufgabe des Beraters ist, das Problem des Auftraggebers genau zu erkennen und im Anschluss Vorschläge, Anregungen und Hinweise zu erarbeiten und zu vermitteln. Die Grenzen liegen unseres Erachtens einmal in der Komplexität der Problemstellung «Unternehmensnachfolge»; die kann selbst von den Auftraggebern nicht immer umfassend erkannt werden (einmalige, meist erstmalige Aufgabe). Zum zweiten geht die reine Expertenberatung oft von einem eher einfachen Menschenbild im Sinne des «homo oeconimicus» aus.

An dieser Stelle setzt der *prozess- und lösungsorientierte Coachingansatz* an. Der zentrale Unterschied zur Fachberatung liegt darin, dass der Berater dem Klienten Unterstützung bietet; er soll die Situation für sich klären und selbst neue Lösungen entwickeln. In einem ersten Schritt unterstützt der Berater den Auftraggeber bei der Zielformulierung, indem er ihm die richtigen Fragen stellt. So gesehen ist der Berater ein Sparringpartner für den Klienten, der die Problemstellung «Nachfolge» primär selbst bearbeitet. Bei der Prozessberatung steht – in Anlehnung an das St.Galler Nachfolge Modell – vor allem der Nachfolgeprozess in seiner Ganzheitlichkeit im Zentrum, und nicht einzelne Fachthemen und fachlichen Fragestellungen. Auch hier gilt: Der Berater gibt weniger konkrete Anweisungen, sondern versucht, die Problemlösungsfähigkeit des Übergebers oder des Übernehmers zu stärken. Die «weiche Wirklichkeit» steht hier im Zentrum, also beispielsweise der sozial-interaktive Bereich.

Eine zentrale Funktion stellt unseres Erachtens die Übernahme des Projektmanagements dar. Viele Unternehmer sind täglich in Projekte involviert, nicht nur aus der Baubranche – entsprechend sind die meisten Klienten fit im Projektmanagement. Nur beim Projekt «Unternehmensnachfolge» gibt es kaum Erfahrungswerte, auf die der Klient aufbauen könnte. Im Einverständnis zwischen Klient und Berater kann es deshalb sehr sinnvoll sein, das Projektmanagement an einen gut vernetzten Berater zu übertragen. Die Entscheidungsfähigkeit bleibt noch immer beim Klienten – aber der Berater übernimmt die Koordination, kann (im Einvernehmen) unbequeme Fragen stellen, hilft bei der Orientierung, kann die verschiedenen Ebenen, Themen und Fragestellungen entlang des St.Galler Nachfolge Modells koordinieren und in Richtung auf eine solide Lösung verfolgen.

Die Herausforderung bei lösungs- und prozessorientierten Coachingansätzen liegt insbesondere darin, kognitive Barrieren zu überwinden. Dies bedeutet, dass zu schnell auf Erfahrungswissen und Rezeptdenken zurückgegriffen wird, dass der (Selbst)Reflexion zu wenig Zeit und Raum eingeräumt wird oder dass den Kulturen und der Kommunikation zu wenig Aufmerksamkeit geschenkt wird; so können beispielsweise unausgesprochene Annahmen, Regeln, Werte oder Spielregeln den Prozess unvorhergesehen gefährden.

Ein Prozessberater sollte immer über ein gutes Netzwerk aus Fachberatern verfügen. Die sind in Abhängigkeit des zu bewältigenden Komplexitätsgrads einzusetzen. Dabei geht es um die Begleitung des Prozesses, der Familie und einzelner Beteiligter. Der Prozessberater kontrolliert dabei festgelegte Eckpunkte, gibt Anstoss für die Lösungsfindung, motiviert die beteiligten Parteien oder zeigt beispielsweise die Perspektiven in emotionalen Momenten oder Konflikten auf. Dazu benötigt er viel Erfahrung, vor allem aber grosse Vertrauenswürdigkeit.

Abschliessend gilt es festzuhalten: Wer einen Berater beauftragt, tut dies nicht zwingend, weil er ein Problem, einen Konflikt oder einen Missstand hat. Doch genau diese Vorstellung herrscht in vielen Familienunternehmen noch vor. Eine Beratung kann ganz gezielt eingesetzt werden, um den Prozess einer Nachfolge zu beschleunigen, um Spezialwissen abzuschöpfen, eine unabhängige Analyse einzuholen oder bestimmte Aufgaben auszulagern und so die Ressourcen effizienter einzusetzen. Wer sich als Unternehmer zu hundert Prozent im Alltagsgeschäft engagiert, hat keine Zeit, um sich das Thema «Nachfolge» inhaltlich vollständig zu erschliessen; schon gar nicht wird er die Koordination des Prozesses im Alleingang bewältigen können – Entlastung durch einen kompetenten Partner ist also angebracht.

5.2.2   Die Fachberatung im Nachfolgeprozess

Bei der Fachberatung handelt es sich um eine Beratungsform, die sich auf die sachliche Bearbeitung eines meist vom Auftraggeber definierten, inhaltlichen Problems konzentriert. Das Ziel besteht darin, dass der Fachberater Resultate liefert, die der Entscheidungsfindung dienen. Im Kontext der Unternehmensnachfolge können verschiedene Fachberater mit verschiedenen Kernaufgaben identifiziert werden.

Die Kerntätigkeit eines *Wirtschaftsprüfers* besteht darin, betriebswirtschaftliche Prüfungen vorzunehmen. So werden beispielsweise Jahresabschlüsse auf deren Richtigkeit und Vollständigkeit überprüft, wobei die gesetzlichen Grundlagen und Rechnungslegungsstandards als Orientierungsraster dienen. Am Schluss eines Prüfungsprozesses wird ein Bericht über die Qualität des Abschlusses erstellt und damit der Buchführung Redlichkeit zugesprochen oder versagt. Da Wirtschaftsprüfer ein quasi öffentliches Amt innehaben, müssen sie entsprechende Qualifikationen und Prüfungen nachweisen, um diese Tätigkeit auch ausüben zu dürfen. Aufgrund der besonderen Befähigung werden Wirtschaftsprüfer regelmässig auch zu anderen Prüfungszwecken eingeladen; etwa bei der Durchführung einer Due Diligence im Rahmen einer Kauf- / Verkaufstransaktion. Damit einher gehen auch Unterstützungen in Bezug auf Themen wie Steuerberatung, das Verfassen von Gutachten (z. B. für eine Unternehmensbewertung) oder Unternehmensberatung wie beispielsweise in Bezug auf die Evaluation und

Einführung eines neuen Buchhaltungssystems, eines neuen Rechnungslegungsstandards oder Aufbau eines internen Controllings.

Als *Treuhänder* wird im Grundsatz eine natürliche oder juristische Person verstanden, welche die Rechte ihrer Klienten (= Treugeber) verwaltet und insbesondere bei Zugum-Zug-Geschäften als Mittelsmann zwischen zwei Parteien geschaltet wird. In der Schweiz ist der Begriff weiter gefasst und kann als Person verstanden werden, welche die Interessen ihres Auftraggebers vertritt; der Titel ist nicht geschützt. In der Regel werden unter dieser Berufsbezeichnung Tätigkeiten wie beispielsweise Wirtschaftsprüfung, Steuerberatung, Unternehmensberatung und Buchhaltung zusammengefasst. Bei einer Unternehmensnachfolge sollte klar geregelt werden, welche Tätigkeiten vom gewählten Treuhänder übernommen werden können und welche nicht.

Beim *Rechtsanwalt* handelt es sich um die Berufsbezeichnung für einen juristischen Beistand.[219] Er verhilft dem Klienten mit rechtsstaatlichen Mitteln zu seinem Recht. Dazu gehören das Aufsetzen oder Überprüfen von Verträgen, das Verfassen von Rechtsgutachten, aber auch die Beweissicherung und Rechtsdurchsetzung im Streitfall. Die Ausübung dieses Berufs ist an verschiedene Qualifikationen gebunden. Auch

219 In der Schweiz wird auch vom Anwalt, Advokat, Fürsprecher oder Fürsprech gesprochen.

gilt es zu berücksichtigen, dass es für verschiedene Themenfelder Spezialisten gibt – entsprechend wurden Fachanwaltsprüfungen eingeführt.

Der *Notar* ist mit einem öffentlichen Amt versehen und mit der Beurkundung von Willenserklärungen beauftragt. Dies bedeutet, dass er eine Willenserklärung, wie beispielsweise eine Grundstückübertragung, einen Ehe- und Erbvertrag oder auch ein Testament, öffentlich beurkunden kann respektive muss, wodurch deren formale und materielle Richtigkeit sichergestellt ist. Entsprechend hoch sind die Anforderungen, um als Notar zugelassen zu werden.

Bei der *Finanzierungsberatung* geht es um die Unterstützung in Bezug auf die Finanzierung einer Investition, wie beispielsweise die Übernahme eines Unternehmens. Die Unterstützung kann bei der Businessplanerstellung starten, führt über die Identifikation von Geldgebern und die Vorbereitung und Mitgestaltung von Finanzierungsgesprächen bis hin zur Übernahme von Überwachungsfunktionen.

Im Unterschied dazu kümmert sich der *Finanzberater* und *Vermögensverwalter im engeren Sinn* vor allem um die Beratung von Kapitalanlegern. Er klärt über die verschiedenen Anlageformen auf, erläutert Rahmenbedingungen, Rendite- und Risikoklassen, und schlägt dem Klienten ein zu seinen Zielen und Bedürfnissen passendes Portfolio vor bzw. verwaltet das angelegte Vermögen entsprechend seiner Zielvorgaben.

Der *Vorsorgeberater* unterstützt den Klienten in der Evaluation von persönlichen, aber auch institutionellen Vorsorgelösungen; seine Kompetenzen können bis zum Broking reichen, sprich dem konkreten Aushandeln und Abschliessen von Vorsorgelösungen bei entsprechenden Anbietern.

Der *Gutachter* – vorliegend fachthemenübergreifend verstanden – wird oft einbezogen, um eine Drittmeinung einzuholen. In der Regel handelt es sich um einen Experten, der eine schriftliche Expertise abgibt. Beispiele sind eine Vertragsprüfung oder ein Zweitgutachten zur Unternehmensbewertung. Der Gutachter formuliert ein Urteil, eine Bewertung und allfällige Handlungsempfehlungen.

Der klassische *Organisations- oder Managementberater* setzt sich mit Strategien, Prozessen, Arbeitsabläufen und Ressourcenmanagement auseinander. Dadurch soll die Effizienz und Effektivität eines Betriebs erhöht werden. Kerntätigkeiten sind dabei beispielsweise die Durchführung einer Strategieanalyse unter Berücksichtigung der unternehmensinternen und externen Gegebenheiten (z. B. SWOT-Analyse), die Ausarbeitung von konkreten Strategien und Szenarien oder die Evaluation und Einführung eines Qualitätssicherungs- oder IT-Systems.

5.2.3   Coaching und Moderation im Nachfolgeprozess

Beim Coaching und der Moderation im Nachfolgeprozess gilt es, den Motiven der Beteiligten auf den Grund zu gehen, die Rollen im gesamten Nachfolgeprozess zu klären und indirekt zu gestalten sowie vor allem die kritischen Punkte anzusprechen.

Im Rahmen des Coachings hilft der Berater (als Coach oder Moderator) einer Person, einer Familie oder einem Unternehmen bei der Problemlösung. Er bringt keine Lösung ein, sondern befähigt die Auftraggeber, von sich aus eine Lösung zu erarbeiten. Mit seinem Fach- und vor allem seinem Prozesswissen stellt er zur richtigen Zeit die richtigen Fragen. Er provoziert bei den Coachees – den gecoachten Personen – eine Reflexion, Diskussion und Handlungsorientierung. Er handelt als unabhängiger Gesprächs- und Interaktionspartner. Im Sinne einer Hilfe zur Selbsthilfe geht es darum, verdeckte Ressourcen und Potenziale aufzudecken, zu erkennen, zu benennen und im Anschluss auch zu nutzen. Die Anforderungen an den Coach sind neben Methoden- und Fachkompetenz vor allem Beratungs- und Lebenserfahrung. Diese nutzt er situativ, angemessen und intuitiv mit genügend Empathie.

das Coaching

Die Unternehmensnachfolge stellt ein klassisches Projekt dar und erfordert folglich ein professionelles *Projektmanagement*. Dieses ist jedoch mit verschiedenen Hürden fachlicher, emotionaler und zeitlicher Natur verbunden, weswegen wir dieser Aufgabe eine sehr grosse Bedeutung zuordnen. Dabei fordern wir, dass es sich in diesem Kontext um ausgewiesene Generalisten handelt. Sie sollen die Grundzüge und Zusammenhänge zwischen den verschiedenen Fachdisziplinen und die sozialpsychologischen Komplexitäten und Dynamiken in Familienunternehmen erfassen, abholen und thematisieren. Von zentraler Bedeutung ist dabei die Haltung des Coachs, der seine persönliche Option in den Hintergrund stellt. Nur mit diesen Kompetenzen ist unseres Erachtens das Projektmanagement an eine externe Person abzutreten. Kritisch merken wir an, dass einzelne Fachberater die Prozessherrschaft anstreben oder übernehmen. Wenn diese über die formulierten Anforderungen verfügen, stellt dies kein Problem dar. Eine latente Gefahr sehen wir lediglich darin, dass schliesslich eine fachspezifische Nachfolgelösung umgesetzt wird und nicht zwingend die Lösung, welche für Übergeber und Überneher die ideale Form wäre (= unternehmerische Lösung).

Beim *Coaching* im engeren Sinn handelt es sich um eine Beratungsform, die vor allem die Rückkoppelung ins Zentrum stellt. Im Dialog mit dem Coach hinterfragt der Coachee die eigene Befindlichkeit, Leistungsfähigkeit und Entscheidungsfindung kritisch respektive fördert diese. Themen wie die eigene Persönlichkeit, die Reflexion der eigenen Rolle, der Umgang mit der Gefahr der Vereinsamung, die Veränderung von persönlichen Einstellungen, die Entwicklung von neuen Denkmustern oder die Gestaltung der Zeit nach der Unternehmensübertragung können im Rahmen eines persönlichen Coachings besprochen werden. Neben kognitiven Aspekten spielen die emotionalen Facetten eine wichtige Rolle.

Das *Mentoring* stellt einen Teilbereich des Coachings dar, mit dem Unterschied, dass der Mentor über mehrjährige Berufs- und Führungserfahrung verfügt und sein Klient auf diesen Erfahrungsschatz zurückgreifen kann. Beispiele im Kontext der Unternehmensnachfolge: Die nachfolgende Generation bekommt bei ihrer neuen Aufgabe von erfahrenen Führungskräften Unterstützung; Unternehmer, die vor der Unternehmensnachfolge stehen, treten in Erfahrungsaustausch mit Persönlichkeiten, die bereits die eigene Nachfolge geregelt oder zu Berufszeiten viele Transaktionen persönlich begleitet haben. Mentoren sind im Unterschied zum Coach oft unentgeltlich oder zumindest zu sehr moderaten Preisen verfügbar, da sie an der Sache Freude haben. Rückenstärkung, neue Perspektiven, Vermittlung von konkretem Handwerkszeug, das überwinden von Existenzängsten oder Zugang zu bestimmten Netzwerken können mögliche Nutzen aus einer Mentoring-Beziehung sein.

Bei der *Moderation* steht die Gestaltung des Dialogs zwischen Individuen oder verschiedenen Parteien im Vordergrund. Die Aufgabe des Moderators ist beispielsweise, Kommunikationsregeln einzuführen und deren Einhaltung zu überwachen, die

Zielgerichtetheit zu steuern respektive frühzeitig (noch) Unausgesprochenes zu erkennen und an die Oberfläche zu bringen, die emotionalen Befindlichkeiten zu erkennen und zuzulassen, aber gleichzeitig so zu lenken, dass diese den Gesamtprozess nicht zerstören.

Bei der *Mediation* handelt es sich um eine Methode der Konfliktregelung, wobei ein Dritter aussergerichtlich eine Kooperation zwischen den Parteien zu schaffen versucht. Wir möchten vorliegend diese Definition etwas weiter fassen und auch die Konfliktvorbeugung mit einbeziehen. Es geht darum, Konfliktpotenziale frühzeitig anzusprechen und die Parteien zur Kooperation zu bringen, bevor die Situation in einen heissen und damit nicht mehr konstruktiven Konflikt ausartet. Diese mediatorische Kompetenz kann einerseits auf der Ebene des Individuums eingesetzt werden – wenn sich beispielsweise ein Klient durch inneren Widerstreit nicht in der Lage sieht, eine klare Entscheidung zu treffen. In diesem Zusammenhang kommen eher psychotherapeutisch orientierte Verfahren zum Einsatz. Unsere Beobachtung ist, dass im Dialog oft ein innerer Zwiespalt gelöst werden kann. In Bezug auf interpersonelle Beziehungen können «klassische» Konfliktbearbeitungsinstrumentarien eingesetzt werden, die oft einen sozialpsychologischen Hintergrund haben. Ein Mediator hat dabei die Aufgabe, zwischen verschiedenen Parteien Unausgesprochenes herauszuarbeiten mit dem Ziel, dass sich diese besser verstehen und in die andere Seite hineinversetzen können. Erst wenn die verschiedenen Erwartungen bekannt und gegenseitige Erwartungsprojektionen abgebaut sind, ist der Weg offen für eine Kooperation. Im Kontext der Unternehmensnachfolge kann ein solches Verfahren zwischen Geschwistern, Generationen, Eheleuten und anderen Parteien grossen Nutzen schaffen – insbesondere dann, wenn der Nutzen frühzeitig erkannt wird. Deshalb sollte unseres Erachtens der Mediator nicht erst berücksichtigt werden, wenn Konflikte bereits ausgebrochen sind. Sie können als proaktiver Weg genutzt werden; doch leider wird der Begriff Mediator noch zu oft mit «heissen Konflikten» in Verbindung gebracht.

Ein weiterer Bereich ist die *Familienberatung oder -therapie*. Das wichtigste Ziel der Familienberatung liegt in der Aktivierung und Stärkung der in der Familie identifizierbaren Ressourcen. Diese helfen, zu selbständigen Lösungen von familiären Problemen zu finden. Im Kontext der Unternehmensnachfolge kann beispielsweise das Ziel verfolgt werden, dass mittels Einführung und Training neuer Kommunikationsmuster und -formen eine verlorengegangene Kommunikationskultur innerhalb der Familie wieder aufgebaut wird. Die Umsetzung im Alltag liegt jedoch in der Verantwortung der Familie selbst.

Ein *Trainer oder Supervisor* hat schliesslich die Aufgabe, seine Kunden für gewisse Aufgaben zu befähigen. Bei beiden Unterstützern handelt es sich um Experten in ihrem jeweiligen Gebiet. Beim Trainer wird die pädagogische Ausbildung stärker betont, beide haben jedoch das Ziel, die Handlungskompetenz des Gegenübers zu erhöhen. Der Berater übernimmt dabei eine gewisse Lotsenfunktion. Die beiden Ansätze sind geeignet, um beispielsweise neue Verfahren oder Verhaltensweisen einzuüben. Entsprechend muss der Trainer oder Supervisor wissen, wie man Veränderungen umsetzt; zudem muss er offen sein für Unvorhergesehenes, da das Endziel der Interaktion zwischen Berater und Klient nicht zwingend fixiert werden kann. Der Berater geht dabei ein kritisch loyales Arbeitsbündnis ein und steht – wenn wir das Beratungssystem betrachten – auf der Systemgrenze. Das bedeutet, dass er bis zu einem gewissen Grad ein Teil des Klientensystems wird und nicht mehr nur als Aussenstehender wahrgenommen wird.[220]

220 Lentze, Fellermann 2006, S. 169.

5.3   Gütekriterien für die Beratung

Die bisherigen Ausführungen haben gezeigt, dass die Beratungsanforderungen und -inhalte überaus vielfältig sind. Entsprechend schwierig ist es zu sagen, wer der richtige Berater für die Mitgestaltung des Nachfolgeprozesses ist. Als Auftraggeber sollte man unbedingt gemeinsam mit dem Berater das Ziel formulieren. Sehr früh muss über Inhalt und Prozessgestaltung sowie das vorhandene Budget gesprochen werden. Gleichzeitig müssen sich Auftraggeber und Berater über einen gemeinsamen, sinnvollen Weg verständigen.

Wie bereits angemerkt, bestehen in der Praxis seitens KMU und Familienunternehmen oft Vorbehalte gegenüber Beratern und deren Leistung (siehe Kapitel 5.2). Begründet wird dies häufig damit, dass die Fokussierung auf Folgeaufträge, die Erzeugung von Abhängigkeiten oder die Ausbeutung von Wissen im Vordergrund stünde. Parallel dazu werden aber auch Vorwürfe laut, dass Berater in der Startphase übertriebene Versprechungen äusserten, während des Prozesses fragwürdige Konzepte einsetzten und zu viel Eigenwerbung betreiben würden. Weitere Vorwürfe sind, dass Berater ihre Methodenwahl zu sehr nach Modeerscheinungen richteten, Konzepte entwerfen würden, ohne an die Umsetzung zu denken, oder dass das Kosten-Nutzenverhältnis für KMU schlicht und einfach nicht stimmt.[221] Berater benennen ihrerseits spezielle Herausforderungen, die sie bei kleinen und mittelgrossen Familienunternehmen sehen: So werde der Fokus und die Ausrichtung häufig auf die Unternehmerpersönlichkeit gerichtet, sodass diese mit der «Unternehmenspersönlichkeit» deckungsgleich sei. Oft sei auch das Zahlenmaterial, das vorgelegt werde, sehr knapp; zudem seien Diskussionen und Entscheidungen häufig in implizitem, erfahrungsbasiertem Wissen verankert – frei nach dem Motto: «Das haben wir schon immer so gemacht».[222]

Nachstehend versuchen wir, einige allgemeine und nachfolgespezifische Gütekriterien festzulegen, die bei der Wahl und Bestimmung des Beraters oder Beraterpools von Bedeutung sind. In der Praxis gilt es, kritisch die Frage zu stellen, welche Kriterien bei welcher Beratungsform stärker betont werden soll:[223]

– Im Sinne der *Prozess- und Strukturqualität* sollte ein Berater den bevorstehenden Beratungsprozess, die Vorgehensweise, Phasengestaltung des Zeitplans, Meilensteine und Szenarien in den Grundzügen aufzeigen können. Aber auch eine transparente und für den Kunden kalkulierbare und nachvollziehbare Budgetierung ist wünschenswert, sowie die frühzeitige Ankündigung von Änderungen des Auf-

221 Bamberg, Schmidt 2006, S. 18.
222 Rappel 2007, S. 34.
223 Meyer, Schleus, Buchhop 2007, S. 15 f.; Vinken 2008, S. 1387 ff.; Höck, Kauper 2006.

wands und allfälligen Mehrkosten. Für Berater, die das Projektemanagement der Unternehmensnachfolge übernehmen, gilt es, ein zielführendes Schnittstellenmanagement, also eine klare Abstimmung mit den anderen Beratern, sicherzustellen. Das Ziel sollte sein, den Prozess überschaubar und berechenbar zu gestalten. Verlässlichkeit und Zuverlässigkeit sind Attribute, die diese Qualität weiter umschreiben.

- Der Berater sollte weiter über eine hohe *Kommunikations-, Moderations-, Darstellungsfähigkeit und über Empathie* verfügen – insbesondere wenn er sich im Coachingansatz zu Hause fühlt. Er muss die unausgesprochenen Bedürfnisse und Sachzwänge erkennen und in angebrachter Form beim Kunden ansprechen können. Freundlichkeit, Demut, die Fähigkeit, sich «in den Dienst» des Unternehmers oder des Unternehmens zu stellen sind weitere Attribute für die Umschreibung.

- Gerade in Bezug auf die Übernahme des Projektmanagements einer Unternehmensnachfolge ist *Nachfolge- und Lebenserfahrung* wünschenswert, um den Dialog auf Augenhöhe mit dem Klienten zu führen. Der Klient muss den Berater relativ gut kennen, um überhaupt das notwendige Vertrauen aufbauen zu können, das nötig ist, um über emotional belastende Themen zu sprechen. Referenzen einzuholen respektive zur Verfügung zu stellen, ist auf jeden Fall angebracht.

- Bezüglich der *Ergebnisqualität* gilt es, ein Gefühl für pragmatische Lösungen zu haben. Dazu gehört eine ausgeprägte Fach- und Methodenkompetenz, aber auch der Zugang zu einem Netzwerk von entsprechend ergänzenden Fähigkeiten und Kompetenzen, um die Unternehmensnachfolge zielgerichtet und in seiner Ganzheitlichkeit überhaupt unterstützen zu können. Ein guter Berater sollte die Fähigkeit haben, die verschiedenen Teilnehmer und Parteien auf ein gemeinsames Ziel auszurichten, was ohne ein entsprechendes Motivations- und Überzeugungsvermögen nicht möglich ist. Eine tragbare Nachfolgeregelung umsetzen zu können bedeutet unter Umständen auch, die vom Klienten formulierte Zielsetzung kritisch zu hinterfragen; unter Umständen ist eine familieninterne Nachfolgelösung z. B. nicht der ideale Weg bzw. im Sinne einer unternehmerischen Nachhaltigkeit – auch wenn sie vom Klienten so gewünscht wurde.

- Gerade in kleinen und mittelgrossen Familienunternehmen wird vom Berater erwartet, dass er *Branchenkenntnis* besitzt. Auch wenn dies nicht von jedem Berater geboten werden kann; zumindest sollte man klären, wie man Zugang zu diesem Wissen erhält.

- Schliesslich geht es um die zentralen Beratungstugenden wie *Unabhängigkeit, Objektivität und Vertraulichkeit.* Die Unabhängigkeit des Unternehmensberaters von Dritten ist insbesondere dann wichtig, wenn Entscheidungen über Lieferanten oder andere Marktpartner des Klienten anstehen. Die Objektivität der Beratung sollte unter Berücksichtigung aller Chancen und Risiken gewahrt werden. Vertraulichkeit bedeutet beispielsweise, dass im Beratungsprozess erworbenen Kenntnisse und Informationen nicht an Dritte gelangen dürfen.

An die Adresse der Berater kann die Forderung formuliert werden, dass sie sich auf jene Aufgabenfelder fokussieren sollten, in denen sie den maximalen Wert für den Klienten schaffen können, und sich nicht auf Dinge einlassen, die nicht im Kern der eigenen Fähigkeiten und Kompetenzen liegen.[224] Diese Elemente sollten im Rahmen des persönlichen Netzwerks entsprechend ergänzt werden, wobei die Schnittstellen im Sinne des Klienten, also kosteneffizient zu gestalten sind – was eine gewissen Offenheit bedingt. Gleichzeitig gilt es, durch Weiterbildung laufend in das intellektuelle Kapital zu investieren. Sich auf die Umsetzbarkeit konzentrieren, Arroganz vermeiden, kein Expertentum vortäuschen – das sind die Faktoren, die viel Goodwill schaffen.

Auch wenn die zentralen Gütekriterien erfüllt sind – der Erfolg des Beratungseinsatzes ist vor allem von der Ausgestaltung der Beziehung zwischen Berater und Klient abhängig.[225] Dazu gehört zum einen eine klare Zielsetzung respektive Auftragslage. Gehen beide Parteien von den gleichen Voraussetzungen und Zielsetzungen aus? Gibt es einen offiziellen und vielleicht auch einen inoffiziellen Auftrag oder bestimmte Anforderungen an den Beratungsprozess? Diffuse Anfragen und Angebote sollten vorgängig geklärt werden respektive im Verlaufe des Projektes bewusst gemeinsam reflektiert und unter Umständen gemeinsam angepasst werden.

Damit einher geht auch die Klärung der Frage, welche Funktion der Berater hat und wie weit sein Engagement reicht.[226] Was sollte die Beratung leisten in Bezug auf den Output und die Ergebnisse? Handelt es sich dabei primär um Fach- und Expertenwissen, das verfügbar gemacht wird, oder soll der Prozess im Sinne des Coachingansatzes begleitet werden (vgl. dazu Kapitel 5.2.1). Schliesslich gilt es im Vorfeld zu klären, wie die erbrachten Beratungsleistungen berechnet werden.[227] Dies sollte gemeinsam fixiert werden, um die gegenseitigen Erwartungshaltungen zur Deckung zu bringen. Die Möglichkeiten reichen vom Stunden- und Tagessatz über ergebnisorientierte Projektbudgets oder Vorschussvarianten bis hin zu den bereits angesprochenen M&A-Fees – also einer prozentualen Beteiligung am Verkaufspreis –, sofern der Verkäufer begleitet wird.

224 Niewiem, Richter 2007, S. 69.
225 Kraus, Mohe 2007, S. 265.
226 Grimm, Bamberg 2006, S. 64 f.
227 Hilburt-Davis; Dyer 2003, S. 174 f.

5.4   Informations- und Kommunikationspolitik

Bei der Informations- und Kommunikationspolitik geht es im Grundsatz darum, wer was wie und warum sagt respektive nicht sagt. In der Praxis wird oft die Frage gestellt, warum denn ein Unternehmer nicht viel früher kommuniziert hat, dass er einen Nachfolger sucht oder das Unternehmen verkaufen möchte. Eng verknüpft mit der Kommunikation sind die Themen Vertrauen und Anspruchsgruppenkonzept.[228] Viele sogenannte Stakeholder oder eben Anspruchsgruppen wie Mitarbeiter, Kunden, Lieferanten, Kreditgeber oder gar das Steueramt möchten gern Informationen erlangen, um gemäss ihrer jeweiligen Eigeninteressen eine Risikoabwägung vorzunehmen. Für die Hausbank stellt sich beispielsweise die Frage, ob der Firmenkredit oder die laufende Hypothek im Rahmen der Nachfolgeregelung überhaupt gedeckt sein wird oder nicht. So ist es auch nicht überraschend, dass das Thema Unternehmensnachfolge Bestandteil der qualitativen Kriterien ist. Das Steueramt ist daran interessiert, wann und in welcher Höhe zum Beispiel Ertragssteuern anfallen, falls im Rahmen eines Unternehmensverkaufs stille Reserven aufgelöst worden sind. Den Lieferanten geht es ähnlich wie der Bank: der Fortführung der Kundenbeziehung und der Sicherstellung der Zahlungsbereitschaft gilt die Aufmerksamkeit. Kunden wollen beispielsweise sicherstellen, dass mögliche Garantieansprüche auch nach der Unternehmensnachfolge geltend gemacht werden können, oder dass ein gewisses Produkt- oder Dienstleistungssortiment aufrecht erhalten wird, oder dass die Qualität nach dem Führungswechsel nicht leidet. Die meisten Mitarbeitenden sorgen sich um die Sicherheit des eigenen Arbeitsplatzes und / oder fragen sich, ob sich Strukturen, Prozesse und Vorgehensweisen im unternehmerischen Alltag ändern werden und welche Folgen das für sie hat. Ab einem gewissen Alter des Unternehmers besteht jedenfalls eine gewisse Sensibilität bei den verschiedenen Anspruchsgruppen, sodass auch Kleinigkeiten sofort interpretiert und weitererzählt werden. Es liegt auf der Hand, dass im Einzelfall eine grosse Diskrepanz zwischen Fakten und Gerücht, zwischen expliziter Kommunikation und Interpretation bestehen kann.

Um die Bedeutung und Dynamik von Kommunikation im weiteren Sinn zu verstehen, werden nachstehend, in Anlehnung an einzelne Elemente aus der Kommunikationstheorie, einige wichtige Grundlagen erläutert. Es geht uns darum, die verschiedenen Elemente bewusst zu machen und ein Sensorium für die Art und Weise der Kommunikation (weiche Faktoren) zu entwickeln.

Aufbauend auf den klassischen Stimulus-Response-Modellen, lassen sich neun verschiedene Elemente im Kommunikationsprozess differenzieren.[229] Beim *Sender* handelt es sich um die Beteiligten, die eine Botschaft an einen anderen Beteiligten

228 Freeman 1984.
229 Merten 1999, S. 54 ff.

aussenden wollen. Dies kann beispielsweise der Senior sein, der mit seinen Kindern über die eigene Nachfolge sprechen möchte. Die zu übertragende Botschaft wird verschlüsselt (*Codierung*), in eine symbolische Repräsentation gebracht, um sie überhaupt per Medium übertragbar zu machen – in der Regel ist diese Codierung unsere Sprache. Die *Botschaft* selbst ist die Gesamtheit der symbolischen Repräsentation, die der Sender übermittelt – also beispielsweise das initiierte Gespräch oder der Inhalt des an die Kinder ausgehändigten Schriftstücks. Dabei kann es bereits zu einer ersten Differenz zwischen dem effektiv ausgesprochenen und dem ursprünglich Gedachten Inhalt kommen. Das *Medium* selbst ist der Träger der Botschaft. Wie wir bereits im Kontext der weichen Elemente – die das Familienunternehmen zusammenhalten und charakterisieren – gesehen haben, kann beispielsweise die mündliche und damit formlosere Sprache in Familienunternehmen im Unterschied zu Konzernen sehr verbreitet sein. Die Wahl des Mediums hat selbst eine symbolische Wirkung. Wenn Mitarbeitende beispielsweise von der Unternehmensnachfolge erst über die Presse erfahren, hat dies bestimmt eine andere Wirkung, als wenn die beiden Generationen die Belegschaft bei einer kleinen Feier informieren.

Bei der *Entschlüsselung (Decodierung)* werden vom Empfänger die übermittelten symbolischen Repräsentationen in Gedankengut mit Bedeutungsinhalten umgewandelt. Damit verbunden ist auch eine Interpretation und Auslegung der erhaltenen Signale und Inhalte – ein Prozessschritt, der vom Sender nur bedingt beeinflusst werden kann. Beim *Empfänger* selbst handelt es sich um den Beteiligten am Prozess, der die übermittelte Botschaft empfängt – sprich das Zielpublikum, der Adressat respektive der Rezipient wie beispielsweise die Kinder des abtretenden Unternehmers. Als *Wirkung* wird die Gesamtheit der Reaktionen des Empfängers nach Kontakt mit der Botschaft verstanden – also beispielsweise nach Abschluss der Interpretation. Das *Feedback* respektive die *Rückmeldung* ist der Teil der Empfängerreaktionen, der an den Sender rückübermittelt wird. Dies kann von einer Bestätigung bis hin zu Rückfragen reichen. Schliesslich ist auch die *Signalstörung* ein wichtiges Element: Dabei handelt es sich um ungeplante Einflüsse mit störender oder verzerrender Wirkung auf den gesamten Kommunikationsprozess. Dies kann im Kontext der Unternehmensnachfolge beispielsweis ein Konjunktureinbruch sein oder die unmittelbare Veränderung von persönlichen Zielen. Es gibt zahlreiche Möglichkeiten, einen Kommunikationsprozess zu stören oder zu beeinflussen.

Im ganzen Kommunikationsprozess stellen die Emotionen der beteiligten Parteien eine zentrale Rolle, haben diese doch einen zentralen Einfluss auf die Interpretation und Selektion von Informationen und darauf basierende Entscheidungen und Handlungsmuster.[230] Im Kontext der Anwendung erinnern wir dabei an das Vier-Ohren-

---

230 Halter 2009; Müller-Tiberini 2008, S. 146.

Modell von Schulz von Thun, das bei der Interpretation von Informationen sehr zielführend sein kann.[231] Er differenziert dabei die Sachebene, die Beziehungsebene, die Appellebene sowie die Ebene der Selbstkundgabe. Sagt der Vater beispielsweise zu seinem Sohn, dass er das Unternehmen verkaufen will, so kann dies als entsprechend nüchterne Informationen verstanden und akzeptiert werden, der Sohn kann das Gefühl haben, dass er von seinem Vater nicht mehr geliebt werde, dass diese Lösung als die einfachste Form gewählt worden ist, um möglichen Diskussion auszuweichen oder als Aufforderung an die Adresse des Sohnes, (endlich) einen eigenen Beruf zu erlernen. Die nackte Information ist das eine – viel bedeutender ist die Frage, wie Information übermittel wird.

Ein Stimulus-Response-Modell – wie oben ausgeführt – hilft in der Praxis bis zu einem gewissen Punkt bei der Systematisierung eines Kommunikationsplans. Gleichzeitig ist Kommunikation in der Praxis nie einseitig ausgerichtet, denn in einem Dialog werden Ideen und Inhalte gegenseitig gespiegelt und weiter entwickelt. Konstruktivistisch gesprochen wird mittels Kommunikation eine neue Wirklichkeit geschaffen. Entsprechend ist unseres Erachtens ein breites Grundverständnis von Kommunikation notwendig, um die Dynamik einer interaktionistischen Kommunikation zu verstehen. So betrachtet kann Kommunikation als das kleinste soziale System verstanden werden. Soziale Systeme entstehen dabei in Anlehnung an Luhmann aus Kommunikation beziehungsweise werden durch Kommunikation zusammengehalten.[232] Übertragen auf eine Unternehmensnachfolge heisst das: Diese kann nur erfolgreich gestaltet werden, wenn auch ein solides Kommunikationskonzept vorhanden ist.

Für die Praxis stellt sich die Frage, ob eine Push-Strategie – also das aktive Informieren gegenüber den Anspruchsgruppen – gewählt wird, oder ob im Rahmen einer Pull-Strategie darauf gewartet wird, bis jemand Informationen einholen wird. Bei beiden Strategien ist es von Bedeutung, dass im Vorfeld Überlegungen bezüglich Inhalt und Person gemacht werden, um nicht überrascht zu werden.

Bei einer Kommunikationsstrategie stehen vier zentrale Fragen im Zentrum:

Wo stehen wir? Die Antwort beschreibt die aktuelle Situation bzw. Ausgangslage, um sie für die Empfänger nachvollziehbar zu machen und eine gemeinsame Basis zu finden. Neben einzelnen Angaben zur Geschichte des Unternehmens können beispielsweise der aktuelle Geschäftsgang oder die Branchenentwicklungen Inspirationsquelle sein und mit den verschiedenen Zielen und Interessen der verschiedenen Anspruchsgruppen in Verbindung gebracht werden.

Wo wollen wir hin? Nachdem die Personen und Personengruppen bestimmt sind, die beim notwendigen Dialog einbezogen werden sollen, gilt es die Kommunika-

---

231 Schulz von Thun 2004, S. 26 ff.
232 Merten 1999, S. 101.

tionsziele festzulegen. Soll beispielsweise die Kontinuität und Stabilität oder die Weiterentwicklung des Unternehmens in den Vordergrund gestellt werden? Die Kernbotschaft sollte zu diesem Zweck festgelegt werden.

Wie wollen wir dorthin gelangen? In dieser Sequenz geht es darum, dem Empfänger einige (wenige) konkrete Anhaltspunkte zu geben, wie das Ziel erreicht werden soll. Dabei ist darauf zu achten, dass die anvisierten Massnahmen und Veränderungen machbar sind und auch wirklich umgesetzt werden.

Wie wollen wir den Weg dorthin beibehalten? Verschiedenen Anspruchsgruppen ist es wichtig, dass die getroffene Lösung auch nachhaltig verankert ist. Im Sinne der Vertrauensstiftung gilt es deshalb, einen möglichst realistischen Ausblick zu geben.

Fallbeispiel 12: Diese Frage habe ich erwartet

Der Vater des Erzählers ist Alleineigentümer eines mittelständischen Unternehmens in Süddeutschland und steht kurz vor der Pensionierung. Der Erzähler und sein Bruder sind Mitte Zwanzig und noch zu jung, um das Unternehmen zu führen. Die Situation wird aus der Perspektive der jungen Generation dargestellt und soll zeigen, welche wichtige Rolle der Kommunikation zwischen den direkt oder indirekt betroffenen Personen zukommt: Eine offene Kommunikation führt meistens zu besseren Lösungen.

Wir sassen gemütlich bei einem einfachen Mittagessen. «Heute Morgen hatte ich ein längeres Telefongespräch mit Herrn Hofmeister», bemerkte mein Vater ganz nebenbei. «Ich glaube, du hast ihn auf der letzten Messe kennengelernt. Er hat mir mitgeteilt, dass er an der Übernahme unserer Produktion interessiert wäre; doch nur unter der Bedingung, dass er die Fabrikation innert zwei Jahren bei sich integrieren kann; also keine Übernahme der Immobilien. Was meinst du, was sollen wir jetzt machen?» Ich war perplex. Dass mein Vater die Firma verkaufen wollte, kam vollkommen überraschend. Er schaute mich nicht einmal an, sondern stocherte in seinem Essen herum.

Bis jetzt hatte mich mein Vater nie auf die Nachfolge angesprochen, sondern immer nur Andeutungen gemacht; Fragen wie «Was sind denn deine Zukunftspläne?» oder «Wie gefällt es dir bei deinem Job?» Nie eine direkte Frage oder eine Aussage über seine Pläne. Und jetzt das. Wenn ich ehrlich bin, hatte ich meinem Vater einen so radikalen Schritt gar nicht zugetraut. Er hatte das Unternehmen Ende der siebziger Jahre von seinem Vater übernommen. Die Firma und das grosse Gelände direkt am Fluss gehörten irgendwie zur Familie.

Von meiner Antwort hing viel ab, das spürte ich. Typisch Vater, so aus heiterem Himmel eine Entscheidung zu verlangen. Er hatte die Angelegenheit sicher schon von alle möglichen Seiten bedacht. Ich wollte erst einmal Zeit gewinnen und erklärte: «Ich bin mir nicht sicher, ob ein Verkauf zum jetzigen Zeitpunkt die richtige Entscheidung ist. Wenn du einverstanden bist, würde ich das gern mit meinem Bruder besprechen».

Mein Vater nickte. Also traf ich mich am folgenden Wochenende in St.Gallen mit meinem älteren Bruder. Er studiert dort an der Uni und steht kurz vor den Bachelor-Prüfungen. Wir unterhielten uns den ganzen Abend und kamen zu keiner befriedigenden Lösung. Wir waren beide in der gleichen Lage: zu jung, um den Betrieb zu führen, und trotzdem konnten wir uns mit einem Verkauf nicht anfreunden. Wir suchten vergebens nach einem Ausweg.

Vater hatte ganz konkrete Vorstellungen und Pläne für die nächsten Jahre. Aber auf keinen Fall wollte er den Betrieb weiterführen. Die Belastung zehrte zu sehr an seiner Gesundheit. Das konnten wir gut nachvollziehen. Doch uns war ebenso klar, dass ein Verkauf die Probleme nicht lösen würde. Was würden wir mit den leer stehenden Gebäuden machen?

Wir zogen einen Berater hinzu. Der schlug vor, eine Geschäftsführer-Lösung zu prüfen. Diese Idee gefiel uns spontan sehr gut. Wir würden Zeit gewinnen und könnten in fünf bis zehn Jahren über die Nachfolge entscheiden. Bei unserem nächsten Treffen diskutierten wir mit Vater über die möglichen Geschäftsführer. Aus unserer Sicht stand der jetzige Verkaufsleiter auf der Wunschliste ganz oben. Er war etwa 50-jährig und arbeitete schon seit zwanzig Jahre im Betrieb. Er kannte alle Kunden und hatte ein gutes Verhältnis zu den Mitarbeitern.

Doch Vater war skeptisch. «Wäre es nicht besser, einen externen Geschäftsführer zu suchen?», fragte er, «ich weiss nicht, ob der Verkaufsleiter all meine Aufgaben übernehmen kann, und ob er das überhaupt will.» Ich merkte sofort, dass mein Vater sich schwer tat mit dieser Lösung. Er befürchtete wohl, den Verkaufsleiter zu überfordern.

Doch wir blieben hartnäckig. Wir schlugen vor, erst einmal den Verkaufsleiter direkt zu fragen. Wenn er nein sagen würde oder Bedenken hätte, könnte man immer noch ein Inserat schalten. Gemeinsam schafften wir es, Vater zu diesem Zugeständnis zu bewegen. Doch er stellte die Bedingung, dass ich beim Gespräch mit dem Verkaufsleiter dabei wäre. Da es um unsere eigene Zukunft ging, war ich sogar sehr dazu bereit.

Das Gespräch begann harzig. Mit vielen Umschweifen und Wiederholungen eröffnete Vater die Sitzung. Dieses und jenes sprach er an, aber nie kam er auf den

Punkt. Die Situation behagte ihm gar nicht. Als er auf die Qualitätsprobleme bei der letzten Lieferung zu sprechen kam, unterbrach ich ihn ziemlich abrupt.

«Mein Vater und ich möchten heute mit Ihnen über die Zukunft des Betriebs sprechen», begann ich. «Wie Sie wissen, wird mein Vater nächstes Jahr pensioniert. Weder mein Bruder noch ich sind derzeit in der Lage den Betrieb zu führen. Wir suchen deshalb nach einer Lösung für die Geschäftsführung. Gerne hätten wir gewusst, ob Sie sich vorstellen könnten, die Geschäftsführung zu übernehmen?»

Mir war bewusst, dass ich mit der Tür ins Haus fiel. Der Verkaufsleiter sah zuerst mich an, dann wanderte sein Blick zu meinem Vater. Bevor mein Vater wieder das Wort ergreifen konnte, antwortete er: «In den letzten zwei Jahren habe ich mich des Öfteren gefragt, wie es mit dem Betrieb wohl weitergehen wird. Ich habe mich in Ihre Situation versetzt und mir überlegt, was ich an Ihrer Stelle tun würde. Sie haben zwei Söhne, die das Potenzial haben, die Firma zu übernehmen. Die Übergabe der Geschäftsführung ist deshalb eine naheliegende Lösung. Eigentlich hatte ich schon längere Zeit erwartet, dass Sie mich das fragen, und mir die Sache reiflich überlegt. Deshalb kann ich ihnen auch ganz spontan antworten: Ja, die Aufgabe würde ich sehr gern übernehmen.»

Mit dieser Antwort hatte mein Vater nicht gerechnet. Doch man konnte ihm ansehen, wie erleichtert er war. Auch ich war froh, denn jetzt war der Entscheidungsdruck von uns Junioren genommen. Vater nickte nur kurz über den Tisch und sagte in seiner gewohnt nüchternen Art: «So, dann sind Sie ab nächstem Jahr unser neuer Geschäftsführer. Gratuliere!»

6 Erfolgs- und Misserfolgsfaktoren im Nachfolgeprozess

In jeder Nachfolgephase können Schwierigkeiten und Probleme auftauchen, die den Erfolg der Unternehmensübertragung gefährden. Ziel des vorliegenden Kapitels ist es, einen Überblick über die meistgenannten Probleme respektive Erfolgsfaktoren zu geben.[233]

Wenn von Erfolgs- und Misserfolgsfaktoren gesprochen wird, ist vorgängig eine Auseinandersetzung mit dem Erfolgsbegriff notwendig.[234] Uns geht es darum, den Begriff aus den Perspektiven der verschiedenen Beteiligten zu klären. Für Mitarbeitende kann die Nachfolge beispielsweise erfolgreich sein, wenn deren Arbeitsplätze ohne Lohneinbussen auch nach der Übertragung gesichert sind. Aus der Sicht von Kapitalgebern ist die Unternehmensnachfolge dann erfolgreich, wenn zum Beispiel die Kredite vom Übergeber vollständig zurückbezahlt sind oder die Verpflichtungen dank des Engagements eines solventen Nachfolgers und dank guter Geschäftsperspektive nicht gefährdet sind.[235] Aus der Perspektive des Übergebers kann der Erfolg noch vielfältiger umschrieben werden. Für den einen zählt die Verkaufspreisoptimierung, für den anderen ist die Nachfolge ein Erfolg, wenn der Produktionsstandort und die Arbeitsplätze gesichert sind. Für Nachfolger wiederum kann der Geschäftsverlauf des übertragenen Unternehmens von Bedeutung sein. Sie knüpfen die Erfolgsmessung an verschiedene Kennzahlen wie das Wachstum der Mitarbeiterzahl, des Umsatzes oder des Ertrags.[236] Aus der Perspektive von Familienunternehmen können bei einer familieninternen Nachfolge auch das Aufrechterhalten des Wettbewerbsvorteils gegenüber Nicht-Familienunternehmen oder das Aufrechterhalten der «Familiness» und der damit verbundenen spezifischen Eigenschaften als Erfolgsgrösse gelten.[237]

---

233 Eine systematische Literaturanalyse über Erfolgs- und Misserfolgsfaktoren bei der Unternehmensnachfolge findet sich bei Le Breton-Miller, Miller, Steier 2004, S. 307. Sie kommen zum Schluss, dass sehr vieles vom Übergeber selbst abhängt und er deshalb die zentrale Figur im Nachfolgeprozess darstellt.

234 Ein grosser Teil der Nachfolgeliteratur zählt Erfolgs- oder Misserfolgsfaktoren auf. Jedoch nur wenige beschäftigen sich dabei vorgängig mit dem Erfolgsbegriff.

235 vgl. KPMG 2002a; Halter 2003.

236 Morris, Williams, Allen, Avila, 1997, S. 390 und Le Breton-Miller, Miller, Steier 2004, S. 306 differenzieren zwischen klassischen Erfolgskriterien und der durch die Betroffenen erlebten Qualität der Unternehmensnachfolge. Für klassische Kriterien vgl. beispielsweise St-Cyr, Richer 2005, S. 62; Helbling 2000, S. 5; Chittoor, Das 2007, S. 66; Morris, Williams, Allen, Avila, 1997, S. 392; Mandl 2005, S. 124.

237 Sharma, Chrisman, Chua 2003, S. 669.

6.1   Wie Übergeber und Nachfolger den Erfolg beeinflussen

Erfolgs- und Misserfolgsfaktoren können auf der Ebene des Individuums (= *intraindividuelle Ebene*) liegen; wir beschränken uns hierbei auf den Übergeber und den Nachfolger.

Beim *Übergeber* wird das zentrale Problem darin gesehen, dass sich dieser nur sehr schwer vom Unternehmen distanzieren kann. Dies wird als «*mangelndes Loslassen*» bezeichnet – ein Problem, das bei Gründern besonders stark ausgeprägt ist.[238] Möglicherweise spielen bei der Nachfolge nicht nur psychische, sondern auch physische Aspekte eine wichtige Rolle. So konstatiert eine Studie, dass Entscheider an der Spitze einer Unternehmung ein viermal geringeres Sterberisiko aufweisen als Mitarbeiter am entgegengesetzten Ende der Hierarchie. Als mögliche Gründe hierfür nennt Häusel die inspirierende, herausfordernde Tätigkeit und die befriedigenden und vorzeigbaren Erfolge. Dadurch würde die Gefahr kleiner, in eine stressverursachende und krankmachende «Loserfalle» zu geraten.[239] Es resultiert eine paradoxe Beziehung: Einerseits fühlt man sich durch die Tätigkeit wohl und gesund und will die Unternehmung nicht abgeben. Andererseits erschwert dies den Nachfolgeprozess, wodurch man schliesslich in die angesprochene «Loserfalle» geraten kann.

Bei der Wahl des *Nachfolgers* wurden bereits die beiden Phänomene Primogenitur und Nepotismus angesprochen (vgl. dazu Kapitel 3.2). Ein Problem ist, wenn Nachfolger nicht die notwendigen *Fähigkeiten und Erfahrungen* mitbringen, die eine zeitgemässe und branchenspezifische Unternehmensführung erfordern.[240] Untersuchungen haben ergeben, dass der Ausbildungsstand eine positive Korrelation mit dem Erfolg des Unternehmens nach der Übertragung hat. Aktuell lässt sich eine Zunahme des Bildungsstands der Nachfolger beobachten.[241] Andererseits liegt die Gefahr darin, dass der Nachfolger nicht über den notwendigen *Willen* verfügt, das Unternehmen auch in Eigenregie zu führen und dessen Zukunft zu gestalten. Gerade bei familieninternen Unternehmensnachfolgen muss der Nachfolger den Willen haben, sich in den Dienst des Unternehmens zu stellen. Der Entscheid sollte aus eigenem Antrieb erfolgen, denn nur aus der inneren Stärke heraus können die familienspezifischen Rollenverhältnisse und die damit verbundenen Erwartungen getragen werden.

238 Morris, Williams, Allen, Avila, 1997, S. 390 f., er zitiert Handler 1990; Handler 1991; Kepner 1983; Sharma, Chrisman, Chua 2003, S. 668; Chini 2004, S. 270; Getz, Petersen 2004, S. 261; Kailer, Weiß 2005, S. 34 f.; St-Cyr, Richer 2005, S. 58; Cadieux 2005, S. 34.

239 Häusel, 2002, S. 85 ff., zitiert in Fopp 2004, S. 45.

240 Mandl 2005, S. 128; Morris, Williams, Allen, Avila 1997, S. 390 f; Sechser 2006, S. 47 f.; Chini 2004, S. 270 fordert unternehmensexterne Erfahrung für Familiennachfolger.

241 Morris, Williams, Nel 1996, S. 78; Sechser 2006, S. 50; Trefelik 2002, S. 123; Sharma, Chrisman, Chua 2003, S. 668; Morris, Williams, Allen, Avila 1997, S. 391 f.; Cadieux 2005, S. 45.

Aus individueller Perspektive lassen sich deshalb folgende Erfolgsfaktoren ableiten:

- Der Übergeber setzt sich bewusst und aktiv mit der Zeit nach dem Unternehmen auseinander und baut dadurch einen Lebensinhalt ohne Unternehmen auf.
- Der Nachfolger verfügt über wettbewerbsfähige Fähigkeiten und Kompetenzen.
- Der Nachfolger entscheidet sich aus freiem Willen dafür, sich mit vollem Einsatz in den Dienst des Unternehmens zu stellen. Er verfügt über eine hohe Selbstmotivation.
- Eine kritische Selbstreflexion ist notwendig, um die eigenen Stärken und Schwächen zu erkennen und damit umzugehen.

der erfolgreiche Neustart!

6.2 Einflüsse im zwischenmenschlichen Bereich

Der *interpersonellen Ebene* rechnen Morris u.a. die meisten Schwierigkeiten im Nachfolgeprozess zu. Denn es handelt sich um einen Prozess, der besonders stark von Interaktionen geprägt ist.

Innerhalb der Familie besteht die Gefahr, dass es zu Spannungen kommt, wenn die verschiedenen Interessen ungenügend oder zu spät in der Planung mitberücksichtigt werden.[242] Dies bedeutet, dass frühzeitig die verschiedenen Erwartungen erfasst werden müssen. Nur eine offene und ehrliche Kommunikation innerhalb der Familie kann für Transparenz sorgen und Sicherheit vermitteln. Wenn Familienkonflikte reduziert werden, die Familienharmonie durch Schaffung gemeinsamer Werte, Traditionsverständnis und Vorstellungen über die Anforderungen und die Zukunft des Unternehmens gestärkt wird, hat dies einen positiven Effekt auf die Gestaltung der Unternehmensnachfolge. Gesunde Familienbeziehungen und eine effektive Kommunikation beruhen auf der Fähigkeit, die sozialen Beziehungen zu initiieren und aufrecht zu erhalten.[243]

Eine weitere Herausforderung stellt die *Beziehung zwischen Übergeber und Nachfolger* dar – insbesondere während der Einarbeitungs- und Übergabezeit (vgl. dazu Phase IV und V in Abbildung 12, S. 129). Neben der offenen Kommunikation ist hier vor allem die Bereitschaft zur Zusammenarbeit und zum Wissenstransfer erforderlich. Differenzen können auf unterschiedliche Rollen oder alte Rollenmuster, unterschiedliche Charaktere und Begabungen oder unverbindliche Bestimmungen für die Gestaltung der Zusammenarbeit zurückgeführt werden. Im Verlauf der Zeit verändern sich die Rollen zusätzlich. Die des Übergebers kann sich, in Anlehnung an Handler, vom alleinigen Operator über den Monarchen zum Overseer/Delegator bis zum Berater wandeln.[244] Umgekehrt entwickelt sich der Nachfolger vom «Familienmitglied ohne Macht» über den Helfer zum Manager bis hin zum Leader, der eigene Entscheidungen fällen kann und darf. Eine familieninterne Nachfolgeregelung kann auch dadurch erschwert werden, dass familiäre Rollenmuster (Vater-Kind-Beziehung) auf das Unternehmen übertragen werden. Um solchen Differenzen vorzubeugen, wird eine vorgängige Regelung der Kompetenzzuteilung, die Festlegung einiger Basisregeln sowie der Einbezug einer externen, neutralen Person empfohlen. Die Massnahmen müssen von den betroffenen Generationen akzeptiert werden.[245]

---

242 Mandl 2005, S. 128; Sechser 2006, S. 50. Trefelik 2002, S. 123; Cadieux 2005, S. 45; Lansberg, Astraschen 1994, S. 41f.; Morris, Williams, Allen, Avila, 1997, S. 390f.
243 Diese Fähigkeit wird auch Bindungsfähigkeit (=connectedness) genannt.
244 Handler 1994, S. 134. Sechser 2006, S. 54 spricht beim Übergeber vom Monarch, General, Botschafter und Gouverneur.
245 Chini 2004, S. 270; St-Cyr, Richer 2005, S. 58.

Aus interpersoneller Perspektive lassen sich zusammenfassend die folgenden Erfolgsfaktoren ableiten:

– Mittels offener und vertrauensvoller Kommunikation werden innerhalb der Familie die verschiedenen Erwartungen frühzeitig erfasst und ein gemeinsames Verständnis entwickelt.
– Die verschiedenen Ansprüche und Erwartungen werden transparent gemacht.
– Die gemeinsame Zeit von Übergeber und Nachfolger wird strukturiert und verbindlich vorbereitet.
– Der Nachfolger absolviert ein Trainingsprogramm, um möglichst rasch Zugang zu den relevanten Aufgaben zu bekommen und Erfahrungen zu sammeln.
– Die Familie teilt gemeinsame Werte und Ziele.
– Die Familie verfügt über eine Konfliktlösungskultur.

6.3   Erfolgsfaktoren auf der organisationalen Ebene

Mit Blick auf das Unternehmen kann beobachtet werden, dass das *Investitionsvolumen* nach der Übernahme oft höher ist als in den Jahren zuvor oder im Branchendurchschnitt.[246] Untersuchungen haben ergeben, dass das Investitionsverhalten sowohl des Übergebers als auch des Übernehmers einen positiven Einfluss auf den Erfolg des Unternehmens nach der Übertragung hat. Investitionen in die wirtschaftliche Leistungs- und Entwicklungsfähigkeit sind notwendig, um im (internationalen) Wettbewerb zu bestehen. Vor dem Hintergrund, dass die Bedeutung des Unternehmensverkaufs als Übertragungsform steigt, ist eine viel versprechende Zukunft des Unternehmens von zentraler Bedeutung, denn Käufer und Investoren investieren lieber in ein Unternehmen mit Potenzial.[247]

Ein zweites Problem ist die *Sicherung des expliziten und intangiblen Wissens*.[248] Es sollten frühzeitig Strukturen und Prozesse etabliert werden, die einen Abgang des Unternehmers erleichtern und die Sicherheit des Unternehmens auch im Fall eines überraschenden Ausfalls gewähren. Das Wissen und das Beziehungsnetzwerk sollten deshalb auf mehrere Personen verteilt sein.

Aus organisationaler Perspektive lassen sich deshalb folgende zwei Erfolgsfaktoren ableiten:

- Der Übergeber investiert in die Leistungs- und Entwicklungsfähigkeit des Unternehmens, damit dieses für Nachfolger attraktiv ist (zum Beispiel Steuerplanung und -optimierung; Trennung von Geschäfts- und Privatvermögen).
- Der Übergeber muss Prozesse und Strukturen aufbauen, damit explizites und intangibles Wissen sowie das Beziehungsnetzwerk im Unternehmen gesichert sind.

246 Pichler 2002, S.128 f. Kropfberger, Mödritscher 2002, S.111; Mandl 2005, S.124; Albach 2002, S.167.
247 Damit kann auch die mangelnde Kapitalverfügbarkeit in Verbindung gebracht werden. Pichler 2002, S.132. Chini (2004, S.270) empfiehlt eine Übergabe in einer Wachstums- oder Konsolidierungsphase.
248 Zimmermann 2006.

6.4   Wie Wirtschaftslage und Anspruchsgruppen den Erfolg beeinflussen

Auch *die Umwelt* bzw. die wirtschaftlichen Rahmenbedingungen haben Auswirkungen auf eine Unternehmensnachfolge. Probleme entstehen beispielsweise durch rechtliche oder konjunkturelle Bedingungen. Wenn sich *gesetzliche Regelungen* ändern, kann dies für eine laufende Unternehmensnachfolge hinderlich oder förderlich sein.[249] In der Schweiz hat ein Bundesgerichtsentscheid aus dem Jahr 2004 dazu geführt, dass familieninterne Unternehmensnachfolgen eine steuerliche Benachteiligung erfuhren. Dies traf dann zu, wenn der Übergeber den Erlös aus dem Verkauf der Anteile an die junge Generation dem Unternehmen als Darlehen überliess.[250] Im Hinblick auf die *Konjunktur* lässt sich feststellen, dass sich in einer Wachstumsphase einfacher Investoren finden lassen, die ein Unternehmen oder Anteile daran erwerben wollen.[251] Auf weitere umweltbezogene, makroökonomische Probleme wird nachfolgend nicht weiter eingegangen. Es werden auch keine Erfolgsfaktoren formuliert, da diese vom Unternehmer nicht oder nur marginal beeinflusst werden können.

Eine systemisch orientierte Unternehmensführung kümmert sich um verschiedene Interessen- respektive Anspruchsgruppen. Im Neuen St.Galler Managementmodell etwa werden die Anspruchsgruppen Lieferanten, Konkurrenz, Kunden, Kapitalgeber, Öffentlichkeit, der Staat und die Mitarbeitenden genannt.[252] Durch die enge Überlagerung von Familie und Betrieb in Familienunternehmen müssen zusätzlich die Bedürfnisse der Verwandten besonders beachtet werden.[253]

In diesem Zusammenhang ist essentiell, dass der Nachfolgeprozess dynamisch aufgefasst wird und verschiedene Szenarioplanungen betrachtet werden. Das Ziel ist, in verschiedenen Optionen zu denken, um sich optimal auf die dynamische Umwelt einstellen zu können. Dies fordert einerseits die Zufriedenstellung der Bedürfnisse und Anliegen der Anspruchsgruppen, andererseits Innovation seitens der Unternehmung. Es handelt sich um einen Akt der Balance zwischen Tradition und Innovation (bisherige Leistung vs. neue Leistungen). Gleichzeitig gilt es, Normen und Werte zu schaffen, welche als erstrebenswert und «gut» gelten. Dies schafft Identifikationscharakter und unterstützt die positive Bindung zu den verschiedenen Anspruchsgruppen.

---

249 Pichler 2002, S.132; Bjuggren, Sund 2005; Kunz 2004a und b.
250 Weiterführende Literatur: Holenstein 2004; Uebelhart, Arnold 2005; Gurtner, Giger 2004; Eidgenössische Steuerverwaltung ESTV 2004; Esposito 2005. Familienunternehmen unterlagen der indirekten Teilliquidation. Der Wertzuwachs der Anteile musste vollumfänglich versteuert werden, auch wenn kein Geld vom Nachfolger an den Übergeber geflossen war. Die Benachteiligung wurde im Rahmen der Unternehmenssteuerreform II überwunden.
251 Branchenspezifische Umstände können dabei eine Rolle spielen, Getz, Petersen 2004, S.261.
252 Vgl. Rüegg-Stürm 2004, S.74 ff.
253 Vgl. auch Schwass, Amann, Ward 2004, S.263.

Aus makroökonomischer/umweltorientierter Perspektive lassen sich deshalb folgende drei Erfolgsfaktoren ableiten:

– Gesetzliche Rahmenbedingungen (Vertrags-, Gesellschafts-, Steuer, Ehe-, und Erbrecht) werden berücksichtigt.
– Insbesondere für den familienexternen Verkauf ist die konjunkturelle Stimmung positiv.
– Es wird ein aktives Stakeholder-Management inkl. Kommunikationsstrategie und -plan gepflegt.

6.5   Erfolgsfaktoren im Nachfolgeprozess

Im Hinblick auf die in Kapitel 4.3 aufgezeigte Prozessperspektive lassen sich vier Probleme identifizieren. In der Praxis fehlt es oft an einer *Planung* der Unternehmensnachfolge.[254] Dabei sollten sowohl der Nachfolgeprozess im Allgemeinen als auch Einzelaspekte wie beispielsweise die Steuerbelastung geplant werden. Zudem wird der *Zeitbedarf* für eine gelungene Unternehmensnachfolge oft unterschätzt. Vorteile der frühzeitigen Planung können darin gesehen werden, dass eine transparente Diskussionsbasis geschaffen wird. Unsicherheiten beim Senior müssen reduziert werden, die Motivation beim Nachfolger erhöht und zukünftige Schritte frühzeitig erkannt werden.[255]

Der relativ hohe Zeitbedarf über den gesamten Nachfolgeprozess birgt die Gefahr, dass sich anfangs getroffene *Annahmen im Verlauf des Prozesses verändern*. Ein als Nachfolger definiertes Familienmitglied oder ein Mitarbeiter ist eventuell unverhofft nicht mehr gewillt oder fähig, die Nachfolge anzutreten. Auch die Rahmenbedingungen können sich dermassen verändert haben, dass eine Übertragung zum gewünschten Zeitpunkt nicht mehr möglich ist. Eine Planung unter Berücksichtigung verschiedener Szenarien erhöht deshalb die Sicherheit und den Nachfolgeerfolg.[256]

Mit der Prozessgestaltung ist das Problem verbunden, dass *Drittpersonen* gar nicht oder zu spät beigezogen werden. Eine Drittperson könnte sowohl Fachkompetenz und Erfahrung im Nachfolgeprozess ergänzen als auch der Planung mehr Verbindlichkeit verleihen. Mögliche Partner sind entweder ein externes Verwaltungsrats- oder Beiratsmitglied oder ein persönlicher Coach oder Berater.[257] Alternativ oder in Ergänzung dazu ist auch ein Familienrat denkbar.

254 Christensen 1953; Handler 1989; Lansberg 1988; Ward 1987; Handler 1994, S. 133; Dunemann, Barret 2004 halten fest, dass 70 % eine Planung als wichtig erachten, jedoch lediglich 12 % über eine solche verfügen; Kailer, Weiß 2005, S. 34 f.; Kropfberger, Mödritscher 2002, S. 111; Morris, Williams, Nel 1996, S. 71.

255 Trefelik 2002, S. 117; St-Cyr, Richer 2005, S. 55 f. Zwischen dem langfristigen Erfolg des Unternehmens und der Planung konnte dagegen keine Korrelation festgestellt werden. Zwischen Erfolg und einer ausgiebigen Steuerplanung wurde sogar eine negative Korrelation nachgewiesen, vgl. dazu Mejaard, Uhlander, Flören u. A. 2005, S. 7; Christensen 1953; Dyer 1986; Handler 1989; Lansberg 1988; Ward 1987; Handler 1994, S. 133; St-Cyr, Richer 2005, S. 54. Sechser 2006, S. 50. Trefelik 2002, S. 123; Morris, Williams, Allen, Avila, 1997, S. 390 f; Sharma, Chrisman, Chua 2003, S. 668; Chini 2004, S. 270

256 Albach 2002, S. 166.

257 Wissenschaft: Morris, Williams, Nel 1996, S. 71. Praxis: Pohlmann 1997, S. 134; Aargauische Kantonalbank 2007, S. 8. Sechser 2006, S. 50; Trefelik 2002, S. 123; Morris, Williams, Allen, Avila, 1997, S. 390 f; Mandl 2005, S. 128.

Aus prozessualer Sicht lassen sich also folgende vier Erfolgsfaktoren ableiten:

– Die Planung der Unternehmensnachfolge wird frühzeitig und konsequent angestrebt.

– Darin werden Prozessphasen, Meilensteine und Dokumentation festgelegt.

– Der Einbezug einer familienexternen Vertrauensperson (Coach, Managementberater, Familienfreund, Verwaltungsrats- oder Beiratsmitglied) und/oder die Institutionalisierung eines Familienbeirats erhöhen den Handlungsdruck und die Verbindlichkeit.

– Für jede Unternehmensnachfolge sollten Szenarien vorbereitet werden.

6.6   Erfolgsfaktoren bei der Anwendung des St. Galler Nachfolge Modells

Das St.Galler Nachfolge Modell setzt sich aus drei Komponenten zusammen. Als Ausgangspunkt dient das Familienunternehmensmodell, mit dessen Hilfe wir vor allem den Blick für die verschiedenen Analyseebenen schärfen. Als zweites Element haben wir uns auf den Nachfolgeprozess fokussiert. Dabei haben wir im Unterschied zu vielen üblichen Prozessmodellen vor allem die Vorgeschichte und die Nachbereitung betont. Schliesslich bildet das Themenrad entlang der normativen, strategischen und operativen Fragen den Kern der thematischen Erschliessung des Phänomens Unternehmensnachfolge. Bei der Anwendung des St.Galler Nachfolge Modells im Nachfolgeprozess lassen sich folgende Erfolgsfaktoren ableiten:

– Keine Fragestellung wird als Inselproblem betrachtet und gelöst, denn die Abhängigkeiten innerhalb des Modells sind zu gross.
– Die Erschliessung der Unternehmensnachfolge entlang des Modells erfolgt durch eine systematische, differenzierte Sichtweise auf die verschiedenen Aspekte.
– Bei der Anwendung des Modells wird spielerisch mit den verschiedenen Perspektiven und Analyseebenen umgegangen.
– Berater stellen neben Übergeber und Übernehmer eine wesentliche dritte Kraft im Nachfolgeprozess dar; entsprechend kritisch hinterfragen sie die Planung und Umsetzung.

Fallbeispiel 13: Die Katze lässt das Mausen nicht

Manfred Brauer[258] hatte schon vor Jahren seine Kleinbrauerei an eine Grossbrauerei verkauft. Mit dem Erlös hat er seine Immobiliengesellschaft entschuldet. «Damit bin ich alle Sorgen los, habe genug Cash auf der Bank und die Kinder erhalten Geld statt Bier», dachte er sich. Die finanzielle Vorsorge war geregelt. Eigentlich könnte er seinen Ruhestand in vollen Zügen geniessen.

Doch Müssiggang war für Manfred Brauer nicht das Richtige. Er musste etwas unternehmen. Da kamen ihm die Probleme in seinem grössten Gastronomiebetrieb gerade recht. Was sollte er damit tun? Verkaufen, verpachten, schliessen?

«Es müsste doch mit dem Teufel zugehen, wenn ich mit meiner Erfahrung nicht noch was ganz Neues schaffen könnte», sinnierte Manfred Brauer. «Etwas, wo alle Branchenkollegen nur den Kopf schütteln und denken ‹jetzt ist er ganz verrückt geworden›. Genau das wäre das richtige Kompliment.»

258   Namen geändert.

Also ging er auf Reisen und informierte sich in Europa und USA über die aktuellen Trends bei den Gasthausbrauereien. Er kam zurück mit einer fixen Ideen: Eine Erlebnisbrauerei müsste doch auch in der Schweiz erfolgreich sein!

Statt Frühpensionierung – Ende des Müssiggangs. Voll Elan entwickelte er in den nächsten Wochen ein neues Konzept: Der Gast sollte das Brauen hautnah miterleben, sollte besondere Biere geniessen und das Passende dazu konsumieren. Aus Erfahrung wusste er: Bier weckt Emotionen. Dies wollte er nutzen. Er überzeugte tausend Bierfreunde von seinem Konzept, die nach einer Kapitalerhöhung zu Aktionären wurden. Eine neue Brauerei war geboren.

In den folgenden Jahren baute Manfred Brauer den Betrieb weiter aus und bot Brau-Seminare an. Immer mehr Leute nahmen daran teil. Der Kreis der Bierliebhaber wuchs kontinuierlich; ebenso der Umsatz. Doch eines hatte Manfred Brauer noch nicht erreicht: das Kopfschütteln der Branchenkollegen.

Auf einer der nächsten Reisen zündete der Funke. Es gibt Wein für einen Euro und Wein für fünfzig Euro. Weshalb aber kostet Bier überall gleich viel? Im Mittelalter, ja bis vor hundert Jahren war Bier deutlich teurer als Wein. Die industrielle Produktion hatte dann zu einem Preiszerfall geführt, aber auch zu einer weltweiten Geschmacksnormierung. Es musste doch möglich sein, ein geschmacklich einzigartiges Bier herzustellen – handwerklich und in kleinen Menge gebraut – und das zu einem vernünftigen Preis zu verkaufen. An diesem Bier tüftelte Manfred Brauer, auf der Jagd nach dem unvergleichlichen Geschmack. Er hatte ihn auf der Zunge, doch bis er ihn im Glas hatte, vergingen Monate. Als er schliesslich sein Bier entwickelt hatte und in Flaschen zu zwölf Franken anbot, schüttelten etliche Bierbrauer nur den Kopf. Als Manfred Brauer davon hörte, lächelte er nur in sich hinein. Er ist stolz auf seine neue Kleinstbrauerei mit ihrer einzigartigen Biermarke.

Irgendwann wird er sich wieder Gedanken über seine Nachfolge machen müssen. In seinem Hinterkopf schlummert schon die nächste verrückte Idee. Auch wenn er sie noch nicht ganz fassen kann, eines weiss er jetzt schon: Sie wird sich um mehr drehen als nur um Bier.

Mit diesem abschliessenden Beispiel soll gezeigt werden, dass man sich mit einem «Unternehmer-Gen» nicht so einfach zur Ruhe setzen kann. Unternehmertum ist nicht altersabhängig. Wer unternehmerische Herausforderungen liebt, wird das auch im hohen Alter noch geniessen. Doch sollte Art und Umfang der Tätigkeit den Lebensumständen angepasst werden. In diesem Sinne setzt sich der Nachfolge-Prozess auch beim übergebenden Unternehmer fort. Es sei jedem Unternehmer selbst überlassen, wie er seine dritte Lebensphase sinnvoll gestalten will.

7 Schlusswort

Eine Unternehmensnachfolge ist kein Spaziergang. Das hat dieses Buch hoffentlich zu zeigen vermocht. Vom Übergeber verlangt diese Aufgabe Offenheit und Weitsicht. Strategisches Geschick, persönliches Engagement und Beweglichkeit sind notwendig, um die eigene Unternehmensnachfolge frühzeitig und zukunftsträchtig zu regeln.

Der Übernehmer steht umgekehrt vor einer grossen unternehmerischen Aufgabe. Damit ist nicht nur die Fortführung des Unternehmens gemeint – vielmehr braucht der Nachfolger auch fundierte Leadership-Fähigkeiten, um den notwendigen Veränderungsprozess aktiv zu gestalten.

Berater sind die dritte Kraft im Nachfolgeprozess. Sie sind verantwortlich für den Brückenbau zwischen Übergeber und Übernehmer. Diese Brücken sollen beide Seiten miteinander verbinden; sie müssen so stabil sein, dass sie nicht bereits beim ersten Hochwasser weggespült werden. Die Nachfolge-Berater tragen als «Statiker» eine grosse Verantwortung. Dessen sollten sie sich bewusst sein.

Das hier vorgestellte Modell zeigt allen Beteiligten auf, wie stark die vielen verschiedenen Themen und Fragestellungen, die sich bei jeder Unternehmensfolge ergeben, zusammenhängen – und dass eine integrative Lösung gefunden werden muss.

Bei der Unternehmensnachfolge handelt es sich um einen spannenden und vielschichtigen Prozess. Wir sind der festen Überzeugung, dass eine aktive Gestaltung der Nachfolge auf der Grundlage unseres Modells zu nachhaltigen Erfolgen führen wird. Davon profitieren die Übergeber, die Übernehmer und nicht zuletzt unsere ganze Wirtschaft. Doch bei aller Ernsthaftigkeit des Themas soll auch eine gewisse Leichtigkeit bewahrt werden. Die verschiedenen Elemente sind nicht «zwanghaft» anzuwenden; vielmehr sollen gesunder Menschenverstand und Einfühlungsvermögen den Prozess prägen und gestalten. Die Erfahrung zeigt, dass sich mit der notwendigen Prise Humor auch schwierige Herausforderungen meistern lassen.

Jeder und jede kann im Grunde mit Zuversicht und Freude in den Nachfolgeprozess starten, denn es handelt sich dabei nicht nur um einen Abschied oder das Ende einer unternehmerischen Karriere. Jede Unternehmensnachfolge kann auch als Aufbruch verstanden werden. Mit ihr eröffnen sich viele Möglichkeiten, etwas Neues zu beginnen. Die Chancen auf Erfolg steigen, je aktiver alle Beteiligten diesen Prozess gestalten. Das Glück möge den Tüchtigen gehören!

Rückblick

8 Anhang

8.1   Fragenkataloge für die praktische Umsetzung

Zum Abschluss werden nachstehend einige zentrale Fragestellungen formuliert, die sich Übergeber, Übernehmer und Berater im Sinne der Selbstreflexion stellen sollten. Die Fragen sind entlang dem St.Galler Nachfolge Modell strukturiert und haben keinen Anspruch auf Vollständigkeit.[259]

8.1.1   Fragen für die abtretende Generation

> **■ Prozess- und Projektmanagement**
>
> Kennen Sie die verschiedenen Übertragungsoptionen?
>
> Wie möchten Sie die Führungs- und Eigentumsnachfolge gestalten?
>
> Welche Optionen stehen Ihnen grundsätzlich zur Verfügung?
>
> Wer soll am Unternehmen wie beteiligt sein?
>
> Haben Sie eine Vorstellung vom Profil des Nachfolgers?
>
> Kennen Sie Wege und Möglichkeiten, um den richtigen Nachfolger zu finden?
>
> Haben Sie festgelegt, in welchem Zeitraum die Nachfolge gestaltet werden soll?
>
> Haben Sie den Nachfolgeprozess und das dazu gehörende Projekt abgebildet?
>
> Haben Sie für Ihr Projekt «Nachfolge» konkrete Aufgaben und Meilensteine definiert?
>
> Haben Sie jemandem, mit dem Sie auch über Ihre persönlichen Bedenken sprechen können?
>
> Wissen Sie, welche Unterstützung Sie im Prozess brauchen?
>
> Verfügen Sie über die notwendigen Kontakte für eine vertrauenswürdige Unterstützung?
>
> Wissen Sie, ob und in welcher Form Sie auf Fachwissen und Coaching zurückgreifen müssen und wollen?
>
> Orientiert sich Ihre Nachfolgeprozess-Architektur primär an einer unternehmerischen Vision, die Sie gemeinsam mit der anderen Partei erarbeitet haben, oder primär an einem Ziel-Transaktionspreis?
>
> Wie wollen Sie die Beziehung und die Schnittstellen zwischen Ihnen und dem/der Beratungsdienstleister gestalten?
>
> Haben Sie mit dem Nachfolger vereinbart, ob und wie lange Sie nach der Übertragung des Unternehmens im Betrieb beschäftig sein werden und in welcher Rolle?
>
> Verfügen Sie über ein Informations- und Kommunikationskonzept (Wo stehen wir; wo wollen wir hin, wie soll der Weg dahin gestaltet werden, wie wollen wir den Weg dahin beibehalten)?
>
> Haben Sie sich einen symbolischen Akt für die Unternehmensübergabe überlegt?

259 Ähnliche Fragen z.B. in Müller-Tiberini 2008; Felden, Pfannenschwarz 2008, S.49; Fueglistaller, Halter 2006; Mayr 2009, S.77 ff.; Hilburt-Davis; Dyer 2003, S.171 f.

◼ Selbstverständnis des Familienunternehmens

1. Allgemeines

Wie wird das Unternehmen von der Familie und wie die Familie vom Unternehmen beeinflusst und geprägt?

Wer hat welche Rolle inne? Welche Erwartungen an sich selbst, das Gegenüber und das Familienunternehmen lassen sich formulieren?

Welche Kommunikationsgrundsätze gelten innerhalb der Familie?

Wie werden Paradoxien im Familienunternehmen gestaltet (z. B. Priorisierung)?

Ist die Familie für das Unternehmen da, oder ist das Unternehmen für die Familie da?

Welchen Stellenwert hat die Gerechtigkeit innerhalb der Familie?

Worauf ist die Familie stolz?

Welche moralischen Werte möchte die Familie im Unternehmen hochhalten?

Welche Unternehmenskultur soll gelebt werden?

Wer soll wie von der Entwicklung des Unternehmenswertes profitieren?

Welche Rolle spielt die Familie im Unternehmen? Wer entscheidet was?

Welche Erwartungen hat die Familie an die Unternehmensentwicklung?

Wie werden Entscheidungen innerhalb der Familie getroffen?

Wer entscheidet über die Entschädigung von Familienmitgliedern, die im Unternehmen aktiv sind?

Was passiert bei Machtmissbrauch durch ein Familienmitglied?

Wie ist Ihr Verhältnis zu Macht und wie gehen Sie damit um?

Wie wird mit Streitigkeiten umgegangen?

Wie würden Sie die Unternehmenskultur – mit unsichtbaren und sichtbaren Elementen wie beispielsweise zugrundliegenden Grundannahmen, Werte, Normen und Artefakten – umschreiben?

Nutzen Sie Instrumente wie Familienrat, Familienleitbild oder -verfassung? Existiert ein Gesellschaftervertrag? Was sehen die Vereinbarungen für die Unternehmensnachfolge vor?

2. Selbstverständnis in Bezug auf die Unternehmensnachfolge

Haben Sie Ihre persönlichen Ziele an die Nachfolgelösung definiert und formuliert?

Wie gestalten Sie die erste(n) Woche(n) nach der Übertragung der Eigentums- und Führungsverantwortung? Haben Sie konkrete Pläne, wie Sie Ihre Freizeit nach der Übergabe der Firma gestalten?

Haben Sie klare Ziele definiert, die Sie mit Ihrer Nachfolge erreichen möchten?

Was ist für Sie eine erfolgreiche Nachfolgeregelung? Was soll davon weiterleben?

Fällt es Ihnen leicht, sich vom Lebenswerk zu trennen?

Gibt es einen Notplan für den Fall des unerwarteten Ausfalls des Unternehmers?

Wie sollen Familienmitglieder behandelt werden, die eine Minderheitsposition einnehmen oder sich vom Unternehmen trennen möchten?

Soll der fähige und willige Schwiegersohn als Geschäftsführer des Unternehmens vorgesehen werden, auch wenn heutzutage das Trennungsrisiko signifikant hoch ist? Falls ja, wie soll seine Position im Falle einer Scheidung gestaltet werden?

Ist der Sohn bereit, im Unternehmen eine Nebenrolle zu übernehmen, weil die Schwiegertochter die geeignet Unternehmerin ist?

Soll die Schwiegertochter überhaupt im Unternehmen arbeiten und damit gewissenermassen die Nachfolge der meist ebenfalls mitttätigen Gattin des Gründers antreten?
Falls ja, wie ist mit den zu erwartenden Konflikten zwischen Schwiegermutter und -tochter umzugehen?

Wie geht das Ehepaar nach der Neuregelung mit der gewonnen Zeit um?

Wie wird die Rollenverteilung innerhalb der Familienwelt neu geregelt?

Wie gehen Sie mit den verschiedenen Netzwerkbeziehungen um?

Können und wollen Sie Ihre Erfahrung an die nächste Generation weitergeben und gleichzeitig die unternehmerischen Geschicke der nächsten Generation überlassen?

Wie kann im Dienste des Familienunternehmens ein Erbschaftsverzicht oder -teilverzicht erwirkt werden, damit die Verletzung der Pflichtteilsansprüche im Erbfall vertraglich abgesichert sind?

Gibt es ein definiertes Anforderungsprofil an den Nachfolger in Bezug auf Methoden-, Fach-, Führungs- und Branchenkompetenz?

Wie wurden Unternehmensnachfolgen in der Vergangenheit gelöst und welche Erfahrungen daraus prägen die heutige Entscheidungen mit?

■ Vorsorge und Sicherheit

Haben Sie Ihre Vermögenssituation (Unternehmen und privat) einmal aufgestellt?

Haben Sie Privatvermögen und Geschäftsvermögen konsequent getrennt?

Haben Sie den Finanzbedarf des Lebensabschnittes nach der Unternehmensübertragung berechnet?

Haben Sie die verschiedenen Vorsorgemöglichkeiten ausgeschöpft?

Sind Sie auf einen ansprechenden Verkaufserlös angewiesen?

Gibt es eine Vermögensstrategie des Familienverbundes?

Sind genügend finanzielle Mittel im Privatbereich aufgebaut worden, um die Nicht-Nachfolger finanziell zu kompensieren?

Was geschieht mit dem Unternehmen bei einem unvorhergesehenen Ausfall des Unternehmers (Fortführung und Eigentümerschaft)?

■ Stabilität und Fitness des Unternehmens

Ist das Unternehmen fit für die Unternehmensnachfolge?

Sind Prozesse und Strukturen so aufgebaut, dass Sie mit gutem Gewissen 3 Monate in die Ferien fahren können?

Hat das Unternehmen in den nächsten 10 Jahren genügend Potenzial für seine Überlebens- und Entwicklungsfähigkeit?

Gibt es im Unternehmen Vermögensbestandteile (z. B. Immobilien), die für das Kerngeschäft nicht notwendig sind?

Wie beurteilen Sie die Umsatz- und Margenentwicklung Ihres Unternehmens in den kommenden 5 Jahren?

Verfügt das Unternehmen über ein zukunftsfähiges Geschäftsmodell (Leistungskonzept, Ertragskonzept, Kommunikationskonzept, Wachstumskonzept, Organisationsform, Kompetenzkonfiguration, Koordinationskonzept, Kooperationskonzept)?

Werden marktgerechte Honorare an die Mitarbeitenden ausbezahlt oder bezieht der Unternehmer selbst einen adäquaten Unternehmerlohn?

■ Rechtliches Korsett

Kennen Sie den ehelichen Güterstand und die damit verbundenen Konsequenzen?

Wie ist der Ehegüterstand geregelt (z. B. Errungenschaftsbeteiligung / Gütertrennung)

Gibt es Ehe- und Erbverträge?

Gibt es geschäftsrelevante Verträge, die auf den Unternehmer und nicht auf das Unternehmen ausgestellt sind?

Wie kann das Unternehmen an ein Kind übertragen werden, ohne dass das zweite Kind das Nachsehen hat?

Kennen Sie die Pflichtteilansprüche?

■ Transaktionskosten

Gibt es im Unternehmen hohe stille Reserven, die bei ihrer Auflösung im Rahmen eines Verkaufs zu einer hohen steuerlichen Belastung führen?

Kennen Sie die steuerlichen Auswirkungen der von Ihnen gewählten Übertragungsform?

Existiert ein Mehrwertsteuerrisiko?

Was ist das Unternehmen wert?

Kennen Sie den Unterschied zwischen Unternehmenswert und Transaktionspreis?

Kennen Sie die Vor- und Nachteile der verschiedenen Bewertungsmethoden?

Welche Elemente stellen für Sie einen emotionalen Wert dar?

Welche Bedingungen sind für Sie von derart starker emotionaler Bedeutung, dass sie im Rahmen einer Nachfolgelösung erfüllt sein müssen?

Haben Sie ein oberes und unteres Limit für einen möglichen Transaktionspreis definiert?

Was bietet der Markt für das Unternehmen?

Wie kann die Transaktion finanziert werden (Eigen- und Drittmittel)?

Sind Sie bereit, dem Nachfolger in der Form von Vererbung / Schenkung / tieferer Bewertung beim Finanzierungsbedarf entgegen zu kommen?

Handelt es sich bei der Unternehmensübertragung um einen Asset oder Share Deal?

Sind Ihnen mögliche Deal-Breaker bekannt?
(vgl. dazu auch die Fragen an den Berater zur Due Diligence)

Haben Sie sich überlegt, welche Gewährleistungspflichten Sie (maximal) eingehen können?

Haben Sie die Kriterien bezüglich Risiko, Rendite und Verfügbarkeit (Liquidität) für die Vermögensverwaltung definiert?

8.1.2   Fragen für die antretende Generation

■ Prozess und Projektmanagement

Welche Übernahmeoptionen stehen Ihnen grundsätzlich zur Verfügung?

Haben Sie die Anforderungen an Ihr Übernahmeobjekt formuliert (z. B. Grösse, Branche, Strategie; Geschäftsfelder)?

Kennen Sie Wege und Möglichkeiten, um das richtigen Unternehmen zu finden?

Verfügen Sie über den Willen, die Fähigkeiten und die Kraft, ein Unternehmen über längere Zeit weiterzu-entwickeln?

Sind Sie sich der unternehmerischen Herausforderung bewusst?

Wie möchten Sie die Führungs- und Eigentumsübernahme gestalten?

Haben Sie festgelegt, in welchem Zeitraum die Übernahme gestaltet werden soll?

Haben Sie den Nachfolgeprozess und das dazu gehörende Projekt abgebildet?

Haben Sie für Ihr Übernahmeprojekt konkrete Aufgaben und Meilensteine definiert?

Haben Sie jemanden, mit dem Sie auch über persönliche Bedenken sprechen können?

Haben Sie das Unternehmen eingehend geprüft oder prüfen lassen?

Wissen Sie, welche Unterstützung Sie im Prozess brauchen?

Inwieweit müssen oder wollen Sie auf externes Fachwissen oder Coaching zurückgreifen?

Orientiert sich Ihre Nachfolgeprozess-Architektur primär an einer unternehmerischen Vision, die Sie gemeinsam mit der anderen Partei erarbeitet haben, oder primär an einem Ziel-Transaktionspreis?

Wie wollen Sie die Beziehung und die Schnittstellen zwischen Ihnen und dem Beratungsdienstleister gestalten?

Haben Sie mit dem Übergeber vereinbart, ob und wie lange dieser nach der Übertragung des Unterneh-mens im Betrieb beschäftig bleiben soll und in welcher Rolle?

Verfügen Sie über ein Informations- und Kommunikationskonzept (Wo stehen wir; wo wollen wir hin, wie soll der Weg dahin gestaltet werden, wie wollen wir den Weg dahin beibehalten)?

Wissen Sie, wie Sie die ersten 100 Tage gestalten werden?

Haben Sie sich einen symbolischen Akt für die Unternehmensübernahme überlegt?

■ Selbstverständnis des Familienunternehmens

Haben Sie mit der Familie offen über das Thema Unternehmensübernahme gesprochen?

Wird die Unternehmensübernahme von Ihren Angehörigen und Ihrer Partnerin bzw. Ihrem Partner mitgetragen?

Haben Sie Ihre Ziele an die Übernahme definiert und formuliert?

Möchten Sie sich am Unternehmen selbst beteiligen oder gibt es noch andere Mitinhaber?

Wie definieren Sie eine «erfolgreiche Unternehmensübernahme»?

Worauf möchten Sie und Ihre Familienmitglieder in fünf Jahren stolz sein?

Welche moralischen Werte möchten Sie im Unternehmen hochhalten?

Welche Unternehmenskultur soll gelebt werden?

Wer und wie soll von der Entwicklung des Unternehmenswertes profitieren?

Welche Erwartungen haben Sie an die Unternehmensentwicklung?

Haben Sie mit dem bisherigen Eigner geklärt, wie seine Rolle in Zukunft aussehen wird?

Haben Sie einen Notfallplan für den Fall, dass Ihnen etwas zustösst?

Wie definieren Sie Ihr Verhältnis zu Macht, und wie gehen Sie mit ihr um?

Kennen Sie die Rechte und vor allem die Pflichten eines Unternehmerdaseins?

Wie wollen Sie Ihre Work-Life Balance gestalten?

Vorsorge und Sicherheit

Haben Sie Ihre Vermögenssituation (Unternehmen und privat) einmal aufgestellt?

Haben Sie Privatvermögen und Geschäftsvermögen konsequent getrennt?

Welche persönlichen finanziellen Risiken gehen Sie ein (Tragbarkeit und Bereitschaft)?

Haben Sie Finanzierungsreserven, um Neu- und Ersatzinvestitionen vornehmen zu können (Flexibilität)?

Sind Sie bereit, dem Übergeber Rentenleistungen zu zahlen?

Stabilität und Fitness des Unternehmens

Haben Sie eine Unternehmensstrategie entwickelt?

Haben Sie einen Businessplan erstellt?

Welche Unternehmensvision und welche Unternehmenskultur möchten Sie künftig etablieren?

Wie können diese neuen Ziele und ein neuer Führungsstil im Unternehmen etabliert werden?

Hat das Unternehmen genügend Potenzial, um die nächsten zehn Jahre zu überleben, und können Sie Entwicklungsfähigkeit erkennen?

Wie beurteilen Sie die Umsatz- und Margenentwicklung des zu übernehmenden Unternehmens in den kommenden fünf Jahren?

Wie kann die Wertschöpfungskette in der Zukunft verändert werden?

Welche Synergien können Sie schaffen?

Welche strategischen Basispotenziale kann das Unternehmen angesichts des Wandels erschliessen?

Welche Ressourcen / Routinen und Fähigkeiten / Kompetenzen sind dazu notwendig?

Welche Organisationsstruktur hat das Übernahmeobjekt, und passen diese zu Ihren Zielen und Plänen?

Welche Kompetenzen bringen die bisherigen Mitarbeiter ein?

Welche Altersstruktur hat die Belegschaft? Existieren Lücken und Ausfallrisiken?

Welche Personalbedarfsplanung resultiert daraus für den Übernahmezeitraum und danach?

Wie wird die zukünftige Entlohnung aussehen?

Rechtliches Korsett

Gibt es geschäftsrelevante Verträge, die auf den Unternehmer ausgestellt sind?

Haben Sie den Verkaufsvertrag vollständig verstanden?

Haben Sie im Kaufvertrag notwendige Gewährleistungspflichten festgehalten?

Transaktionskosten

Verfügt das Unternehmen über stille Reserven, die Sie noch nicht kennen?

Beinhaltet das Kaufobjekt alle betriebsnotwendigen Objekte und Rechte?

Beinhaltet das Kaufobjekt auch nicht-betriebsnotwendige Objekte und Rechte?

Kennen Sie die steuerlichen Auswirkungen der von Ihnen gewählten Übernahmeform für Sie persönlich und das Unternehmen?

Existiert ein Mehrwertsteuerrisiko?

Was ist das Unternehmen wert?

Kennen Sie den Unterschied zwischen Unternehmenswert und Transaktionspreis?

Kennen Sie die Vor- und Nachteile der verschiedenen Bewertungsmethoden?

Welche Elemente stellen möglicherweise für den Übergeber einen emotionalen Wert dar?

Haben Sie für den Transaktionspreis Ihr oberstes und unterstes Limit definiert?

Wie können Sie die Transaktion finanzieren (Eigen- und Drittmittel)?

Wie können Sie die Refinanzierung gestalten?

Können Sie genügend Sicherheiten für Ihre Finanzgeber bieten?

Entspricht der Verkaufspreis Ihren Vorstellungen und finanziellen Möglichkeiten?

Sind Sie bereit, im Rahmen eines möglichen Ern-Out-Modells dem Übergeber gewisse Kontroll- und Informationsrechte zu gewähren?

Handelt es sich bei der Unternehmensübertragung um einen Asset oder Share Deal?

Sind Ihnen Deal-Breakers bekannt?
(vgl. dazu auch die letzte Fragetabelle für Berater)

Sind Sicherheiten hinterlegt, um mögliche Gewährleistungspflichten gegenüber dem Verkäufer geltend zu machen (bspw. Escrow-Account)?

8.1.3   Fragen für Berater

▣ Zusammenarbeit mit dem Klienten

Warum wird gerade jetzt eine Beratung nachgefragt?

Wer hat die Initiative dazu ergriffen?

Welches Ergebnis erhoffen sich die beteiligten und betroffenen Personen von der Beratung?

Gibt es einen offiziellen Auftrag mit schriftlich fixierten Anforderungen an den Beratungsprozess? Existiert möglicherweise auch ein inoffizieller Auftrag?

Wer ist skeptisch und warum?

Gehen beide Parteien von den gleichen Voraussetzungen und Zielsetzungen aus?

Welche Erfahrungen konnten Sie aus Beratungsprojekten mit ähnlichen Problemstellungen mitnehmen?

Falls die Beratungsbeziehung vorzeitig abgebrochen wurde: Kennen Sie die Gründe?

▣ Zusammenarbeit mit Dritten (Netzwerk)

Können Sie im Netzwerk mit anderen Beratern zusammenarbeiten?

Wer hat das Projektmanagement und damit den Prozesslead inne?

Wer bildet die Schnittstelle zum Endkunden (Klient)?

Kann der Projektleiter die verschiedenen Berater und Anspruchsgruppen miteinander koordinieren und aufeinander abstimmen?

Sind interdisziplinäre Fähigkeiten notwendig und verfügbar?

Will der Klient gewisse Berater aus seinem Umfeld berücksichtigen und falls ja, sind diese kompetent, um den Klienten bei seiner Nachfolgeregelung zu unterstützten?

Wurde ein gemeinsames und von allen Beteiligten getragenes Beratungsziel definiert (im Sinne einer Vision an die Adresse des zu gestaltenden Nachfolgeprozesses)?

Wie werden Meinungsverschiedenheiten und Konflikte gelöst?

■ Zentrale Fragen im Rahmen der Due Diligence (kleine Auswahl)

Existieren Deal-Breaker (unüberwindbare Altlasten, unwägbare Prozess- und Marktrisiken)?

Sind die ausgewiesenen Zahlen konsistent und nachvollziehbar?

Sind die dem Businessplan und dem Budget zugrundeliegenden Annahmen schlüssig?

Gibt es Unsicherheiten bei der Beurteilung steuerlicher oder sozialversicherungsrechtlicher Fragen?

Sind die Steuern und Abgaben ordnungsgemäss bezahlt oder zurückgestellt?

Sind die Aktiven werthaltig – vor allem im Verhältnis zu deren Verwendung?

Gibt es vertragliche Einschränkungen, welche die Stellung des neuen Aktionärs beeinträchtigen?

Sind Rechte von Minderheitsaktionären zu berücksichtigen?

Existiert ein Kaufs- oder Vorkaufsrecht, das die Aktien belastet?

Auf wen und wo, mit welchem Wirkungsradius sind Immaterialgüterrechte ausgestellt?

Sind bestehende Kreditverträge hinreichend sicher und/oder flexibel?

Existieren Bürgschafts-, Garantie-, Pfand- oder Patronatsverträge?

Genügen die Verkaufsunterlagen und -dokumente den Anforderungen hinsichtlich Umfang, Genauigkeit und Verlässlichkeit (Vertraulichkeitserklärung, Letter of Intent, Informations-Memorandum, Verkaufsdokumentation, verkäuferseitiger Due-Diligence-Bericht; Entwurf des Kaufvertrags)?

Wie wird die Kontrolle des Informationsflusses zwischen den beiden Parteien vor, während und nach dem Verkaufsprozess gestaltet?

Wie sind die Verträge mit Kunden, Lieferanten oder Schlüsselmitarbeitenden ausgestaltet? Welche Risiken beinhalten die Verträge?

Gibt es hängige Rechtsfälle und wie ist deren Risiko hinsichtlich Image und Erfolg einzustufen?

Entspricht die EDV und IT-Infrastruktur den heutigen Anforderungen?

Existieren relevante Umweltrisiken (Boden, Gebäude oder Produkthaftung)?

8.2   Glossar

Asset Deal: Unterart des Unternehmenskaufs, der durch Übernahme der Wirtschafts-
güter (engl. assets) des Zielunternehmens erfolgt. Keine Übernahme der Gesell-
schafterrisiken. Gegenteil des Share Deals.

Basel II: Der Terminus *Basel II* bezeichnet die Gesamtheit der Eigenkapitalvor-
schriften, die vom Basler Ausschuss für Bankenaufsicht in den letzten Jahren
vorgeschlagen wurden. Ziele sind, wie schon bei Basel I, die Sicherung einer angemessenen Eigenkapitalausstattung von Finanzinstituten und die Schaffung ein-
heitlicher Wettbewerbsbedingungen sowohl für die Kreditvergabe als auch für den
Kredithandel.

Clan: Lebensgemeinschaft über mehrere Generationen. Für die Mitglieder gelten die
gleichen Werte und Ziele. In Bezug auf die Unternehmensnachfolge kann der Erhalt innerhalb der Familie (Blutsverwandtschaft) oder Weiterführung im Geiste
der Familie angestrebt werden. In der Praxis ist die Frage nach dem Clan-Organi-
gramm und dem Clanführer von Interesse.

Dept Capacity: Potenzial zur externen Verschuldung, in der Regel für Bankkredite.
Die Verschuldungskapazität ist abhängig von der Ertragskraft, der Nachhaltigkeit
des Geschäftsmodells und der zukünftigen strategischen Positionierung eines Unternehmens.

Due Diligence: Due-Diligence-Prüfungen beinhalten insbesondere eine systematische
Stärken-/Schwächen-Analyse des Objekts, eine Analyse der mit dem Kauf oder des
Börsengangs verbundenen Risiken sowie eine fundierte Bewertung des Objekts.

Earn-Out: Gestaltungstyp einer Unternehmensübernahme. Kaufpreis wird nicht vollständig bei Übergang der Unternehmung bezahlt, sondern aufgeteilt: Ein fixer
Betrag wird beim Übergang gezahlt, eine variable Komponente erst später (meist
abhängig von objektiven Erfolgskennzahlen, wie z.B. Gewinn). Dient der gleich-
mässigen Risikoaufteilung zwischen Käufer und Verkäufer sowie der leichteren
Finanzierbarkeit der Übernahme für den Käufer.

Familiness: Dieser Begriff soll den eher abstrakten Faktor Familie im ökonomischen
Zusammenhang erfassen. Familiness kann z.B. als Erfolgsfaktor für ein Unternehmen verstanden werden, wenn sie eine langfristige Orientierung bedeutet.

Family-Buy-Out (FBO): Die Unternehmensübertragung im Rahmen des Verkaufs an
ein oder mehrere Familienmitglieder.

IPO: Abkürzung für Initial Public Offering. Umschreibt den Börsengang eines Unternehmens, d. h. den Verkauf von Stimmrechtsanteilen oder anderem Eigenkapital
am geregelten Aktienmarkt.

Lebenszyklusmodelle: Es handelt sich dabei um einen Versuch verschieden Modelle in der stark vereinfachter Form darzustellen und Zusammenhänge im Zeitverlauf abzubilden.

Leverage-Effekt: Bezeichnet den Verschuldungsgrad eines Unternehmens. Der Leverage-Effekt ergibt sich aus der gesteigerten Eigenkapitalrendite bei erhöhtem Leverage – massgeblich bedingt durch die begrenzte Erfolgsbeteiligung von Fremdkapital. Hiermit ist aber auch ein gesteigertes Risiko verbunden, da nicht bedientes Fremdkapital zur Insolvenz eines Unternehmens führen kann.

Management-Buy-out (MBO): Unternehmensübertragung im Rahmen des Verkaufs an einen oder mehrere leitende Mitarbeiter.

Management-Buy-in (MBI): Verkauf der Unternehmung an eine natürliche oder juristischer Person, die ursprünglich mit dem Unternehmen und seinen Stakeholdern nicht in Verbindung stand.

Nachfolgequote: Der relative Anteil von Unternehmen, die in den nächsten 5 Jahren vor der Unternehmensnachfolge stehen.

Nepotismus: Auch bekannt als Vetternwirtschaft. Der Begriff umschreibt die bevorzugte Behandlung von Familienmitgliedern bzw. Vertrauten, z. B. bei der Besetzung von offenen Stellen.

Scheiterungsquote: Der relative Anteil von Unternehmen, die es nach der Übertragung an eine neue Trägerschaft nach 5 Jahren nicht mehr gibt.

Share Deal: Unterart des Unternehmenskaufs. Kauf erfolgt durch Erwerb der Stimmrechtsmehrheit. Der Übernehmer übernimmt somit Chancen und Risiken der bisherigen Gesellschafter. Unter Umständen steuergünstiger als das Gegenstück Asset Deal.

Stewardship Approach: Dieser Ansatz stützt seine Erkenntnisse auf die Ansicht, dass Mitarbeiter ein ehrliches Eigeninteresse am Erfolg des Unternehmens haben, ohne Eigentümer zu sein. Er steht somit im Gegenspruch zur klassischen Agency Theory, die davon ausgeht, dass Mitarbeiter beispielsweise durch Bezahlung motiviert werden müssen, um Leistung zu bringen. Stewardship wird besonders ausgeprägt in Familienunternehmen erwartet.

Stiftung: Es handelt sich dabei um eine Einrichtung, die mit Hilfe eines Vermögens einen vom Stifter festgelegten Zweck verfolgt. Dabei wird in der Regel das Vermögen auf Dauer erhalten, und es werden nur die Erträge für den Zweck verwendet.

Substantial Family Influence (SFI): Definition von Familienunternehmen zur Messung der potenziellen Einflussnahme über Stimmrecht-, Management und Verwaltungsrats- respektive Beiratsanteile von der Familie auf das Unternehmen.

Thesaurierung: Bezeichnet die Einbehaltung des Jahresüberschusses oder eines Teils von ihm im Unternehmen.

Übertragungsquote: Der relative Anteil von Unternehmen, die effektiv an eine neue Trägerschaft übertragen werden und nicht stillgelegt oder liquidiert werden.

Venture Capital: Es handelt sich dabei um Risikokapital respektive Wagniskapital, das von einer Beteiligungsgesellschaft in der Form von Eigenkapitel zur Beteiligung an besonders riskant geltenden Unternehmungen bereitstellt.

Vinkulierte Namenaktie: Bei diesem Aktientyp bedarf es für den Verkauf der Zustimmung der ausgebenden Aktiengesellschaft. Somit ist eine ausgeprägte Einflussnahme der Unternehmung auf den Gesellschafterkreis gegeben.

Wirklichkeit, weiche: Wirklichkeitsbereich, der sehr sensibel auf die Art und Weise reagiert, wie ein Beobachter ihn beschreibt; typisches Beispiel ist der sozial-interaktive Bereich.

Wirklichkeit, harte: Wirklichkeitsbereich, der durch die Art und Weise, wie ein Beobachter ihn beschreibt, wenig (bis gar nicht) beeinflusst wird; typisches Beispiel ist der naturwissenschaftlich-technische Bereich.

8.3   Abbildungs- und Tabellenverzeichnis

8.4   Literaturverzeichnis

Ackermann, W.; Lang, D. (2008). *Vorsorgebericht 2040 über die Leitlinien einer zukunftsorientierten kapitalfinanzierten Vorsorge in der Schweiz.* St.Gallen: Institut für Versicherungswirtschaft an der Universität St. Gallen.

Albach, H. (2002). *Hat das Familienunternehmen eine Zukunft?* In: *Zeitschrift für Betriebswirtschaftslehre, Ergänzungsheft 5.* S. 163–173.

Anders, S. (2001). *Lebensstilentscheidung zwischen Arbeit und Familie: Zur Bedeutung der Extreme.* In: *Familiendynamik. Jg. 26, Nr. 3.* S. 226–252.

Astrachan, J. H.; Klein, S. B.; Smyrnios, K. (2002). *The F-PEC scale of family influence: a proposal for solving the family business definition problem.* In: *Family Business Review. Jg. 15, Nr. 1.* S. 45–57.

Astrachan, J. H.; Zahra, S. A.; Sharma, P. et.al (2003). *The Global Entrepreneurship Monitor: Family-Sponsored Ventures.* In: *Poutziouris, Steier* (2003). S. 2–14.

Backhausen, W.; Thommen, J. (2003). *Coaching. Durch systemisches Denken zu innovativer Personalentwicklung.* Wiesbaden: Gabler.

Baecker, D. (1998). *Tabus in Familienunternehmen.* In: *Hernsteiner. Nr. 2.* S. 18–22.

Bamberg, E.; Schmidt, J.; Hänel, K. (2006). *Beratung, Counseling, Consulting.* Göttingen: Hogrefe.

Bamberg, E.; Schmidt, J. (2006a). *Anforderungen und Lernprozesse bei der Unternehmensberatung – ein Projekt stellt sich vor.* In: *Bamberg, Schmidt, Hänel* (2006). S. 17–25.

Bamberg, E. (2006). *Anforderungsorientierte Beratung.* In: *Bamberg, Schmidt, Hänel* (2006). Seite 29–59.

Beck, U. (1986). *Risikogesellschaft: Auf dem Weg in eine andere Moderne.* Frankfurt am Main: Suhrkamp.

Beckhard, R.; Dyer, W. G. (1983). *Managing Continuity in the Family-Owned Business.* In: *Organizaitonal Dynamics. Jg. 12, Nr. 1,* S. 5–12.

Belardinelli, S. (2002). *The Evolution of Family Institution and its Impact on Society and Business.* In: *Family Business Review. Jg. 15, Nr. 3.* S. 169–173.

Bergamin, S. (1995). *Der Fremdverkauf einer Familienunternehmung im Nachfolgeprozess. Motive – Vorgehenskonzept – Externe Unterstützung.* Dissertation, Universität St.Gallen. Bern: Haupt.

Bertram, H. (2007). *Keine Zeit für die Liebe: Die Rushhour des Lebens.* In: *Familiendynamik. Jg. 32, Nr. 2.* S. 108–116.

Bieger, Th., Rüegg-Stürm, J., von Rohr, Th. (2002). *Strukturen und Ansätze einer Gestaltung von Beziehungskonfigurationen – Das Konzept Geschäftsmodell.* In: Bieger, Th. et al. (Hrsg.). Berlin, S. 35–61

Bjuggren, P.; Sund, L. (2005). *Organization of transfers of small and medium-sized enterprises within the family: tax law considerations.* In: Family Business Review. Jg. 18, Nr. 4. S. 305–319.

Bleicher, K. (1992). *Das Konzept Integriertes Management – Das St.Galler Management-Konzept.* Frankfurt a.M.: Campus Verlag. 2. Auflage.

Boungou Bazika, J. (2005). *Essai de définition et fonctionnalité de l'entreprise familiale dans une perspective africaine.* In: Revue Internationale P.M.E. Jg. 18, Nr. 3–4. S. 11–30.

Brechbühl, B. (2009). *Zehn Tipps zur Vertragsgestaltung für den Verkäufer.* In: Zern, Knobel (Hrsg.) 2009. S. 81–84.

Breuer, F. (2009). *Vorgänger und Nachfolger. Weitergabe in institutionellen und persönlichen Bezügen.* Göttingen: Vandenhoeck & Ruprecht.

Bruppacher, P. (2005). *Wenn es am Schönsten ist.* In: io Management Zeitschrift. Jg. 74, Nr. 1–2. S. 24–27.

Buchinger, K. (1991). *Der Familienbetrieb im Spannungsfeld von Organisation und Familie.* In: Hernsteiner. Jg. 3, Nr. 3. S. 4–10.

Cadieux, L. (2005). *La succession dans les PME familiales: proposition d'un modèle de réussite du processus de désengagement du prédécesseur.* In: Revue Internationale P.M.E. Jg. 18, Nr. 3–4. S. 31–50.

Cadieux, L.; Lorrain, J.; Hugron, P. (2002). *La succession dans les entreprises familiales dirigées par les femmes une problématique en quête de chercheurs.* In: Revue internationale P.M.E. Jg. 15, Nr. 1. S. 115–130.

Cappuyns, K.; Astrachan, J. H.; Klein, S. B (2003). *The Prevalence of Family Business around the World. IFERA-Survey, www.ifera.com* (letzter Zugriff: 5. Januar 2005).

Carlock, R. S.; Ward, J. L. (2001). *Strategic Planning for the Family Business: Parallel Planning to Unite the Family and Business.* New York: Palgrave.

Chini, L. W. (2004). *Das Verhalten der Übergebergeneration bei der Unternehmensübergabe.* In: Zeitschrift für Führung und Organisation (zfo). Jg. 72, Nr. 5. S. 270–275.

Chittoor, R.; Das, R. (2007). *Professionalization of Management and Succession Performance – A Vital Linkage.* In: Family Business Review. Jg. 20, Nr. 1. S. 65–79.

Christensen, C. R. (1953). *Management Succession in Small and Growing Enterprises.* Boston: Division of Research, Harvard Business School.

Chua, J. H.; Chrisman, J. J.; Sharma, P. (1999). *Defining the Family Business by Behavior.* In: Entrepreneurship Theory and Practice. Jg. 23, Nr. 2. S. 19–37.

Churchill, N. C.; Hatten, K. J. (1987). *Non-Market-Based Transfers of Wealth and Power: A Research Framework for Family Businesses.* In: American Journal of Small Business. Jg. 11, Nr. 3. S. 51–64.

Clausen, P. (1982). *Die Nachfolgeplanung in Familienunternehmungen.* In: *Zeitschrift für Klein- und Mittelunternehmen. Internationales Gewerbearchiv. Jg. 30, Nr. 1.* S.49–57.

Danco, L. A. (1982). *Beyond survival.* Cleveland: University Press.

Danes, S. M.; Rueter, M. A.; Kwon, H.; Doherty, W. (2002). *Family FIRO Model: An Application to Family Business.* In: *Family Business Review. Jg. 15, Nr. 1.* S.31–43.

Danes, S.M.; Olson, P.D. (2003). *Women's role involvement in family businesses, business tensions, and business structure.* In: *Family Business Review. Jg. 16, Nr. 1.* S.53–68.

Davis, P. S.; Harveston, P. D. (1998). *The Influence of Family on the Family Business Succession Process: A Multi-Generational Perspective.* In: *Entrepreneurship Theory and Practice. Jg. 22, Nr. 1.* S.31–53.

Domayer, E.; Vater, G. (1994). *Das Familienunternehmen – Erfolgstyp oder Auslaufmodell.* In: *Hernsteiner, Nr. 2.* S.26–29.

Donckels, R.; Fröhlich, E. (1991). *Sind Familienbetriebe wirklich anders?* In: *Zeitschrift für Klein- und Mittelunternehmen. Internationales Gewerbearchiv. Jg. 39, Nr. 4.* S.219–235.

Dunemann, M.; Barrett, R. (2004). *Family Business and succession planning – A review of the literature.* Monash: Monash University, Family and Small Business Research Unit.

Dunn, B. (1995). *Success Themes in Scottish Family Enterprises: Philosophies and Practices Through Generations.* In: *Family Business Review. Jg. 8, Nr. 1.* S.17–28.

Dyer Jr., G. (1986). *Cultural Change in Family Firms.* San Francisco /London: Jossey-Bass Management Series.

Felden, B.; Pfannenschwarz, A. (2008). *Unternehmensnachfolge: Perspektiven und Instrumente für Lehre und Praxis.* München: Oldenbourg Verlag.

Fischer, H. R.; Retzer, A. (2001). *Die Familie und das Familienunternehmen.* In: *Familiendynamik. Jg. 26, Nr. 3.* S.302–322.

Fopp, L. (2004). *Herausforderung Unternehmer-Nachfolge. Sichern Sie Ihr Lebenswerk!* Zürich: Orell Füssli Verlag AG.

Fox, M.; Nilakant, V.; Hamilton, R.T (1996). *Managing succession in family-owned businesses.* In: *International Small Business Journal. Jg. 15, Nr. 1.* S.15.

Freeman, E. R. (1984). *Strategic Management: A Stakeholder Approach.* Boston: Pitman.

Freund, W.; Kayser, G.; Schröer, E. (1995). *Generationenwechsel im Mittelstand.* Institut für Mittelstandsforschung Bonn: ifm-Materialien Nr. 109.

Frey, U.; Halter, F.; Zellweger, T. (2004a). *Bedeutung und Struktur von Familienunternehmen in der Schweiz. Forschungsbericht.* St.Gallen: Schweizerisches Institut für Klein- und Mittelunternehmen an der der Universität St. Gallen (KMU-HSG).

Frey, U.; Halter, F.; Zellweger, T.; Klein, S. B. (2004b). *Family Business in Switzerland: Significance and Structure.* In: *Tomaselli, Melin (Hrsg.) (2004).* S. 73–89.

Frey, U.; Halter, F.; Zellweger, T. (2005). *Nachfolger gesucht! Empirische Erkenntnisse und Handlungsempfehlungen für die Schweiz.* Zürich: Pricewaterhouse Coopers AG.

Fröhlich, E. (1995). *Familie als Erfolgspotential im Gewerbe und Handwerk.* In: *Stiegler (Hrsg.) 1995.* S. 105–136.

Fueglistaller, U. (2004). *Charakteristik und Entwicklung von Klein- und Mittelunternehmen (KMU).* St. Gallen: Verlag KMU-HSG.

Fueglistaller, U.; Fust, A.; Federer, S. (2007). *Kleinunternehmen in der Schweiz – dominant und unscheinbar zugleich.* Zürich: Pomcany's Printingcenter AG.

Fueglistaller, U.; Halter, F. (2006). *Führen – Gestalten – Leben: KMU in Bewegung – Eine Auseinandersetzung mit lebenszyklusorientierter Unternehmensführung.* St.Gallen: KMU Verlag HSG.

Fueglistaller, U.; Halter, F. (2005). *Familienunternehmen in der Schweiz. Empirische Fakten zur Bedeutung und Kontinuität.* In: *Der Schweizer Treuhänder. Nr. 1–2.* S. 35–38.

Fueglistaller, U.; Zellweger, T. (2007). *Die volkswirtschaftliche Bedeutung der Familienunternehmen in der Schweiz.* In: *Schweizer Arbeitgeber. Jg. 15.* S. 30–33.

Gabathuler, T. (2006). *Erben und Vererben. Vom Testament bis zur Erbteilung: Alles über Erbvorzüge, Ehe- und Erbverträge, Willensvollstrecker und Pflichtteile.* Zürich: Saldo Ratgeber.

Gallo, M. À. (1995). *The Role of Family Business and Its Distinctive Characteristic Behavior in Industrial Activity.* In: *Family Business Review. Jg. 8, Nr. 2.* S. 83–97.

Geisel, S. (2004). *Nach der Wohngemeinschaft. Eine neue Unübersichtlichkeit des Familienlebens.* In: *Neue Zürcher Zeitung, vom 10./11. Juli 2004, Nr. 158.* S. 43.

Gersick, K. E.; Davis, J. A.; McColom Hamtton, M.; Lansberg, I. (1997). *Generation to Generation: Life Cycles of the Family Business.* Boston.

Getz, D.; Petersen, T. (2004). *Identifying Industry-Specific Barriers to Inheritance in Small Family Businesses.* In: *Family Business Review. Jg. 17, Nr. 3.* S. 259–276.

Gimeno, J.; Folta, T.B.; Cooper, A.C. & Woo, C.Y. (1997). *Survival of the Fittest? Entrepreneurial Human Capital and the Persistence of Underperforming Firms.* In: *Administrative Science Quarterly, Jg. 42, Nr. 4.* S. 750–783.

Goehler, A. (1993). *Der Erfolg grosser Familienunternehmen im fortgeschrittenen Lebenszyklus: dargestellt am Beispiel der deutschen Brauwirtschaft.* Dissertation Nr. 1412, Hochschule St.Gallen. Hallstadt: Rosch-Buch.

Gomez, P.; Zimmermann, T. (1997). *Unternehmensorganisation. Profile, Dynamik, Methodik*. 3. Auflage. Frankfurt am Main: Campus.

Grimm, J.; Bamberg, E. (2006). *«Der Kunde ist König! Oder?» – Anforderungen an Beratung aus Sicht von Kunden*. In: Bamberg, Schmidt, Hänel (2006). S. 61–79.

Gross, P. (1994). *Die Multioptionsgesellschaft*. Frankfurt am Main: Suhrkamp.

Groth, Th.; Wimmer, R. (2005). *Erfolgsmuster des Gesellschafterkreises langlebiger Familienunternehmen*. In: Scherrer, St.; Blanc, M.; Kormann, H. u.a. (Hrsg.). *Familienunternehmen. Erfolgsstrategien zur Unternehmenssicherung*. Frankfurt a.M. S. 91–149.

Gudmundson, D.; Hartmann, E.A.; Tower, B.C. (1994). *Strategic Orientation: Differences between Family and Nonfamily Firms*. In: *Family Business Review*. Jg. 12, Nr. 1. S. 27–39.

Gurtner, P.; Giger, E. (2004). *Unzulässige Erbenholdingbesteuerung – massive Ausweitung der indirekten Teilliquidationstheorie*. In: *Steuer Revue*. Jg. 58, Nr. 10. S. 658–667.

Habbershon, T. G.; Williams, M. L. (1999). *A Resource-Based Framework for Assessing the Strategic Advantages for Family Firms*. In: *Family Business Review*. Jg. 12, Nr. 1, 1999. S. 1–25.

Habbershon, T. G.; Williams, M.; MacMillan, I. C. (2003). *A unified systems perspective of family firm performance*. In: *Journal of Business Venturing*. Jg. 18, 2003. S. 451–465.

Habig, H.; Berninghaus, J. (1998). *Die Nachfolge in Familienunternehmen ganzheitlich regeln*. Berlin: Heidelberg: Springer.

Halter, F.; Baldegger, R.; Schrettle, T. (2009). *Erfolgreiche Unternehmensnachfolge. Studie mit KMU-Unternehmern zu emotionalen und finanziellen Aspekten*. Zürich: Credit Suisse (Hrsg.)

Halter, F. (2003). *Kreditvergabe und Bankenrating in der Schweiz*. In: *Zeitschrift für Klein- und Mittelunternehmen. Internationales Gewerbearchiv*. Jg. 51, Nr. 2. S. 95–107.

Halter, F. (2009a) *Übergabe und Nachfolge im Kleinunternehmen*. In: *ku Entwicklungsschritte*. Nr. 3. S. 26–28.

Halter, F. (2009b): *Bedeutung der Unternehmensnachfolge aus Schweizer Sicht*. In: *Unternehmensnachfolge 2007/08. Swiss Equity Guide, Schriftenreihe Corporate Finance*, Zweite und überarbeitete Auflage. S. 12–15.

Hammer, R. M.; Hinterhuber, H. H. (1993). *Die Sicherung der Kontinuität von Familienunternehmungen als Problem der strategischen Unternehmungsführung*. In: *Betriebswirtschaft für Forschung und Praxis*. Jg. 45, Nr. 3. S. 252–265.

Handler, W. C. (1994). *Succession in Family Business: A Review of the Research*. In: *Family Business Review*. Jg. 7, Nr. 2. S. 133–157.

Handler, W. C. (1991). *Key interpersonal relationships of next-generation family members in family firms.* In: *Journal of Small Business Management. Jg. 28.* S. 21–32.

Handler, W. C. (1990). *Succession in family firms a mutual role adjustment between entrepreneur and next-generation family members.* In: *Entrepreneurship Theory and Practice. Jg. 15.* S. 37–51.

Handler, W. C. (1989). *Methodological issues and considerations in studying family business.* In: *Family Business Review. Jg. 2, Nr. 3.* S. 257–276.

Hegi, R.; Staub, L. (2001). *Fortsetzung folgt...: Unternehmensnachfolgen KMU erfolgreich gestalten.* Zürich: Versus Verlag.

Hegi, R. (2001). *Menschlich-psychologische Aspekte.* In: Hegi, Staub (2001). S. 21–25.

Helbling (2000). *Die Nachfolgeregelung in Familienunternehmen.* In: *Helbling Management Letter.* S. 1–30.

Hennerkes, B. H. (2004). *Unternehmensnachfolge – Chance und Risiko.* In: *Zeitschrift Führung und Organisation. Jg. 73, Nr. 5.* S. 266–269.

Hilburt-Davis, J.; Dyer, W. G. (2003). *Consulting to family businesses: a practical guide to contracting, assessment, and implementation.* San Francisco: Jossey-Bass/Pfeiffer.

Hildenbrand, B. (2002). *Familienbetriebe als «Familien eigner Art».* In: Simon (2002). S. 116–144.

Hinterhuber, H.; Minrath, R. (1991). *Der Beirat einer mittelständischen Familienunternehmung – ein Beitrag aus unternehmerischer Sicht.* In: *Betriebswirtschaft für Forschung und Praxis. Nr. 5.* S. 460–481.

Holenstein, D. (2004). *Indirekte Teilliquidation – Besteuerung der tatsächlichen Substanzentnahme.* In: *Steuer Revue. Jg. 58. Nr. 11.* S. 718–722.

Höck, M; Kauper, F. (2006). *Empirische Untersuchung zur Auswahl und Kompetenz von Beratungsgesellschaften.* Stuttgart: Schäffer-Poeschel Verlag.

Hofmann, R.; Sigg, A. (2009) *Entscheidungsprozesse der Nachfolge in Familienunternehmen.* In: *Unternehmensnachfolge. Zürich: Swiss Equity Guide.* S. 51–54.

Hofmann, R.; Sigg, A. (2009). *Entscheidungsprozesse der Nachfolge in Familienunternehmen.* In: Zern, Knobel (2009). S. 51–54.

Howorth, C.; Assaraf, A. Z. (2001). *Family Business Succession in Portugal: An Examination of Case Studies in the Furniture Industry.* In: *Family Business Review. Jg. 14, Nr. 3.* S. 231–244.

Ibrahim, A. B.; Soufani, K.; Poutziouris, P. et.al. (2003). *Qualities of an Effective Successor: An Empirical Investigation.* In: Poutziouris, Steier (2003). 173–182.

Janisch, M. (1992). *Das Strategische Anspruchsgruppenmanagement: Vom Shareholder Value zum Stakeholder Value.* Dissertation Nr. 1332, Hochschule St.Gallen. Bamberg: Difo-Druck GmbH.

Janjuha-Jivray, S.; Woods, A. (2002). *Successional Issues within Asian Family Firms.* In: *International Small Business Journal. Jg. 20, Nr. 1, S.* 77–94.

Jau, M; Bolliger, T. (2005). *Steuerliche Aspekte bei Übernahmen und Zusammenschlüssen von Unternehmen.* In: *Blickpunkt: KMU. S.* 58–63.

Kailer, N. (2003). *Unterstützung von Familienunternehmen: Problembereiche, Bedarfslage und Ansatzpunkte zur Erhöhung von Effizienz und Effektivität von Fördermaßnahmen.* In: *Zeitschrift für KMU und Entrepreneurship. Jg. 51, Nr. 3. S.* 182–195.

Kailer, N.; Weiss, G. (2005). *Unternehmensnachfolge in kleinen und mittleren Familienunternehmen in Österreich – Hemmende und fördernde Faktoren, Unterstützungsbedarfe und Gestaltungsmöglichkeiten.* In: Schauer, Kailer, Feldbauer-Durstmüller (2005). S. 9–116.

Katila, S. (2002). *Emotions and the moral order of farm business in Finland.* In: Fletscher (2002). S. 180–191.

Kayser, G.; Wallau, F. (2002). *Industrial Family Business in Germany – Situation and Future.* In: *Family Business Review. Jg. 15, Nr. 2. S.* 111–115.

Kepner, E. (1983). *The family and the firm: a coevolutionary perspective.* In: *Organizational Dynamics. Jg. 12. S.* 57–70.

Kets de Vries, M. F. R. (1996). *Family Business: Human Dilemmas in the Family Firm.* London, Boston: Thomson Business Press.

Kimhi, A. (1997). *Intergenerational Succession in Small Family Businesses: Borrowing Constraints and Optimal Timing of Succession.* In: *Small Business Economics. Jg. 9. S.* 309–318.

Klein, S. B. (2000a). *Family Businesses in Germany: significance and structure.* In: *Family Business Review. Jg. 13, Nr. 3. S.* 157–181.

Klein, S. B (2000b). *Familienunternehmen: theoretische und empirische Grundlagen.* Wiesbaden: Gabler.

Klein, S. B. (2003). *Familienunternehmen in Deutschland: Bedeutung und Struktur 1995 und 2000 im Vergleich.* Arbeitspapier.

Klein, S. B. (2004). *Familienunternehmen: theoretische und empirische Grundlagen.* 2. Auflage. Wiesbaden: Gabler.

Klughardt, B. (1991). *Chancen und Gefährdungen für das individuelle Familienmitglied in Familienunternehmen.* In: *Hernsteiner. Jg. 3, Nr. 3. S.* 11–13.

König, E.; Volmer, G. (2008). *Handbuch Systemische Organisationsberatung.* Weinheim: Beltz.

KPMG (2002). *Nachfolgeplanung. Zürich:* KPMG.

Kraus, S.; Mohe, M. (2007). *Zur Differenz ideal- und realtypischer Beratungsprozesse.* In: Nissen, V. (Hrsg.) 2007. *Consulting Research.* Wiesbaden: Deutscher Universitäts Verlag.

Krebs, M. (1990). *Management Buyout in der Schweiz – Rahmenbedingungen und Finanzierungskonzepte*. Bern, Stuttgart, Wien: Haupt.

Kropfberger, D.; Mödritscher, G. (2002). *Der Generationenwechsel als Herausforderung in der Entwicklung von Familienunternehmen*. In: *MER Ravija za management in razvoj. Jg. 4, Nr. 2*. S. 108–114.

Kunz, T. (2004a). *Das Holdingprivileg: Auseinandersetzung mit steuerlichen Sonderfragen: Teil 1*. In: *Steuer Revue. Jg. 58, Nr. 10*. S. 718–722.

Kunz, T. (2004b). *Das Holdingprivileg: Auseinandersetzung mit steuerlichen Sonderfragen: Teil 2*. In: *Steuer Revue. Jg. 58, Nr. 11*. S. 724–741.

Lansberg, I.; Astrachan, J. H. (1994). *Influence of family Relationships on Succession Planning and Training: the Importance of Mediating Factors*. In: *Family Business Review. Jg. 7, Nr. 1*. S. 39–59.

Lansberg, I. (1988). *The Succession Conspiracy*. In: *Family Business Review*. Jg. 1, Nr. 2. S. 119–143.

Lay, R. (1980). *Krisen und Konflikte. Ursachen, Ablauf, Überwindung*. München: Wirtschaftsverlag Langen-Müller/Herbig.

Leach, P. (1991). *The Family Business*. London: Kogan Page.

Le Breton-Miller, I.; Miller, D.; Steier, L. P. (2004). *Toward an integrative model of effective FOB succession*. In: *Entrepreneurship Theory and Practice. Jg. 28, Nr.4*. S. 305–328.

Lee, M. S.; Rogoff, E. G. (1996). *Research Note: Comparison of Small Businesses with Family Participation versus Small Businesses without Family Participation: An Investigation of Differences in Goals, Attitudes, and Family Business Conflict*. In: *Family Business Review. Jg. 9, Nr. 4*. S. 423–437.

Le Mar, B. (2001). *Generations- und Führungswechsel im Familienunternehmen. Mit Gefühl und Kalkül den Wandel gestalten*. Berlin, Heidelberg: Springer.

Lentze, A.; Fellermann, J. (2006). *Supervision – eine Unterstützungsinstrument für organisationsinterne Berater*. In: Bamberg, Schmidt, Hänel (2006). S. 165–184.

Liebermann, F. (2003). *Unternehmensnachfolge. Eine betriebswirtschaftliche Herausforderung mit volkswirtschaftlicher Bedeutung. Bestandsaufnahme für den Kanton Zürich*. AWA-Schriftenreihe, Nr. 3. Zürich: Amt für Wirtschaft und Arbeit.

Litz, R. A. (1995). *The Family Business: Towards definitional clarity*. In: *Family Business Review. Jg. 8, Nr. 2*. S. 71–81.

Locher, P. (2001). *Kommentar zum Bundesgesetz über die direkte Bundessteuer (DBG). Die Eidgenössischen Steuern, Zölle und Abgaben*. Therwil, Basel: Verlag für Recht und Gesellschaft.

Löwe, C. (1979). *Die Familienunternehmung – Zukunftssicherung durch Führung*. Dissertation Nr. 727, Hochschule St. Gallen. Darmstadt: copy shop.

Mandl, I. (2005). *Geschäftsübergaben und -nachfolgen in Österreich.* In: *Zeitschrift für KMU und Entrepreneurship* (ZfKE). *Jg. 53, Nr. 2.* S. 110–132.

Martin, C. (2000). *SME Ownership and Management Change: A business continuity and development perspective. Workshop Paper. Small Business and Enterprise Conference.* Manchester. April 2000. S. 1–23.

McCann, G.; Hammond, C.; Keyt, A.; Schrank, H.; Fujiuchi, K. (2004). *A View from Afar: Rethinking the Directors's Role in University-Based Family Business Programs.* In: *Family Business Review. Jg. 17, Nr. 3.* S. 203–219.

Meijaard, J.; Uhlaner, L.; Flören, R. et al. (2005). *The relationship between successor and planning characteristics and the success of business transfer in Dutch SMEs.* Zoetermeer: EIM Business & Policy Research.

Merten, K. (1999). *Einführung in die Kommunikationswissenschaft. Bd. 1: Grundlagen der Kommunikationswissenschaft.* Münster, Hamburg, London: LIT Verlag.

Metzger, J. A. (2001). *Arbeit und Familie – Individualisierung im Quadrat. Grenzverschiebung zwischen Arbeits- und Familienleben.* In: *Familiendynamik. Jg. 26, Nr. 3.* S. 212–225.

Meyer, J. A.; Schleus, R.; Buchhop, E. (2007). *Trends in der Beratung von KMU. Eine aktuelle Studie.* Lohmar, Köln: Euler Verlag.

Meyr, D. (2009). *Verkaufsseitige Due Diligence.* In: *Zern, Knobel (2009).* S. 77–80.

Morris, M. H.; Williams, R. O.; Allen, J. A.; Avila, R. A. (1997). *Correlates of Success in Family Business Transitions.* In: *Journal of Business Venturing. Jg. 12, Nr. 5.* S. 385–401.

Morris, M. H.; Williams, R. W.; Nel, D. (1996). *Factors influencing family business succession.* In: *International Journal of Entrepreneurial Behaviour & Research. Jg. 2, Nr. 3.* S. 68–81.

Mühlebach, C. (2004). *Familyness als Wettbewerbsvorteil. Ein integrierter Strategieansatz für Familienunternehmen.* Bern, Stuttgart, Wien: Haupt.

Müller-Ganz, J. (2000). *Nachfolgeregelung in Familienunternehmen.* In: Brauchlin und Pichler (2000): *Unternehmer und Unternehmensperspektiven für Klein- und Mittelunternehmen.* S. 369–383.

Müller-Tiberini, F. (2001). *Wenn Familie den Laden schmeisst. Modelle zur Führung von Familienunternehmen.* Zürich: Orell Füssli.

Müller-Tiberini, F. (2008). *Erben in Familienunternehmen – Die Unternehmensnachfolge konfliktfrei regeln.* Orell Füssli Verlag.

Müller, K.; Koschmieder, K. D.; Trombska, D.; Zapfe, A.; Rötzler, K. (2009). *Unternehmensnachfolge im Thüringer Handwerk. Eine Analyse im Zeichen des demografischen Wandels.* Göttinger Handwerkswirtschaftliche Studien. Band 78. Duderstadt: Verlag Mecke Druck.

Mugler, J. (2003). *Sichtweisen (in) der Betriebswirtschaftslehre*. In: Rössl (2003). S. 1–23 (1–31).

Nestmann, F.; Engel, F.; Sickendiek, U. (2004). *Das Handbuch der Beratung*. Tübingen: dgvt Verlag.

Neubauer, H. (1992). *Unternehmensnachfolge im Familienunternehmen. Konferenzbeitrag Rencontres de St-Gall, Re 2*.

Neubauer, H.; Lank, A. G. (1998). *The Family Business: Its Governance for Sustainability*. New York: Macmillan Press.

Netzhammer, V. (2004). *Familienunternehmen*. In: *Bericht und Empfehlungen der Enquetekommission «Situation und Chancen der mittelständischen Unternehmen, insbesondere der Familienunternehmen, in Baden-Württemberg*. Landtag von Baden-Württemberg. Drucksache 12/5800, S. 57–70.

Niewiem, S.; Richter, A. (2007). *Make-or-buy Entscheidung für Beratungsleistungen*. In: Nissen (2007). S. 57–72.

Nissen, V. (2007). *Consulting Research – Eine Einführung*. In: Nissen (2007). S. 3–38.

Oswald, M.; Wimmer, R. (1998). *Familienunternehmen – Auslaufmodell oder Erfolgstyp?* In: Hernsteiner. Nr. 2. S. 6–10.

Pentzlin, K. (1976). *Die Zukunft des Familienunternehmens – Erfolgreich von Generation zu Generation*. Düsseldorf: Econ.

Pfannenschwarz, A. (2006). *Fallstudien zum familieninternen Generationenwechsel*. Heidelberg.

Pichler, H. J.; Bornett, W. (2005). *Wirtschaftliche Bedeutung der kleinen und mittleren Unternehmen (KMU) in Österreich*. In: Schauer, Kailer, Feldbauer-Durstmüller (2005). S. 117–150.

Pichler, H. J. (2002). *Übernahmepotenziale von KMU und Familienbetrieben – Ein aktuelles Szenario für Österreich*. In: MER Journal für Management und Entwicklung. Nr. 4. S. 124–133.

Pohlmann, A. (1997). *Die Nachfolgeregelung: Wechseljahre*. In: *Manager Magazin*. Jg. 26. Nr. 11. S. 129–134.

Poltera, F; Wak, A. (2007). *Steuerliche Gestaltung der Nachfolge bei Kapitalgesellschaften*. In: *Der Schweizer Treuhänder*. Nr. 5. S. 397–403.

Poza, E. J.; Messer, T. (2001). *Spousal Leadership and Continuity in the Family Firm*. In: *Family Business Review*. Jg. 14, Nr. 1. S. 25–36.

Rabaglio, O. (2007). *Due Diligence als Basis zur Vertragsgestaltung*. In: Zern, Knobel (2007). S. 84–87.

Rappel, C. (2007). *Beratungsresistenz in kleineren und mittleren Unternehmen: eine ökonomische und psychologische Betrachtung*. Saarbrücken: VDM Verlag Dr. Müller.

Redlefsen, M. (2004). *Der Ausstieg von Gesellschaftern aus grossen Familienunternehmen*, WHU Forschungspapier Nr. 90, S.25 ff.

Reid, R.; Dunn, B.; Cromie, S.; Adams, J. (1999a). *Family orientation in family firms: A model and some empirical evidence.* In: *Journal of Small Business and Enterprise Development.* Jg. 6, Nr. 1. S.55–67.

Reid, R.; Dunn, B.; Cromie, S.; Adams, J. (1999b). *Familienorientierung oder Geschäftsorientierung in Familienbetrieben.* In: *Zeitschrift für Klein- und Mittelunternehmen. Internationales Gewerbearchiv.* Jg. 47, Nr. 3. S.149–165.

Rosenbauer, C. C. (1994). *Strategische Erfolgsfaktoren des Familienunternehmens im Rahmen seines Lebenszyklus. Ein eignerorientiertes Konzept zur Steigerung der Lebens- und Entwicklungsfähigkeit des Familienunternehmens.* Dissertation Nr. 1605, Hochschule St. Gallen. Hallstadt: Rosch-Buch.

Ross, S.; Westerfield, R.; Jaffe, J. (2005). *Corporate Finance. International Edition* 2005. New York: McGraw-Hill/Irwin.

Rowe, B. R.; Hong, G. S. (2000). *The Role of Wives in Family Businesses: The Paid and Unpaid Work of Women.* In: *Family Business Review.* Jg. 13, Nr. 1. S.1–13.

Rüegg-Stürm, J. (2004). *Das neue St.Galler Management-Modell.* Bern: Haupt.

Schefer, K. (2002). *Vielschichtiger Generationenwechsel.* In: *UBS Outlook Nr. 3,* S.4–7.

Schein, E. H. (1995). *Unternehmenskultur: Ein Handbuch für Führungskräfte.* Frankfurt a.M.: Campus Verlag.

Schmitdt, J. (2006). *Lernprozesse von Organisationsberater – oder «Alles nur Erfahrung...?»* In: Bamberg, Schmidt, Hänel (2006). Seite 81–102.

Schulz von Thun, F. (2004). *Miteinander reden. Störungen und Klärungen.* Hamburg: rororo Verlag. 40. Auflage.

Schuppli, P. (2005). *Aufbruch nach dem Rückzug.* In: *io Management Zeitschrift.* Jg.74, Nr. 1–2. S.36–40.

Schwaninger, M. (1998). *Systemtheorie: eine Einführung für Führungskräfte, Wirtschafts- und Sozialwissenschaftler.* 2. Auflage. St.Gallen: Institut für Betriebswirtschaft.

Schwass, J.; Amann, W.; Ward, J. (2004). *Die nächste Generation.* In: *Zeitschrift Führung und Organisation.* Jg. 73, Nr. 5. S.260–265.

Sechser, E. (2006). *Familieninterne Betriebsnachfolge.* Wien: kmu-forum verlag.

Selchert, F. W. (1988). *Einführung in die Betriebswirtschaftslehre in Übersichtsdarstellungen.* München, Wien: Oldenburg.

Shanker, M. C.; Astrachan, J. H. (1996). *Mythes and Realities: Family Businesses Contribution to the US Economy – A Framework for Assessing Family Business Statistics.* In: *Family Business Review.* Jg. 9, Nr. 2. S.107–123.

Sharma, (2004). *An Overview of the Field of Family Business Studies: Current Status and Directions for the Future*. In: *Family Business Review. Jg. 17, Nr. 1*. S. 1–36.

Sharma, P; Chrisman, J. J.; Chua, Jess H. (1996). *A Review and Annotated Bibliography of Family Business Studies*. Boston: Kluwer Academic Publishers.

Sharma, P.; Manikutty, S. (2005). *Strategic Divestments in Family Firms: The Role of Family Structure and Community Culture*. In: *Entrepreneurship Theory& Practice, Jg. 29, Nr. 3*. S. 293–311.

Siebel, W. (Hrsg.) (1984). *Herrschaft und Liebe. Zur Soziologie der Familie*. Berlin: Duncker & Humblot.

Siefer T. (1996): *Du kommst später einmal in die Firma?* Heidelberg: Carl-Auer-Systeme.

Simon, F. B. (1999). *Organisationen und Familien als soziale Systeme unterschiedlichen Typs*. In: *Baecker, Hutter (1999). Systemtheorie für Wirtschaft und Unternehmen*. S. 181–200. Opladen: Leske und Budrich.

Simon, F. B. (2002). *Die Familie des Familienunternehmens. Ein System zwischen Gefühl und Geschäft*. Heidelberg: Carl-Auer-Systeme Verlag.

St-Cyr, L.; Richer, F. (2005). *La planification du processus de transmission dans les PME québécoises*. In: *Revue Internationale P.M.E., Jg. 18, Nr. 3–4*. S. 54–71.

Tagiuri, R.; Davis, J. (1996). *Bivalent Attributes of the Family Firm*. In: *Family Business Review. Jg. 9, Nr. 2*. S. 199–208.

Terberger, D. (1998). *Konfliktmanagement in Familienunternehmen. Ein eignerorientiertes Konzept zur professionellen Konfliktbewältigung in Familienunternehmen*. Dissertation Nr. 2133, Universität St.Gallen. Bamberg: Difo-Druck GmbH.

Tokarcyk, J.; Hansen, E.; Green, M.; Down, J. (2007). *A Resourced-based View and Market Orientation Theory Examination of the Role of «Familiness» in Family Business Success*. In: *Family Business Review. Jg. 20, Nr. 1*. S. 17–31.

Trefelik, R. (2002). *Erfolgsfaktoren für den Generationswechsel in klein- und mittelbetrieblichen Familienunternehmen*. In: *MER Journal für Management und Entwicklung. Nr. 4 2002*. S. 116–123.

Uebelhart, P.; Arnold, R. (2005). *Erweiterte indirekte Teilliquidationstheorie erschwert Unternehmensnachfolge – Eine Bestandsaufnahme unter besonderer Berücksichtigung des Entwurfs des Kreisschreibens Nr. 7 der Eidg. Steuerverwaltung*. In: *Steuer Revue. Jg. 59. Nr. 4*. S. 274–294.

Vinken, H. (2008). *Unternehmensnachfolge*. In: Küting (2008). S. 1381–1438.

Voithofer, P. (2004). *Unternehmensnachfolge aus wirtschaftlicher Sicht*. Wien: Referat am Tag des Lateinischen Notariats.

von Moos, A. (2002). *Corporate Governance in Familienunternehmen*. In: *Der Schweizer Treuhänder, 11*, S. 1059–1064.

Walger, G. (1995). *Formen der Unternehmensberatung: systematische Unternehmensberatung, Organisationsentwicklung, Expertenberatung und gutachterliche Beratungstätigkeit in Theorie und Praxis*. Köln.

Wallau, F.; Haunschild, L. (2007). *Die volkswirtschaftliche Bedeutung der Familienunternehmen*. Bonn: Institut für Mittelstandsforschung.

Waschbusch, G. (2008). *Besondere Frage der Finanzierung des Mittelstands*. In: Küting (2008). S. 161–250.

Ward, J. (1987). *Keeping the Family Business Healthy*. San Francisco: Jossey-Bass.

Ward, J.; Dolan, C. (1998). *Defining and Describing Family Business Ownership Configurations*. In: *Family Business Review. Jg. 11, Nr. 4*. S. 305–310.

Westhead, P. (2003). *Succession Decision-Making outcomes reported by Private Family Companies*. In: *International Small Business Journal. Jg. 21, Nr. 4*. S. 369–401.

Whiteside, M. F.; Brown, F. H. (1991). *Drawbacks of a Dual Systems Approach to Family Firms: Can We Expand our Thinking*. In: *Family Business Review. Jg. 4, Nr. 4*. S. 383–395.

Wiedmann, T. (2002). *Unternehmensnachfolge in einem krisenbedrohten Familienunternehmen mit Berücksichtigung persönlicher Ansprüche der Unternehmer*. Dissertation an der Universität St. Gallen, Nr. 2699. Bamberg: Difo-Druck GmbH.

Wimmer, R.; Gebauer, A. (2004). *Die Nachfolge in Familienunternehmen*. In: *Zeitschrift für Führung und Organisation (zfo). Jg. 72, Nr. 5*. S. 244–252.

Wimmer, R.; Domayer, E.; Oswald, M.; Vater, G. (1996). *Familienunternehmen – Auslaufmodell oder Erfolgstyp?* Wiesbaden: Gabler Verlag.

Wimmer, R.; Groth, T.; Simon, F. B. (2004). *Erfolgsmuster von Mehrgenerationen-Familienunternehmen. Wittener Diskussionspapiere*. Sonderheft Nr. 2. Universität Witten/Herdecke.

Zellweger, T.; Sieger, P. (2009). *Emotional Value. Der emotionale Wert, ein Unternehmen zu besitzen*. Ernst&Young. Initiative Mittelstand.

Zellweger, T.; Fueglistaller, U. (2006). *Was ist ein Familienunternehmen wert? Total Value, emotionaler Wert und Marktwert*. Zürich: Ernst & Young.

Zellweger, T.; Mühlebach, C. (2008). *Strategien zur Wertsteigerung in Familienunternehmen*. Bern, Stuttgart, Wien: Haupt Verlag.

Zellweger, T. (2006). *Risk, Return and Value in the Family Firm*. Dissertation Nr. 3188 an der Universtität St. Gallen. Bamberg: Difo-Druck GmbH.

Zimmermann, A. (2006). *The importance of knowledge transfer for the succession process within family businesses*. Term Paper, Doctoral Seminar: Knowledge, Strategy and Theories of the firm: Prof. Georg von Krogh, Ph.D.

Zürcher Kantonalbank (2005). *Unternehmen Zukunft: Generationenwechsel bei KMU in der Schweiz*. Zürich: Zürcher Kantonalbank.

8.5   Die Herausgeber

Dr. Frank Halter

hat an der Universität St.Gallen studiert (lic.oec. HSG) und in Deutschland an der European Business School in Oestrich Winkel (Dr.rer.pol.) zum Thema Unternehmensnachfolge promoviert. Heute ist er Gründungs- und Geschäftsleitungsmitglied des Center for Family Business der Universität St. Gallen (CFB-HSG) und Geschäftsleitungsmitglied und Leiter des Bereichs Weiterbildung des Schweizerischen Instituts für Klein- und Mittelunternehmen (KMU-HSG). Das Thema Unternehmensnachfolge beschäftigt ihn vor allem in der Form von Forschung, Lehre und Weiterbildungsaktivitäten.

Dr. Ralf Schröder

hat an der Universität St.Gallen studiert (mag.oec.HSG) und promoviert (Dr. oec. HSG). Er ist Gründungspartner der HSP Consulting AG, St. Gallen und Verwaltungsrat in mehreren Familiengesellschaften. Seit zehn Jahren hat er sich auf die Nachfolge-Beratung bei Familiengesellschaften spezialisiert und in dieser Zeit über 40 Nachfolge-Regelungen in der Schweiz und Deutschland betreut.

Bitte beachten Sie auch die folgenden Seiten.

Swiss Venture Club/CFB-HSG (Hrsg.)

Wie stellen KMU heute die Weichen für übermorgen?

Unternehmer und Experten erzählen Nachfolgefälle aus der Praxis

Erscheint im Frühjahr 2011. ca. 150 Seiten, gebunden
Ca. CHF 39.– (UVP) / € 29.90
ISBN 978-3-258-07631-7

Das Buch verbindet die konzeptionelle Sichtweise mit konkreten realen Praxisfällen rund um die Unternehmensnachfolge.

Mit dem Fokus auf die Prozessgestaltung einerseits und einem Einblick in die zentralen Themenfelder entlang des St. Galler Nachfolge Modells andererseits werden im Hauptteil des Buches reale Unternehmensnachfolgen systematisch aufbereitet. Die Vielzahl der unterschiedlichen Nachfolgelösungen zeigt deutlich, dass die Diversität der gefundenen Lösungen nicht zu unterschätzen ist. Übergeber, Übernehmer und Beratende sind entsprechend immer wieder aufs Neue gefordert.

Im Kern gleicht kein Fall dem Anderen und trotzdem haben alle Unternehmen eine unternehmerische Zukunft definiert und gefunden. Die Fallbeispiele machen deutlich, dass die Unternehmensnachfolge eine der zentralsten strategischen Herausforderungen eines Unternehmers ist und entsprechend mit Weitsicht und Konsequenz gestaltet werden kann.

Im Sinne einer Zusammenfassung werden die übergreifenden Erkenntnisse in der Form von konkreten Handlungsempfehlungen ausformuliert. Betroffene bekommen mit dem Buch nicht nur Anschauungsmaterial darüber was besser und weniger gut funktioniert, sondern können entlang von konkreten Fragestellungen in eine konkrete Selbstreflexion starten.

⁞ Haupt   **Haupt Verlag** Bern • Stuttgart • Wien
verlag@haupt.ch • www.haupt.ch

Thomas Zellweger / Corinne Mühlebach

Strategien zur Wertsteigerung in Familienunternehmen

Das Konzept potentialorientierte Familyness

2008. 139 Seiten, 13 Abbildungen und 19 Tabellen, gebunden
CHF 38.– (UVP) / € 24.90
ISBN 978-3-258-07428-3

Dieses Buch verbindet auf innovative Weise bewährte Konzepte des strategischen Managements mit den besonderen Herausforderungen der Führung von Familienunternehmen. Das strategische Management des Unternehmens wird ergänzt um das strategische Management des Familien- und Eigentümerkreises. Im Mittelpunkt steht das Ziel, langfristig Wert für alle Bezugsgruppen des Familienunternehmens zu schaffen. Die Auswahl der Wertsteigerungsstrategien berücksichtigt deshalb

– sowohl die finanziellen als auch die nichtfinanziellen Ziele der Unternehmerfamilie;
– sowohl die Interessen der Familienaktionäre als auch der Kunden, Mitarbeitenden und der Öffentlichkeit;
– sowohl die besonderen Ressourcen als auch die Restriktionen, die sich durch das Engagement der Unternehmerfamilie für das Unternehmen ergeben;
– sowohl die dem Unternehmen offenstehenden Nutzenpotentiale als auch Möglichkeiten zu ihrer Ausschöpfung.

Potentialorientierte Familyness setzt bei den Stärken von Familienunternehmen an. Im Zentrum steht die Schaffung von Synergien zwischen Familie und Unternehmen. Das Buch zeigt auf, wie Familienunternehmen innovative oder bisher vernachlässigte Nutzenpotentiale aufspüren und neue Wertsteigerungsmöglichkeiten realisieren können. Grundlage dafür bildet eine systematische Analyse der Familyness, das heisst der besonderen Ressourcen, die sich aus der Konstellation des Familienunternehmens ergeben können. Die Autoren illustrieren ihr Konzept mit zahlreichen Fallstudien und können sich dabei auf eigene Forschungsergebnisse sowie Praxiserfahrungen im Umgang mit Familienunternehmen stützen.

: Haupt   **Haupt Verlag** Bern · Stuttgart · Wien
verlag@haupt.ch · www.haupt.ch

Johannes Rüegg-Stürm

Das neue St. Galler Management-Modell

Grundkategorien einer integrierten
Managementlehre: Der HSG-Ansatz

6. ND der 2. durchges. und korr. A. 2003. 103 Seiten,
33 Abbildungen, kartoniert
CHF 34.– (UVP) / € 22.–
ISBN 978-3-258-06629-5

Für den Sprachphilosophen Ludwig Wittgenstein steckt der Sinn der Worte nicht in den Worten selbst, er entsteht erst durch ihren Gebrauch in einem bestimmten Anwendungskontext. Dies gilt auch für betriebswirtschaftliche Fachbegriffe. In dem Sinne ist dieses Buch keine betriebswirtschaftliche Enzyklopädie mit einer Vielzahl isolierter, abschliessender Definitionen, vielmehr werden darin anhand eines differenzierten «Modells» grundlegende Fragen und Zusammenhänge einer modernen Managementlehre erörtert.

Das neue St. Galler Management-Modell stellt einen differenzierten Bezugsrahmen dar, d.h. eine nützliche Landkarte zur Orientierung, die es erlaubt, wichtige Managementbegriffe in ihrem Gesamtzusammenhang zu verstehen. Es werden also keine Managementrezepte vermittelt, wohl aber ein solides Grundverständnis von Management, das bei der Bewältigung von Managementherausforderungen und bei der weiteren Vertiefung in betriebswirtschaftliche Fragestellungen gute Dienste leistet.

∎ Haupt   **Haupt Verlag** Bern • Stuttgart • Wien
verlag@haupt.ch • www.haupt.ch

Rolf Dubs/Dieter Euler/Johannes Rüegg-Stürm/
Christina E. Wyss (Hrsg.)

Einführung in die Managementlehre

2., korrigierte Auflage 2009. 1851 Seiten, viele Abb.
+ Tab., 5 Bände + Register, kartoniert
CHF 178.– (UVP) / € 122.–
ISBN 978-3-258-07528-0

«Dass Managementlehre ökonomisch fundiert sein kann, beweist die Universität St. Gallen seit Jahren. Die Dozenten der Hochschule haben ein Mammutwerk vorgelegt.»   Handelsblatt

«Das Werk ist eine überaus gelungene Einführung in die Managementlehre, die Beachtung verdient. Sie ist nicht nur für Studenten geeignet, sondern auch für Interessierte, die sich intensiv oder auch nur partiell mit der St. Galler Managementschule beschäftigen möchten. Das Buch ist seinen Preis wert.»
Kirche & Management

«Neue Management-Bibel. Ein Grundlagenwerk für die Managementlehre ist an der HSG entstanden.»   St. Galler Tagblatt

Zu den Autoren zählen u.a. Giorgio Behr, Thomas Bieger, Rolf Dubs, Dieter Euler, Reiner Fickert, Peter Gomez, Martin Hilb, Franz Jaeger, Günter Müller-Stewens, Johannes Rüegg-Stürm, Winfried Ruigrok, Gudrun Sander, Kuno Schedler, Beat Schmid, Günther Schuh, Markus Schwaninger, Klaus Spremann, Torsten Tomczak, Peter Ulrich, Georg von Krogh und Emil Walter-Busch.

⋮ Haupt   **Haupt Verlag** Bern · Stuttgart · Wien
verlag@haupt.ch · www.haupt.ch

Martin Hilb/Martina Höppner/Stefanie Leenen/
Corinne Mühlebach

Wirksame Führung und Aufsicht von Familienunternehmen

VR- UND GL-Praxis. Band 5
2009. VIII + 133 Seiten, 50 Abb., Checklisten, kartoniert
CHF 32.– (UVP) / € 21.–
ISBN 978-3-258-07507-5

«Familyness» kann ein Wettbewerbsvorteil oder -nachteil sein. In diesem Band zeigen der Autor und die drei Autorinnen auf, wie die Führung und Aufsicht in Familiengesellschaften zum Wettbewerbsvorteil beitragen kann. Martin Hilb, Gründer des IFPM Center for Corporate Governance der Universität St.Gallen, wirkte als Doktorvater der drei Autorinnen, die alle eine Dissertation im Bereich der Family Business Governance verfasst haben und als Unternehmertöchter in der Leitung von Familiengesellschaften tätig sind.

Um die dargestellten praxiserprobten Konzepte für Familienunternehmen direkt anwendbar zu machen, folgen den einzelnen Beiträgen entsprechende Checklisten. Diese sollen den Familienunternehmen dazu dienen, eine Analyse der eigenen Firma durchzuführen.

:Haupt **Haupt Verlag** Bern • Stuttgart • Wien
verlag@haupt.ch • www.haupt.ch